法考题库系列·客观严选 题集

三国法
客观·严选好题

觉晓法考组　编著

中国政法大学出版社

2024·北京

声　明　　1. 版权所有，侵权必究。

　　　　　 2. 如有缺页、倒装问题，由出版社负责退换。

图书在版编目（CIP）数据

客观严选 4000 好题. 三国法客观·严选好题 / 觉晓法考组编著. -- 北京：中国政法大学出版社，2024. 12. -- (法考题库系列). -- ISBN 978-7-5764-1808-8

Ⅰ. D920.4

中国国家版本馆 CIP 数据核字第 2024FK1489 号

出 版 者	中国政法大学出版社
地　　址	北京市海淀区西土城路 25 号
邮寄地址	北京 100088 信箱 8034 分箱　邮编 100088
网　　址	http://www.cuplpress.com (网络实名：中国政法大学出版社)
电　　话	010-58908285(总编室) 58908433 （编辑部） 58908334(邮购部)
承　　印	重庆天旭印务有限责任公司
开　　本	787mm×1092mm　1/16
印　　张	10.25
字　　数	287 千字
版　　次	2024 年 12 月第 1 版
印　　次	2024 年 12 月第 1 次印刷
定　　价	39.00 元（全两册）

CSER 高效学习模型

觉晓坚持每年组建"名师 + 高分学霸"教学团队，按照 Comprehend（讲考点→理解）→ System（搭体系→不散）→ Exercise（刷够题→会用）→ Review（多轮背→记住）学习模型设计教学产品，让你不断提高学习效果。

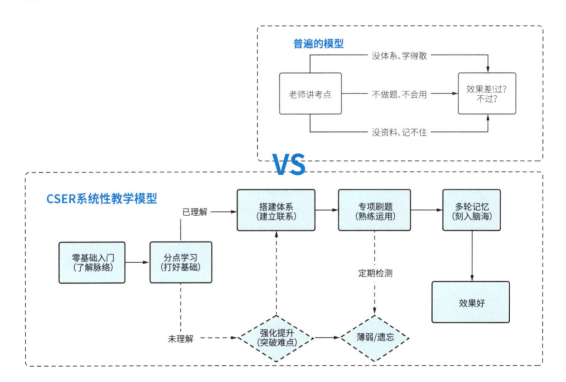

前面理解阶段跟名师，但后面记忆应试阶段，"高分学霸"更擅长，这样搭配既能保证理解，又能应试；时间少的在职考生可以直接跟"学霸"学习高效应试。

同时，知识要成体系性，后期才能记住，否则学完就忘！因此，觉晓有推理背诵图（推背图）、诉讼流程图等产品，辅助你建立知识框架体系，后期可以高效复习！

坚持数据化学习

"觉晓法考"APP 已经实现"学→练→测→背→评"全程线上化学习。在学习期间，觉晓会进行数据记录，自 2018 年 APP 上线，觉晓已经积累了上百万条数据，并有几十万真实考生的精准学习数据。

觉晓有来自百度、腾讯、京东等大厂的 AI 算法团队，建模分析过线考生与没过线考生的数据差异，建立"过考模型"，指导学员到底要听多少课，做多少题，正确率达到多少才能飘过或者稳过。

过考模型的应用层包括：

1. 完整的过考方案和规划：内部班的过考规划和阶段目标，均按照过考模型稳过或过考标准制定；让学员花更少地时间，更稳得过线。

2. 精准的过考数据指标：让你知道过线每日需要消耗的"热量、卡路里"，有标准，过线才稳！

3. 客观题知识图谱：按往年 180 分、200 分学员学习数据，细化到每个知识点的星级达标标准，并根据考频和考查难度，趋势等维度，将知识点划分为 ABCDE 类。还能筛选"未达标"针对提分。

知识类型	考频	难度	学习说明
A	高	简单	必须掌握
B	高	难	必须掌握（主＋客）
C	中	简单	必须掌握
D	中	难	时间不够可放弃（主＋客）
E	考频低或者很难、偏		直接放弃

4. 根据过考模型＋知识图谱分级教学:BD 类主客观都要考，主客融合一起学，E 类对过考影响不大，可直接放弃，AC 性价比高，简化背诵总结更能应试拿分，一些对过线影响不大的科目就减少知识点，重要的就加强；课时控制，留够做题时间，因为中后期做题比听课更重要！

5. AI 智能推送查缺补漏包：根据你学习的达标情况，精准且有效地推送知识点课程和题目，查漏补缺，让你的时间花得更有价值！

6. 精准预测过考概率（预估分）：实时检测你的数据，对比往年相似考生数据模型，让你知道，你这样学下去，最后会考多少分！明确自己距离过线还差多少分，从而及时调整自己的学习状态。

注：觉晓每年都会分析当年考生数据，出具一份完整的过考模型数据分析报告，包括"客观题版""主客一体版""主观题二战版"，可以下载觉晓 APP 领取。

国际公法

第一章 国际法概述

一、历年真题及仿真题 *

国际法的基本原则

【多选】

1 `1301075`

关于国际法基本原则，下列哪些选项是正确的？

A. 国际法基本原则具有强行法性质

B. 不得使用威胁或武力原则是指禁止除国家对侵略行为进行的自卫行动以外的一切武力的使用

C. 对于一国国内的民族分离主义活动，民族自决原则没有为其提供任何国际法根据

D. 和平解决国际争端原则是指国家间在发生争端时，各国都必须采取和平方式予以解决

参考答案

[1]ACD

第二章 国际法主体

一、历年真题及仿真题

（一）国家的基本权利

【单选】

1 `1001030`

甲国政府与乙国 A 公司在乙国签订一份资源开发合同后，A 公司称甲国政府未按合同及时支付有关款项。纠纷发生后，甲国明确表示放弃关于该案的诉讼管辖豁免权。根据国际法规则，下列哪

一选项是正确的？

A. 乙国法院可对甲国财产进行查封

B. 乙国法院原则上不能对甲国强制执行判决，除非甲国明示放弃在该案上的执行豁免

C. 如第三国法院曾对甲国强制执行判决，则乙国法院可对甲国强制执行判决

D. 如乙国主张限制豁免，则可对甲国强制执行判决

（二）国际法上的承认与继承

【单选】

2 `1001029`

甲乙二国建立正式外交关系数年后，因两国多次发生边境冲突，甲国宣布终止与乙国的外交关系。根据国际法相关规则，下列哪一选项是正确的？

A. 甲国终止与乙国的外交关系，并不影响乙国对甲国的承认

B. 甲国终止与乙国的外交关系，表明甲国不再承认乙国作为一个国家

C. 甲国主动与乙国断交，则乙国可以撤回其对甲国作为国家的承认

D. 乙国从未正式承认甲国为国家，建立外交关系属于事实上的承认

（三）国际组织（含联合国）

【单选】

3 `1601032`

联合国会员国甲国出兵侵略另一会员国。联合国安理会召开紧急会议，讨论制止甲国侵略的决议案，并进行表决。表决结果为：常任理事国 4 票赞成、1 票弃权；非常任理事国 8 票赞成、2 票否决。据此，下列哪一选项是正确的？

A. 决议因有常任理事国投弃权票而不能通过

B. 决议因非常任理事国两票否决而不能通过

C. 投票结果达到了安理会对实质性问题表决通过的要求

D. 安理会为制止侵略行为的决议获简单多数赞成票即可通过

*注：下列题号对应觉晓 APP 的题号规则。本书中以 18~24 开头的题号均为 2018 年~2024 年的仿真题。

解析页码

001—002

④ 1501032

联合国大会由全体会员国组成，具有广泛的职权。关于联合国大会，下列哪一选项是正确的？

A. 其决议具有法律拘束力

B. 表决时安理会 5 个常任理事国的票数多于其他会员国

C. 大会是联合国的立法机关，三分之二以上会员国同意才可以通过国际条约

D. 可以讨论《联合国宪章》范围内或联合国任何机关的任何问题，但安理会正在审议的除外

二、模拟题

【单选】

⑤ 62107009

下列关于联合国大会和安理会的说法正确的是？

A. 甲国申请加入联合国，需经全体联合国会员国同意

B. 乙丙两国发生战争冲突，双方均是安理会非常任理事国，安理会拟采取行动以制止冲突扩大，对该决议乙丙两国均不能投票

C. 丙丁两国发生边境纠纷，安理会拟通过采取武力行动来解决纠纷，该行动决议因有常任理事国投弃权票而不能通过

D. 联合国大会对于联合国组织内部事务通过的决议对会员国具有法律拘束力

【多选】

⑥ 62107008

鲁国某省政府为大力发展经济，遂向丙国政府借债 7 亿美元修建本省交通设施。后鲁国和邻国齐国为了更好地资源共享决定合并为一个新国家齐鲁帝国。新国家成立后，齐鲁帝国与甲国签订了双边投资协定以改善投资环境，后乙国投票支持齐鲁帝国加入联合国。对此，下列说法正确的是？

A. 甲国的行为构成对齐鲁帝国新国家法律意义的承认

B. 乙国的行为构成对齐鲁帝国新国家法律意义的承认

C. 齐鲁两国间的有关接壤地带的灌溉条约，齐鲁帝国应当继承

D. 鲁国某省政府向丙国政府借债 7 亿美元，齐鲁帝国应当继承

⑦ 62407016

甲国政府与中国 A 公司因买卖合同履行产生纠纷，A 公司将甲国政府诉至中国某法院。若甲国主张限制豁免理论，那么根据我国《外国国家豁免法》相关规定，下列哪一选项是正确的？

A. 未经甲国政府同意，中国法院不得对本案行使管辖权

B. 中国法院对本案当然享有管辖权

C. 判决生效后，中国法院可以执行甲国财产

D. 判决生效后，中国法院不得执行甲国财产，除非甲国明确放弃执行豁免

参考答案

[1] B　　[2] A　　[3] C　　[4] D　　[5] D

[6] BC　[7] BD

第三章
国际法的空间划分

一、历年真题及仿真题

（一）领土

【单选】

① 1901035

青草河为甲乙两国的界河，双方对界河的划界使用没有另行约定。根据国际法的相关规则，下列哪项判断是符合国际法的？

A. 甲国渔民在整条河流上捕鱼

B. 甲国渔船遭遇狂风，为紧急避险可未经许可停靠乙国河岸

C. 乙国可不经甲国许可，在青草河乙国一侧修建堤坝

D. 乙国发生旱灾，可不经甲国许可炸开自己一方堤坝灌溉农田

- -
解析页码
002—003

【多选】

2 `1601075`

关于领土的合法取得，依当代国际法，下列哪些选项是正确的？

A. 甲国围海造田，未对他国造成影响

B. 乙国陈兵邻国边境，邻国被迫与其签订条约割让部分领土

C. 丙国与其邻国经平等协商，将各自边界的部分领土相互交换

D. 丁国最近二十年派兵持续控制其邻国部分领土，并对外宣称拥有主权

3 `1101074`

甲河是多国河流，乙河是国际河流。根据国际法相关规则，下列哪些选项是正确的？

A. 甲河沿岸国对甲河流经本国的河段拥有主权

B. 甲河上游国家可对自己享有主权的河段进行改道工程，以解决自身缺水问题

C. 乙河对非沿岸国商船也开放

D. 乙河的国际河流性质决定了其属于人类共同的财产

【不定项】

4 `1801127`

依当代国际法，下列情况正确的是？

A. 甲国在未对他国法律权益造成影响的情况下，可以实施围海造田以增加领陆

B. 对于甲乙两国间存在主权争议的某个边境地区，其居民可以自主举行公民投票，确定该地区的主权归属。对此结果甲乙两国政府须予以接受

C. 丙国与其邻国经平等协商订立条约，将各自边界的部分领土相互交换

D. 丁国最近 50 年持续派兵控制其邻国部分领土，并对外宣称拥有主权，可以因时效获得被占领土主权

（二）海洋水域

【单选】

5 `1901036`

根据《国际海洋法公约》，甲国在其专属经济区采

取以下哪个行为是符合公约的？

A. 拆除乙国在海底铺设的电缆并回收

B. 击落上空的丙国无人机

C. 击沉丁国正常通行的军舰

D. 在海面搭建风力发电装置

【多选】

6 `1601076`

"青田"号是甲国的货轮、"前进"号是乙国的油轮、"阳光"号是丙国的科考船，三船通过丁国领海。依《联合国海洋法公约》，下列哪些选项是正确的？

A. 丁国有关对油轮实行分道航行的规定是对"前进"号油轮的歧视

B. "阳光"号在丁国领海进行测量活动是违反无害通过的

C. "青田"号无须事先通知或征得丁国许可即可连续不断地通过丁国领海

D. 丁国可以对通过其领海的外国船舶征收费用

7 `2301104`

甲乙两国协议铺设海底天然气管道，由甲国向乙国输气。该管道须在穿过丙国的专属经济区和丁国的大陆架后，经乙国领海接入乙国陆地天然气管道。甲乙丙丁四国均是《联合国海洋法公约》缔约国。下列哪些选项是正确的？

A. 专属经济区需要沿海国的宣告，大陆架无须宣告

B. 非经丙国同意，甲乙两国不得在丙国专属经济区铺设海底天然气管道

C. 甲乙两国在丁国大陆架铺设海底天然气管道的线路划定须得到丁国同意

D. 甲乙两国在丙国专属经济区铺设的管道发生天然气泄漏，丙国有权依其国内法进行管辖并采取相应的措施

【不定项】

8 `1201097`

甲国 A 公司向乙国 B 公司出口一批货物，双方约定适用 2010 年《国际贸易术语解释通则》中 CIF

术语。该批货物由丙国 C 公司"乐安"号商船承运，运输途中船舶搁浅，为起浮抛弃了部分货物。船舶起浮后继续航行中又因恶劣天气，部分货物被海浪打入海中。到目的港后发现还有部分货物因固有缺陷而损失。"乐安"号运送该货物的航行路线要经过丁国的领海和毗连区。根据《联合国海洋法公约》，下列选项正确的是？

A. "乐安"号可不经批准穿行丁国领海，并在期间停泊转运货物

B. "乐安"号在丁国毗连区走私货物，丁国海上执法船可行使紧追权

C. "乐安"号在丁国毗连区走私货物，丁国海上执法机关可出动飞机行使紧追权

D. 丁国海上执法机关对"乐安"号的紧追权在其进入公海时立即终止

⑨ 1101097

A 公司和 B 公司于 2011 年 5 月 20 日签订合同，由 A 公司将一批平板电脑售卖给 B 公司。A 公司和 B 公司营业地分别位于甲国和乙国，两国均为《联合国国际货物销售合同公约》缔约国。合同项下的货物由丙国 C 公司的"潇湘"号商船承运，装运港是甲国某港口，目的港是乙国某港口。在运输途中，B 公司与中国 D 公司就货物转卖达成协议。"潇湘"号运送该批平板电脑的航行路线要经过丁国的毗连区。根据《联合国海洋法公约》，下列选项正确的是？

A. "潇湘"号在丁国毗连区通过时的权利和义务与在丁国领海的无害通过相同

B. 丁国可在"潇湘"号通过时对毗连区上空进行管制

C. 丁国可根据其毗连区领土主权对"潇湘"号等船舶规定分道航行

D. "潇湘"号应遵守丁国在海关、财政、移民和卫生等方面的法律规定

（三）底土、群岛水域、国际海峡

【单选】

⑩ 1401033

甲国是群岛国，乙国是甲国的隔海邻国，两国均为《联合国海洋法公约》的缔约国。根据相关国

际法规则，下列哪一选项是正确的？

A. 他国船舶通过甲国的群岛水域均须经过甲国的许可

B. 甲国为连接其相距较远的两岛屿，其群岛基线可隔断乙国的专属经济区

C. 甲国因已划定了群岛水域，则不能再划定专属经济区

D. 甲国对其群岛水域包括上空和底土拥有主权

（四）特殊空间

【多选】

⑪ 2001023

甲国研发的气象卫星委托乙国代为发射，因天气的原因该卫星实际在丙国境内发射。发射过程中火箭碎片掉落，砸伤受邀现场观看发射的某丁国国民。由于轨道偏离，该人造卫星与丁国遥感卫星相撞，丁国卫星碎片跌落砸坏戊国建筑并造成戊国人员伤亡。甲乙丙丁戊五国都是《空间物体造成损害的国际责任公约》（简称《责任公约》）的缔约国，下列哪些判断是正确的？

A. 丁国不对戊国的财产和人员伤亡承担责任

B. 火箭碎片对某丁国国民造成的损害不适用《责任公约》

C. 甲乙丙丁四国应对戊国的财产和人员伤亡承担绝对责任

D. 甲乙丙三国应对丁国卫星损害承担过错责任

⑫ 1001078

甲乙丙三国均为南极地区相关条约缔约国。甲国在加入条约前，曾对南极地区的某区域提出过领土要求。乙国在成为条约缔约国后，在南极建立了常年考察站。丙国利用自己靠近南极的地理优势，准备在南极大规模开发旅游。根据《南极条约》和相关制度，下列哪些判断是正确的？

A. 甲国加入条约意味着其放弃或否定了对南极的领土要求

B. 甲国成为条约缔约国，表明其他缔约国对甲国主张南极领土权利的确认

C. 乙国上述在南极地区的活动，并不构成对南极

地区提出领土主张的支持和证据

D. 丙国旅游开发不得对南极环境系统造成破坏

（五）综合知识点

【单选】

13 `2201164`

甲、乙两国发生武装冲突，甲国攻入乙国并持续占有乙国的A地60年。期间，乙国某极端组织（已被承认为叛乱运动机关）不断发起恐怖活动，对A地的甲国人进行攻击，因此甲国在A地修建了一座防护墙。根据国际法相关规则，下列哪一项说法是正确的？

A. 甲国占领A地60年后，A地便成为甲国领土

B. 甲国还需占领A地40年，A地才能成为甲国领土

C. 甲国在A地修建防护墙违反国际法义务

D. 乙国需对该极端组织发起的恐怖活动承担国际法律责任

14 `2201162`

根据《联合国海洋法公约》及我国相关规则和实践，下列哪一选项是正确的？

A. 甲国军舰可以无害通过我国领海

B. 甲国潜水艇通过我国毗连区时必须浮出水面并展示船旗

C. 甲国未经允许不得开采我国大陆架底土资源

D. 甲国某机构可以不经允许在我国专属经济区开展科考活动

15 `2201161`

甲国和乙国签订边界条约，约定以流经两国之间的A河河道中心线为界划分各自的领土。后乙国发生政变，新政府不承认该界限，要求重新划定。根据国际法的相关规则，以下哪一说法是正确的？

A. 甲国可以不经允许在A河修建堤坝

B. 甲国公民捕鱼遭遇风暴可以去对岸避险

C. 新政府可以不承认该条约

D. 乙国可以采取措施使河水改道

16 `2101060`

根据《联合国海洋法公约》和中国的相关法律规定，下列哪一选项是正确的？

A. 甲国军舰有权无害通过我国领海

B. 乙国商业飞机可以无害通过我国领海上空

C. 我国海警船从毗连区开始紧追丙国走私船，在其进入公海时紧追必须终止

D. 丁国有权在我国大陆架铺设海底光缆，但线路须经我国主管机关同意

17 `2001184`

根据《联合国海洋法公约》和中国相关规则和实践，下列哪一选项是正确的？

A. 甲国军用飞机须经我国同意方能飞越我国毗连区

B. 甲国潜水艇必须浮出水面并展示船旗才能通过我国毗连区

C. 甲国渔民在我国大陆架捕杀濒危海龟，依照我国《刑法》追究刑事责任

D. 联合国某专门机构的科考船在我国专属经济区科学考察，须经我国同意

18 `1601033`

甲乙两国边界附近爆发部落武装冲突，致两国界标被毁，甲国一些边民趁乱偷渡至乙国境内。依相关国际法规则，下列哪一选项是正确的？

A. 甲国发现界标被毁后应尽速修复或重建，无需通知乙国

B. 只有甲国边境管理部门才能处理偷渡到乙国的甲国公民

C. 偷渡到乙国的甲国公民，仅能由乙国边境管理部门处理

D. 甲乙两国对界标的维护负有共同责任

二、模拟题

【单选】

19 `62207011`

甲、乙、丙三国为沿海国，根据《联合国海洋法公约》和其他有关国际法规则，关于无害通过，下列说法中正确的一项是？

A. 甲国因航行安全管理必要，可对通过甲国领海的乙国核动力船实行分道航行

B. 乙国不得对经过其领海上空的丙国客机进行干预和妨碍

C. 丙国潜水艇无害通过甲国领海时可在水下潜行

D. 甲、乙、丙三国可对通过其领海的外国船舶征收费用

【多选】

20　62107010

羊子江是流经齐鲁两国之间的界河，羊子江上有一座羊子岛，该岛本是齐国固有领土，但岛上并未住人也没有修建任何基础设施。后鲁国发兵进攻该岛，武力强占该岛屿后宣布对羊子岛行使主权。对此，下列说法错误的是？

A. 羊子江上的鲁国船舶未经齐国的允许任何情况下都不得在齐国靠岸停泊

B. 鲁国欲于羊子江上修建水利设施以治理齐鲁两国的水患，因符合两国的共同利益可以不经齐国许可

C. 羊子岛在鲁国进攻之前无人居住，属于无主之地，鲁国可以先占取得

D. 鲁国对羊子岛持续有效管辖超过 200 年后，即可取得羊子岛的主权

参考答案

[1] B	[2] AC	[3] AC	[4] AC	[5] D
[6] BC	[7] ACD	[8] BC	[9] D	[10] D
[11] BCD	[12] CD	[13] C	[14] C	[15] B
[16] D	[17] D	[18] D	[19] A	[20] ABCD

第四章
国际法上的个人

一、历年真题及仿真题

（一）国籍

【单选】

1　2101131

中国人张某和美国人 Lily 喜结良缘并在美国生下一子小张。经查明根据美国法小张出生即具有美国国籍，张某和 Lily 自婚后一直定居在北京。小

张出生后，张某准备通过 Lily 申请美国国籍。下列说法正确的是？

A. 根据我国法律，小张出生时依旧具有中国国籍

B. 根据我国法律，小张出生时不具有中国国籍

C. 如果张某是现役军人，其依旧可以退出中国国籍

D. 如果张某是国家工作人员，其依旧可以退出中国国籍

2　2001185

甲国球星埃尔申请加入中国国籍，依据中国《国籍法》的相关规定，下列哪一选项是正确的？

A. 埃尔加入中国国籍后，可保留甲国国籍

B. 埃尔加入中国国籍的申请应由中国外交部审批

C. 埃尔的申请无论是否被批准，其与中国女子李某在广州出生的儿子具有中国国籍

D. 埃尔的申请一旦被批准，则不得再退出中国国籍

3　2301105

定居德国的中国人李智因与德国人珍妮结婚而取得德国国籍，但其未向中国公安机关申请注销其身份证与户籍。根据我国《国籍法》和《出境入境管理法》，下列哪一选项是正确的？

A. 如果李智在我国涉及民事诉讼，人民法院应认定其国籍国为中国

B. 如果李智在我国有未了结的民事诉讼，其不得出境

C. 如果李智因涉嫌危害公共安全而被我国公安机关采取行政强制措施限制人身自由，其可依法提起行政复议

D. 李智因严重违法被公安部驱逐出境，其可向人民法院提起行政诉讼

【多选】

4　1701075

中国公民李某与俄罗斯公民莎娃结婚，婚后定居北京，并育有一女李莎。依我国《国籍法》，下列哪些选项是正确的？

A. 如李某为中国国家机关公务员，其不得申请退

解析页码
008—009

出中国国籍

B. 如莎娃申请中国国籍并获批准，不得再保留俄罗斯国籍

C. 如李莎出生于俄罗斯，不具有中国国籍

D. 如李莎出生于中国，具有中国国籍

5 `1501075`

中国公民王某与甲国公民彼得于 2013 年结婚后定居甲国并在该国产下一子，取名彼得森。关于彼得森的国籍，下列哪些选项是正确的？

A. 具有中国国籍，除非其出生时即具有甲国国籍

B. 可以同时拥有中国国籍与甲国国籍

C. 出生时是否具有甲国国籍，应由甲国法确定

D. 如出生时即具有甲国国籍，其将终生无法获得中国国籍

6 `1001080`

中国人王某定居美国多年，后自愿加入美国国籍，但没有办理退出中国国籍的手续。根据我国相关法律规定，下列哪些选项是正确的？

A. 由于王某在中国境外，故须向在国外的中国外交代表机关或领事机关办理退出中国国籍的手续

B. 王某无需办理退出中国国籍的手续

C. 王某具有双重国籍

D. 王某已自动退出了中国国籍

（二）出入境管理

【单选】

7 `1401034`

王某是定居美国的中国公民，2013 年 10 月回国为父母购房。根据我国相关法律规定，下列哪一选项是正确的？

A. 王某应向中国驻美签证机关申请办理赴中国的签证

B. 王某办理所购房产登记需提供身份证明的，可凭其护照证明其身份

C. 因王某是中国公民，故需持身份证办理房产登记

D. 王某回中国后，只要其有未了结的民事案件，就不准出境

【多选】

8 `2001189`

甲国公民大卫到乙国办理商务，购买了联程客票搭乘甲国的国际航班，经北京首都国际机场转机到乙国。甲国与我国没有专门协定。根据我国有关出入境法律，下列选项正确的是？

A. 大卫必须提前办理中国过境签证

B. 如大卫在北京机场的停留时间不超过 24 小时且不出机场，可免办中国入境签证

C. 如大卫不出北京机场，无论其停留时间长短都可免办中国入境签证

D. 如大卫在北京转机临时离开机场，需经边防检查机关批准

9 `1701076`

马萨是一名来华留学的甲国公民，依中国法律规定，下列哪些选项是正确的？

A. 马萨入境中国时，如出入境边防检查机关不准其入境，可以不说明理由

B. 如马萨留学期间发现就业机会，即可兼职工作

C. 马萨留学期间在同学家中短期借住，应按规定向居住地的公安机关办理登记

D. 如马萨涉诉，则不得出境

10 `1301076`

甲国公民杰克申请来中国旅游，关于其在中国出入境和居留期间的管理，下列哪些选项是正确的？

A. 如杰克患有严重精神障碍，中国签证机关不予签发其签证

B. 如杰克入境后可能危害中国国家安全和利益，中国出入境边防检查机关可不准许其入境

C. 杰克入境后，在旅馆以外的其他住所居住或者住宿的，应当在入住后 48 小时内由本人或者留宿人，向居住地的公安机关办理登记

D. 如杰克在中国境内有未了结的民事案件，法院决定不准出境的，中国出入境边防检查机关有权阻止其出境

11 `1201075`

外国公民雅力克持旅游签证来到中国，我国公安

机关查验证件时发现，其在签证已经过期的情况下，涂改证照，居留中国并临时工作。关于雅力克的出入境和居留，下列哪些表述符合中国法律规定？

A. 在雅力克旅游签证有效期内，其前往不对外国人开放的地区旅行，不再需要向当地公安机关申请旅行证件

B. 对雅力克的行为县级以上公安机关可拘留审查

C. 对雅力克的行为县级以上公安机关可依法予以处罚

D. 如雅力克持涂改的出境证件出境，中国边防检查机关有权阻止其出境

（三）外交保护、引渡和庇护

【单选】

12 1501033

甲国公民汤姆于 2012 年在本国故意杀人后潜逃至乙国，于 2014 年在乙国强奸一名妇女后又逃至中国。乙国于 2015 年向中国提出引渡请求。经查明，中国和乙国之间没有双边引渡条约。依相关国际法及中国法律规定，下列哪一选项是正确的？

A. 乙国的引渡请求应向中国最高人民法院提出

B. 乙国应当作出互惠的承诺

C. 最高人民法院应对乙国的引渡请求进行审查，并由审判员组成合议庭进行

D. 如乙国将汤姆引渡回本国，则在任何情况下都不得再将其转引

【多选】

13 1901056

甲国人王某在乙国旅游期间，乙国经丙国的申请对王某采取了强制措施，之后丙国请求乙国引渡王某。根据国际法的相关规则和实践，下列哪些判断是正确的？

A. 如果王某是政治犯，乙国应当拒绝引渡

B. 如果王某的行为在乙国和丙国都构成严重犯罪，乙国可以引渡

C. 如果王某的行为只在丙国构成犯罪，乙国应当拒绝引渡

D. 因王某为甲国公民，乙国无权将其引渡给丙国

14 1801062

中国人张某在甲国将甲国公民杀死后逃至乙国，已知甲国和乙国之间没有签订引渡条约，但是中国和甲乙两国都有引渡条约。下列说法正确的有？

A. 中国外交部可以向乙国政府请求将张某先行采取强制措施再行引渡

B. 如甲国向乙国申请引渡，乙国无正当理由不得拒绝引渡

C. 如果乙国未经中国同意将张某引渡给甲国，则中国可以向乙国提起外交保护

D. 如乙国将张某引渡给中国后，甲国向中国提请引渡张某，中国政府应当予以拒绝

15 1201076

甲国公民彼得，在中国境内杀害一中国公民和一乙国在华留学生，被中国警方控制。乙国以彼得杀害本国公民为由，向中国申请引渡，中国和乙国间无引渡条约。关于引渡事项，下列哪些选项是正确的？

A. 中国对乙国无引渡义务

B. 乙国的引渡请求应通过外交途径联系，联系机关为外交部

C. 应由中国最高法院对乙国的引渡请求进行审查，并作出裁定

D. 在收到引渡请求时，中国司法机关正在对引渡所指的犯罪进行刑事诉讼，故应当拒绝引渡

【不定项】

16 1301097

甲国公民库克被甲国刑事追诉，现在中国居留，甲国向中国请求引渡库克，中国和甲国间无引渡条约。关于引渡事项，下列选项正确的是？

A. 甲国引渡请求所指的行为依照中国法律和甲国法律均构成犯罪，是中国准予引渡的条件之一

B. 由于库克健康原因，根据人道主义原则不宜引渡，中国可以拒绝引渡

C. 根据中国法律，引渡请求所指的犯罪纯属军事犯罪的，中国应当拒绝引渡

解析页码

010—011

D. 根据甲国法律，引渡请求所指的犯罪纯属军事犯罪的，中国应当拒绝引渡

（四）综合知识点

【单选】

17 2101064

2005 年，甲国夫妇汤姆和玛丽收养了中国女孩张乙，张乙改名艾琳后随养父母去甲国定居，并取得甲国国籍。2019 年，艾琳被中国某高校录取。根据中国相关法律规定，下列哪一选项是正确的？

A. 艾琳到中国学习无须办理签证

B. 艾琳可以同时拥有甲国国籍和中国国籍

C. 甲国疫情爆发后，甲国夫妇想来中国看望艾琳，但中国边防检查机关禁止二人入境，且未说明理由

D. 艾琳可以利用周末期间到快餐店兼职

【多选】

18 2001188

王某同时持有中国护照和甲国护照，在乙国参加商品博览会时被乙国警方扣留，警方理由是：丙国认为王某违反了丙国的进出口管制法，并向乙国提出司法协助请求以及引渡王某。王某父母均为中国公民，一家三口一直居住在上海。根据我国《国籍法》以及一般国际法原理，下列说法正确的是？

A. 中国不承认双重国籍，因此王某已丧失中国国籍

B. 根据我国《国籍法》，王某若要退出中国国籍需经批准

C. 如果王某仅违反了丙国的进出口管制法，乙国无权扣留并引渡王某

D. 因王某同时持有甲国护照，中国海关应当拒绝入境

二、模拟题

【不定项】

19 61907093

外国人 KING 持旅游签证进入中国旅游，在签证到期后，依然逗留在中国并找到临时工作。根据我国的《出境入境管理法》，下列选项中正确的

是？

A. 若 KING 在申请签证过程中弄虚作假或者不能保障在中国境内期间所需费用，签证机关不予签发签证的，签证机关可以不说明理由

B. 若 KING 持联程客票搭乘本国班机从重庆过境前往越南，在中国境内停留不超过 24 小时且不离开口岸，可以免办签证

C. KING 可以在国内某语言培训机构从事相应的工作

D. 若 KING 因非法居留被遣送出境，则其之后不得入境

20 62107013

根据我国《国籍法》的规定，下列说法正确的是？

A. 甲出生于美国圣弗朗西斯科，父母均为定居在中国澳门的中国公民，因美国采取出生地主义，甲出生时具有美国国籍，则甲不具有中国国籍

B. 乙自 2010 年起在新西兰工作，定居新西兰之后又获批加入新西兰国籍，因我国不承认双重国籍，所以乙自动退出中国国籍

C. 丙出生于中国，父母是无国籍人但定居在中国，丙在出生时可以取得中国国籍

D. 丁是米国人，与中国人戊结婚后一直在中国居住，若丁退出米国国籍，即可以自动取得中国国籍

参考答案

[1] A [2] C [3] C [4] ABD [5] AC
[6] BD [7] B [8] BD [9] AC [10] ABD
[11] BCD [12] B [13] ABC [14] AD [15] AB
[16] ABCD [17] C [18] BC [19] AB [20] BC

第五章
外交关系和领事关系

一、历年真题及仿真题

（一）外交关系

【单选】

1 `1901037`

甲国驻乙国大使杰某辱骂乙国总统，被乙国宣布为"不受欢迎的人"，根据相关国际法规则，下列哪一选项是正确的？

A．甲国应立即将杰某召回

B．甲国应立即停止杰某的大使职务

C．甲国有权要求乙国说明杰某"不受欢迎"的理由

D．如甲国不将杰某召回或终止其职务，则乙国可令杰某限期离境

2 `1801018`

甲乙两国因政治问题交恶，甲国将其驻乙国的大使馆降级为代办处。后乙国出现大规模骚乱，乙国某公民试图翻越围墙进入甲国驻乙国代办处，被甲国随员杰某开枪打死。根据该案情以下说法正确的是？

A．因甲国主动将驻乙国使馆降级为代办处，根据相关公约的规定，代办处不再受到外交法的保护

B．随员杰某的行为是为了保护代办处的安全，因此不负任何刑事责任

C．乙国可以因随员杰某的开枪行为对其采取刑事强制措施

D．如果甲国明示放弃杰某的外交豁免权，则乙国可以对杰某采取刑事强制措施

3 `1701033`

甲、乙两国均为《维也纳外交关系公约》缔约国，甲国拟向乙国派驻大使馆工作人员。其中，杰克是武官，约翰是二秘，玛丽是甲国籍会计且非乙国永久居留者。依该公约，下列哪一选项是正确的？

A．甲国派遣杰克前，无须先征得乙国同意

B．约翰在履职期间参与贩毒活动，乙国司法机关不得对其进行刑事审判与处罚

C．玛丽不享有外交人员的特权与豁免

D．如杰克因参加斗殴意外死亡，其家属的特权与豁免自其死亡时终止

4 `2301107`

大卫是甲国派驻乙国的武官，根据《维也纳外交关系公约》，下列哪一选项是正确的？

A．大卫在乙国涉嫌刑事犯罪，大卫享有刑事责任豁免权

B．大卫若以书面形式放弃管辖豁免权，乙国有权管辖涉及大卫的民事诉讼

C．大卫在乙国可以在周末从事营利性专业技能活动

D．大卫不得为维护甲国利益，而参加旨在反对乙国政府的游行示威活动

【多选】

5 `1901057`

杰某为甲国驻乙国大使馆的武官，甲乙两国都是《维也纳外交关系公约》的缔约国，据此，下列哪些判断是正确的？

A．乙国应为甲国大使馆提供必要的免费物业服务

B．甲国使馆爆发恶性传染病，乙国卫生部门人员可以未经许可进入使馆消毒

C．甲国使馆未经乙国许可，不得装置使用无线电发报机

D．杰某射杀两名翻墙进入使馆的乙国人，乙国司法部门不得对其进行刑事审判和处罚

（二）领事关系

【单选】

6 `1501034`

甲国与乙国基于传统友好关系，兼顾公平与效率原则，同意任命德高望重并富有外交经验的丙国公民布朗作为甲乙两国的领事官员派遣至丁国。根据《维也纳领事关系公约》，下列哪一选项是正

解析页码

013—014

确的?

A. 布朗既非甲国公民也非乙国公民，此做法违反《公约》

B. 《公约》没有限制，此做法无须征得丁国同意

C. 如丁国明示同意，此做法是被《公约》允许的

D. 如丙国与丁国均明示同意，此做法才被《公约》允许

7 1301032

甲乙两国均为《维也纳领事关系公约》缔约国，阮某为甲国派驻乙国的领事官员。关于阮某的领事特权与豁免，下列哪一表述是正确的?

A. 如犯有严重罪行，乙国可将其羁押

B. 不受乙国的司法和行政管辖

C. 在乙国免除作证义务

D. 在乙国免除缴纳遗产税的义务

（三）综合知识点

【单选】

8 2001186

根据《维也纳外交关系公约》和《维也纳领事关系公约》，下列哪项判断是正确的?

A. 甲国驻乙国使馆的参赞非工作时间在高速公路上交通肇事，该参赞声明放弃外交特权与豁权，乙国有权对其逮捕并审判

B. 甲国特别外交信使涉嫌毒品犯罪，待其将负责携带的外交邮袋送交收件人后，乙国有权对其逮捕并审判

C. 甲国驻乙国领事官员可在甲国驻乙国大使的批准下，在领馆范围外从事职务活动

D. 甲国驻乙国公使可在节假日在乙国内参加有偿的商事活动

9 2001182

根据《维也纳外交关系公约》和《维也纳领事关系公约》，下列哪一选项是正确的?

A. 甲国驻乙国使馆有权在使馆内庇护涉嫌在乙国犯罪的丙国公民

B. 乙国有足够证据怀疑甲国驻乙国某领馆的邮袋内有爆炸物，若甲国领馆拒绝开拆，乙国可将该邮袋退回

C. 接受国甲国有权声明乙国某外交人员为不受欢迎的人，但必须说明理由

D. 乙国驻甲国某领馆办公楼发生火灾，因为情况紧急，在乙国领馆馆长反对的情况下，甲国消防人员也可进入领馆灭火

10 1201032

甲乙丙3国均为《维也纳外交关系公约》缔约国。甲国汤姆长期旅居乙国，结识甲国驻乙国大使馆参赞杰克，2人在乙国与丙国汉斯发生争执并互殴，汉斯被打成重伤。后，杰克将汤姆秘匿于使馆休息室。关于事件的处理，下列哪一选项是正确的?

A. 杰克行为已超出职务范围，乙国可对其进行逮捕

B. 该使馆休息室并非使馆工作专用部分，乙国警察有权进入逮捕汤姆

C. 如该案件在乙国涉及刑事诉讼，杰克无作证义务

D. 因该案发生在乙国，丙国法院无权对此进行管辖

【多选】

11 1001079

甲乙二国建有外交及领事关系，均为《维也纳外交关系公约》和《维也纳领事关系公约》缔约国。乙国为举办世界杯足球赛进行城市改建，将甲国使馆区域、大使官邸、领馆区域均纳入征用规划范围。对此，乙国作出了保障外国使馆、领馆执行职务的合理安排，并对搬迁使领馆给予及时、有效、充分的补偿。根据国际法相关规则，下列哪些判断是正确的?

A. 如甲国使馆拒不搬迁，乙国可采取强制的征用搬迁措施

B. 即使大使官邸不在使馆办公区域内，乙国也不可采取强制征用搬迁措施

C. 在作出上述安排和补偿的情况下，乙国可征用甲国总领馆办公区域

D. 甲国总领馆馆舍在任何情况下均应免受任何方式的征用

二、模拟题

【单选】

12 `62107017`

陆某是鲁国驻齐国大使馆的商务参赞，花花是魏国驻齐国大使馆的武官，陆某在饭店吃饭时与齐国人张某发生纠纷并将其打成重伤，花花恰好目睹案件经过，后张某将陆某诉至齐国刑事法院。齐鲁魏三国都是《维也纳外交关系公约》的缔约国。下列说法正确的是？

A. 鲁国必须经齐国同意后才能委派陆某

B. 齐国法院不能管辖陆某与张某之间的纠纷

C. 如果花花本人同意出庭作证，则可以出庭作证

D. 如果陆某因继承其叔叔在齐国的一套房产而发生纠纷，齐国法院也无权管辖

[1] D	[2] D	[3] B	[4] D	[5] CD
[6] C	[7] A	[8] B	[9] B	[10] C
[11] BC	[12] B			

第六章
条约法

一、历年真题及仿真题

（一）条约的缔结

【多选】

1 `2001024`

甲乙丙丁都是某多边条约的缔约国，条约规定缔约国之间就该条约产生的纠纷应提交国际法院解决，甲国对此规定声明保留。乙国表示接受甲国的保留；丙国不仅反对甲国的保留，还主张条约在甲丙之间不发生效力；丁国反对甲国的保留但不反对条约其他条款在甲丁两国的适用。乙丙丁三国并未提出保留。甲乙丙丁都是《维也纳条约法公约》的缔约国，下列哪些判断是正确的？

A. 甲乙之间该条约产生的纠纷应由国际法院管辖

B. 丙国可反对甲国的保留，但不能主张条约在甲丙之间不发生效力

C. 甲丁之间条约有效，仅保留条款在两国之间视为不存在

D. 乙丁之间因该条约产生的纠纷应由国际法院管辖

2 `1201074`

中国参与某项民商事司法协助多边条约的谈判并签署了该条约，下列哪些表述是正确的？

A. 中国签署该条约后有义务批准该条约

B. 该条约须由全国人大常委会决定批准

C. 对该条约规定禁止保留的条款，中国在批准时不得保留

D. 如该条约获得批准，对于该条约与国内法有不同规定的部分，在中国国内可以直接适用，但中国声明保留的条款除外

（二）综合知识点

【单选】

3 `2101132`

我国和甲国、乙国签订了《民商事案件司法协助条约》，其中甲国对司法协助请求文件首先通过网络提交这一条款提出了保留。我国接受该保留，乙国拒绝接受该保留。关于该条约，下列说法正确的是？

A. 该条约需要经过我国全国人民代表大会的批准方能在我国生效

B. 在甲国和我国之间适用保留后的条款

C. 在甲国和乙国之间该条约视为不存在

D. 该条约与我国国内法出现冲突时，我国国内法的规定优先适用

4 `1401032`

甲国分立为"东甲"和"西甲"，甲国在联合国的席位由"东甲"继承，"西甲"决定加入联合国。"西甲"与乙国（联合国成员）交界处时有冲突发生。根据相关国际法规则，下列哪一选项是正确的？

A. 乙国在联大投赞成票支持"西甲"入联，一般构成对"西甲"的承认

解析页码
015—016

B. "西甲"认为甲国与乙国的划界条约对其不产生效力

C. "西甲"入联后,其所签订的国际条约必须在秘书处登记方能生效

D. 经安理会9个理事国同意后,"西甲"才可成为联合国的会员国

【多选】

5 2201101

甲乙丙丁四国签订《工业制成品关税协定》,约定工业制品进口关税降至5%。次年甲乙丙三国又签订《自由贸易区协定》,约定工业制品进口关税降至3%,但丙国对汽车整车类产品作出保留,甲国接受了丙国的保留,但乙国拒绝接受丙国的保留。甲乙丙丁四国都是《维也纳条约法公约》的缔约国,下列哪些判断是正确的?

A. 甲国对丙国机床征收3%关税

B. 乙国对丙国整车类产品征收3%关税

C. 丁国对丙国机床征收5%关税

D. 乙国对丙国机床征收5%关税

6 1501076

依据《中华人民共和国缔结条约程序法》及中国相关法律,下列哪些选项是正确的?

A. 国务院总理与外交部长参加条约谈判,无须出具全权证书

B. 由于中国已签署《联合国国家及其财产管辖豁免公约》,该公约对我国具有拘束力

C. 中国缔结或参加的国际条约与中国国内法有冲突的,均优先适用国际条约

D. 经全国人大常委会决定批准或加入的条约和重要协定,由全国人大常委会公报公布

7 1401076

甲乙丙三国为某投资公约的缔约国,甲国在参加该公约时提出了保留,乙国接受该保留,丙国反对该保留,后乙丙丁三国又签订了涉及同样事宜的新投资公约。根据《维也纳条约法公约》,下列哪些选项是正确的?

A. 因乙丙丁三国签订了新公约,导致甲乙丙三国原公约失效

B. 乙丙两国之间应适用新公约

C. 甲乙两国之间应适用保留修改后的原公约

D. 尽管丙国反对甲国在原公约中的保留,甲丙两国之间并不因此而不发生条约关系

8 1301074

根据《维也纳条约法公约》和《中华人民共和国缔结条约程序法》,关于中国缔约程序问题,下列哪些表述是正确的?

A. 中国外交部长参加条约谈判,无须出具全权证书

B. 中国谈判代表对某条约作出待核准的签署,即表明中国表示同意受约约束

C. 有关引渡的条约由全国人大常委会决定批准,批准书由国家主席签署

D. 接受多边条约和协定,由国务院决定,接受书由外交部长签署

二、模拟题

【单选】

9 61807040

甲乙丙三国欲签订一区域贸易多边条约,遂集中三国的外交代表予以谈判并订约。根据国际法及相关规定,下列有关表述中正确的是?

A. 刘某是甲国外交部长,故其参与该区域贸易条约谈判无须出示全权证书

B. 假设三国经过谈判对条约的主要条款内容拟定之后,三国的有权外交代表均在条约上进行了签署,则意味着三国都有同意受条约拘束的表示

C. 假设条约已生效,后丁国欲加入该条约,其加入该条约时对于其中某条款作出了保留,则对此保留甲乙丙三国均应当接受

D. 假设条约已生效,后丁国欲加入该条约,其加入该条约时对于其中某条款作出了保留,甲国不同意该保留,则意味着甲丁之间该条约没有效力

10 62207015

2022年我国与甲、乙两国协商签订了《关于民商事司法协助的条约》,我国对其中某项条款提出保

留，甲国反对该保留，乙国接受该保留。根据《维也纳条约法公约》和我国《缔约程序法》，下列哪个说法是正确的？

A. 该条约须经国务院批准，由外交部长或国务院总理出席签署

B. 如该条约获得批准，对于该条约与国内法有不同规定的部分，应直接适用条约规定

C. 中国和乙国之间适用保留后的条款

D. 因甲国反对保留，该条款在甲乙两国之间视为不存在

参考答案

[1]CD	[2]BCD	[3]B	[4]A	[5]AC
[6]AD	[7]BCD	[8]ACD	[9]A	[10]C

第七章
国际争端与战争

一、历年真题及仿真题

（一）国际争端的解决

【单选】

1 2301001

甲国是新独立的国家，加入《联合国海洋法公约》，但未加入联合国。乙国既是《联合国海洋法公约》缔约国，又是联合国会员国。甲乙两国存在海洋划界争端，且甲国认为乙国在其领海的军事活动存在和平安全风险，提请安理会关注这一事件。《联合国海洋法公约》规定当缔约国发生海洋争端时，如果不能就选择争端解决机构达成一致，应由依公约附件七组成的仲裁法庭强制管辖，公约同时允许成员国对争端强制程序提出保留。根据国际法相关规则，下列哪一选项是正确的？

A. 如甲、乙国就争端解决方式不能达成一致，则应由附件七中的仲裁法庭强制管辖

B. 如甲、乙国就争端解决方式不能达成一致，则应由海洋法法庭管辖

C. 即使甲国在加入《联合国海洋法公约》时对争

端强制程序提出保留，但由于公约已生效，故仲裁法庭对本案仍有管辖权

D. 甲国不是联合国成员，无权提请安理会注意乙国军事活动是否存在和平安全风险

2 2201098

甲乙两国因开发海洋石油资源发生争端，丙国总统出面斡旋，邀请甲乙两国元首赴丙国首都和谈。根据国际法相关规则和实践，下列哪一做法符合国际法？

A. 甲乙两国元首赴丙国前，通过网络进行了秘密谈判

B. 甲乙两国元首到丙国谈判，丙国总统在谈判前设晚宴并提出争端解决方案

C. 甲国派军舰封锁乙国海岸线，禁止乙国船进入争议海域

D. 甲乙两国元首到丙国谈判时，丙国总统参加谈判

（二）国际法院

【单选】

3 1701034

甲、乙、丙三国对某海域的划界存在争端，三国均为《联合国海洋法公约》缔约国。甲国在批准公约时书面声明海洋划界的争端不接受公约的强制争端解决程序，乙国在签署公约时口头声明选择国际海洋法法庭的管辖，丙国在加入公约时书面声明选择国际海洋法法庭的管辖。依相关国际法规则，下列哪一选项是正确的？

A. 甲国无权通过书面声明排除公约强制程序的适用

B. 国际海洋法法庭对该争端没有管辖权

C. 无论三国选择与否，国际法院均对该争端有管辖权

D. 国际海洋法法庭的设立排除了国际法院对海洋争端的管辖权

（三）战争法

【单选】

4 2201099

甲乙两国因领土纠纷宣战，其共同邻国丙国宣布

解析页码
018—019

战时中立，下列哪一选项符合国际法规则？

A. 甲国不得没收乙国战俘随身携带的金钱和贵重首饰

B. 乙国在规定的闭馆期间届满后没收甲国驻乙国大使馆财产

C. 为缩短后勤补给时间，甲国可借道丙国领土运送军用物资

D. 甲国驻乙国大使馆的外交人员自两国宣战时起不再享有外交特权和豁免

5 `1201034`

甲、乙国发生战争，丙国发表声明表示恪守战时中立义务。对此，下列哪一做法不符合战争法？

A. 甲、乙战争开始后，除条约另有规定外，二国间商务条约停止效力

B. 甲、乙不得对其境内敌国人民的私产予以没收

C. 甲、乙交战期间，丙可与其任一方保持正常外交和商务关系

D. 甲、乙交战期间，丙同意甲通过自己的领土过境运输军用装备

6 `2301108`

甲国以保护侨民为由派军队进入乙国境内采取特别军事行动，乙国对甲国宣战，未进行抵抗。乙国的盟国丙国也对甲国宣战，并与甲国发生激烈的武装冲突，其间俘虏了大量甲国战俘。甲国请求联合国安理会谴责和制裁丙国，乙丙两国请求安理会谴责和制裁甲国。根据国际法的相关规则和实践，下列哪一选项是正确的？

A. 甲乙两国和甲丙两国均已进入国际法上的战争状态

B. 丙国可禁止甲国战俘与其家属通信联络

C. 只要甲国战俘不反对，丙国可以禁止其从事宗教礼拜活动

D. 安理会根据甲乙丙三国情势作出的决议仅对该三国有约束力

【多选】

7 `2101059`

甲乙两国相邻，因划界纠纷引发战争，根据国际法相关规则，下列哪些选项是正确的？

A. 甲乙两国互助条约立即废止

B. 甲乙两国边界条约自动废止

C. 甲国军舰在海上遇到乙国商船可以拿捕没收

D. 甲国可以对其境内的乙国公民进行敌侨登记并强制集中居住

（四）综合知识点

【单选】

8 `2201097`

约翰为甲国国际法学者，拟参选联合国国际法院法官，常任理事国乙国坚决反对。根据国际法相关规则，下列哪一项说法是正确的？

A. 约翰若当选国际法官，对涉及甲国的案件不需要申请回避

B. 国际法官在大会和安理会投票表决均超过2/3才可当选

C. 若乙国投出否决票，则约翰不能当选国际法官

D. 甲国驻联合国代表团可提名约翰为国际法院法官

9 `2101063`

甲乙两国发生武装冲突，大国丙国出面邀请甲乙两国代表到丙国首都来洽谈，随后三国以联合声明的方式发布停战协议。后因甲乙两国对停战协议内容理解发生争议，再次发生武装冲突。下列哪一选项符合国际法的规定？

A. 丙国应当对发布停战协议后又发生武装冲突承担法律责任

B. 若甲乙两国开战，甲国A公司与乙国B公司的商业合同自动废止

C. 丙国的行为属于调停

D. 甲乙两国宣战后，甲国可没收乙国驻甲国大使馆的财产

10 `1801017`

甲乙两国都是联合国会员国，现因领土争端，甲国欲向国际法院提起诉讼，关于该问题以下说法正确的是？

A. 如国际法院受理该案件，发现主审法官中有甲国公民，则乙国可以申请该法官回避

B. 如在案件审理过程中甲国发现法官中有乙国法

官，则可以申请增加本国国籍的法官为专案法官

C. 如法院判乙国败诉，而乙国不执行该判决，则甲国可以申请国际法院强制执行该判决

D. 如果国际法院作出判决，则该判决可以成为国际法渊源对所有联合国成员国都有约束力

11 `1701032`

乘坐乙国航空公司航班的甲国公民，在飞机进入丙国领空后实施劫机，被机组人员制服后交丙国警方羁押。甲、乙、丙三国均为 1963 年《东京公约》、1970 年《海牙公约》及 1971 年《蒙特利尔公约》缔约国。据此，下列哪一选项是正确的？

A. 劫机发生在丙国领空，仅丙国有管辖权

B. 犯罪嫌疑人为甲国公民，甲国有管辖权

C. 劫机发生在乙国航空器上，仅乙国有管辖权

D. 本案涉及国际刑事犯罪，应由国际刑事法院管辖

12 `1601034`

关于国际法院，依《国际法院规约》，下列哪一选项是正确的？

A. 安理会常任理事国对法官选举拥有一票否决权

B. 国际法院是联合国的司法机关，有诉讼管辖和咨询管辖两项职权

C. 联合国秘书长可就执行其职务中的任何法律问题请求国际法院发表咨询意见

D. 国际法院作出判决后，如当事国不服，可向联合国大会上诉

13 `1301034`

关于联合国国际法院的表述，下列哪一选项是正确的？

A. 联合国常任理事国对国际法院法官的选举不具有否决权

B. 国际法院法官对涉及其国籍国的案件，不适用回避制度，即使其就任法官前曾参与该案件

C. 国际法院判决对案件当事国具有法律拘束力，构成国际法的渊源

D. 国际法院作出的咨询意见具有法律拘束力

14 `1201033`

甲、乙是联合国会员国。甲作出了接受联合国国

际法院强制管辖的声明，乙未作出接受联合国国际法院强制管辖的声明。甲、乙也是《联合国海洋法公约》的当事国，现对相邻海域中某岛屿归属产生争议。关于该争议的处理，下列哪一选项是不符合国际法的？

A. 甲、乙可达成协议将争议提交联合国国际法院

B. 国际海洋法法庭对本岛屿主权争端没有管辖权

C. 甲可单方将争议提交联合国国际法院

D. 甲、乙可自行协商解决争议

【多选】

15 `1101076`

根据国际法相关规则，关于国际争端解决方式，下列哪些表述是正确的？

A. 甲乙两国就界河使用发生纠纷，丙国为支持甲国可出面进行武装干涉

B. 甲乙两国发生边界争端，丙国总统可出面进行调停

C. 甲乙两国可书面协议将两国的专属经济区争端提交联合国国际法院，国际法院对此争端拥有管辖权

D. 国际法院可就国际争端解决提出咨询意见，该意见具有法律拘束力

【不定项】

16 `1401097`

甲乙两国就海洋的划界一直存在争端，甲国在签署《联合国海洋法公约》时以书面声明选择了海洋法法庭的管辖权，乙国在加入公约时没有此项选择管辖的声明，但希望争端通过多种途径解决。根据相关国际法规则，下列选项正确的是？

A. 海洋法法庭的设立不排除国际法院对海洋活动争端的管辖

B. 海洋法法庭因甲国单方选择管辖的声明而对该争端具有管辖权

C. 如甲乙两国选择以协商解决争端，除特别约定，两国一般没有达成有拘束力的协议的义务

D. 如丙国成为双方争端的调停国，则应对调停的失败承担法律后果

二、模拟题

【单选】

17 `62207016`

熊国与乌国因领土问题纷争不断，两国达成协议，将争端提交国际法院。国际法院就熊、乌两国的争议作出裁决后，乌国拒不履行判决确定的义务，熊国一怒之下对乌国宣战。依《国际法院规约》和相关战争法的规则，下列哪一说法是正确的？

A. 乌国拒不履行判决，熊国可申请国际法院强制执行

B. 熊国可以就乌国拒不履行判决事宜请求国际法院发表咨询意见

C. 熊乌两国边界条约暂停适用，政治、经济类条约自动废止

D. 熊国可没收乌国在本国境内除使馆财产档案外所有公产

【多选】

18 `61807035`

甲国和乙国因冲突爆发战争，交战双方行为不符合战争法规定的情况有哪些？

A. 甲乙两国断绝一切经贸往来和终止一切条约关系

B. 甲国战斗员可以使用联合国或中立国家或其他非冲突各方的国家的记号、标志或制服而假装处在被保护的地位

C. 甲乙两国原来签订的《和平友好条约》《边界条约》《建立外交关系的协定》《引渡协定》均自动废止

D. 甲国对在海上遇到乙国公、私船舶及货物，可予以拿捕没收；乙国对于其境内的甲国国家财产，均可予以没收

参考答案

[1]A	[2]A	[3]B	[4]A	[5]D
[6]A	[7]ACD	[8]A	[9]C	[10]B
[11]B	[12]B	[13]A	[14]C	[15]BC
[16]AC	[17]D	[18]ABCD		

国际私法

第一章 国际私法基本理论

一、历年真题及仿真题

（一）国际私法概述

【单选】

1 `2002137`

沃林公司在甲国登记注册，其主要办事机构也在甲国。后沃林公司被乙国福特公司全资收购，其办事机构随之迁往乙国。后因经营不善，乙国福特公司又被中国启迪公司全资收购，但考虑到业务需要，沃林公司的主要办事机构仍在乙国。关于沃林公司的国籍，下列哪一选项是正确的？

A. 因沃林公司在甲国登记注册，其国籍始终是甲国

B. 因沃林公司的主要办事机构在乙国，其国籍应为乙国

C. 因沃林公司已被中国启迪公司收购，故其国籍应为中国

D. 沃林公司的国籍应由收购协议约定

2 `1301037`

张某居住在深圳，2008年3月被深圳某公司劳务派遣到马来西亚工作，2010年6月回深圳，转而受雇于香港某公司，其间每周一到周五在香港上班，周五晚上回深圳与家人团聚。2012年1月，张某离职到北京治病，2013年6月回深圳，现居该地。依《涉外民事关系法律适用法》（不考虑该法生效日期的因素）和司法解释，关于张某经常居所地的认定，下列哪一表述是正确的？

A. 2010年5月，在马来西亚

B. 2011年12月，在香港

C. 2013年4月，在北京

D. 2008年3月至今，一直在深圳

解析页码
022—023

（二）综合知识点

【多选】

 ③ 1901055

甲国公民杰某是因公务来华的外国人，在北京居住满两年。根据中国法律和司法实践，下列说法正确的是？

A. 若杰某有尚未了结的民事案件，边检机关可限制其出境

B. 杰某的经常居住地是北京

C. 若杰某利用假期在语言学校兼职授课，则属于非法就业

D. 若杰某和中国公民王某在北京生育一子，则其子具有中国国籍

参考答案

[1]A　　[2]D　　[3]CD

第二章
冲突规范和准据法

一、历年真题及仿真题

冲突规范和准据法

【单选】

① 1101038

《涉外民事关系法律适用法》规定：结婚条件，适用当事人共同经常居所地法律；没有共同经常居所地的，适用共同国籍国法律；没有共同国籍，在一方当事人经常居所地或者国籍国缔结婚姻的，适用婚姻缔结地法律。该规定属于下列哪一种冲突规范？

A. 单边冲突规范

B. 重叠适用的冲突规范

C. 无条件选择适用的冲突规范

D. 有条件选择适用的冲突规范

② 1001033

关于冲突规范和准据法，下列哪一判断是错误的？

A. 冲突规范与实体规范相似

B. 当事人的属人法包括当事人的本国法和住所地法

C. 当事人的本国法指的是当事人国籍所属国的法律

D. 准据法是经冲突规范指引、能够具体确定国际民事法律关系当事人权利义务的实体法

参考答案

[1]D　　[2]A

第三章

适用冲突规范的制度

一、历年真题及仿真题

（一）定性和反致

【单选】

① 1902119

墨西哥公民甲有民事纠纷在某人民法院审理，依据中国法律应适用墨西哥法，依墨西哥法应适用中国法。根据《涉外民事关系法律适用法》，下面哪一选项是正确的？

A. 应适用墨西哥实体法

B. 根据最密切联系原则选择适用法律

C. 适用中国实体法

D. 适用中国法和墨西哥法

（二）外国法的查明

【单选】

② 2202039

甲公司与M国乙公司签订贸易合同，约定合同解释须适用M国法律。后双方发生纠纷，甲公司依约向中国法院提起诉讼，为明确M国法律内容，甲公司申请某大学下设外国法查明中心的林博士出庭，下列哪一项说法正确？

解析页码
023—024

A. 林博士可作为鉴定人出庭

B. 林博士可作为专家辅助人出庭

C. 林博士可作为证人出庭

D. M国法律的内容不是事实问题，林博士无须出庭

③ `1301036`

根据《涉外民事关系法律适用法》和司法解释，关于外国法律的查明问题，下列哪一表述是正确的？

A. 行政机关无查明外国法律的义务

B. 查明过程中，法院应当听取各方当事人对应当适用的外国法律的内容及其理解与适用的意见

C. 无法通过中外法律专家提供的方式获得外国法律的，法院应认定为不能查明

D. 不能查明的，应视为相关当事人的诉讼请求无法律依据

【多选】

④ `2102043`

在甲乙两公司的涉外诉讼中，我国法院根据冲突规范认为应适用A国法律，但对于具体规则不了解。甲公司申请法学专家段教授向法院提供A国法律相关内容，乙公司对段教授的中立性保持质疑。根据我国相关法律，下列哪些选项是正确的？

A. 甲公司应证明段教授的中立性

B. 段教授可书面提供A国法律报告，无须出庭

C. 法院可依职权另行委托其他专家查明A国法

D. 段教授出庭所作陈述，可被视为甲公司的举证行为，具有证明力

（三）法律规避和直接适用的法

【单选】

⑤ `1501035`

沙特某公司在华招聘一名中国籍雇员张某。为规避中国法律关于劳动者权益保护的强制性规定，劳动合同约定排他性地适用菲律宾法。后因劳动合同产生纠纷，张某向中国法院提起诉讼。关于该劳动合同的法律适用，下列哪一选项是正确的？

A. 适用沙特法

B. 因涉及劳动者权益保护，直接适用中国的强制性规定

C. 在沙特法、中国法与菲律宾法中选择适用对张某最有利的法律

D. 适用菲律宾法

⑥ `1301035`

中国甲公司与德国乙公司进行一项商事交易，约定适用英国法律。后双方发生争议，甲公司在中国法院提起诉讼。关于该案的法律适用问题，下列哪一选项是错误的？

A. 如案件涉及食品安全问题，该问题应适用中国法

B. 如案件涉及外汇管制问题，该问题应适用中国法

C. 应直接适用的法律限于民事性质的实体法

D. 法院在确定应当直接适用的中国法律时，无需再通过冲突规范的指引

（四）综合知识点

【单选】

⑦ `2402092`

爱尔兰甲公司与中国乙公司因合同纠纷诉至某人民法院，合同约定适用英格兰法，根据中国法律及司法实践，下列哪一选项是正确的？

A. 若适用的英格兰法为判例法，当事人应当提交判例全文

B. 若甲乙公司对英格兰法的内容理解与适用无异议，法院应当确认

C. 若英格兰法在该事项上采用反致，则应适用英格兰冲突法确定该合同适用的法律

D. 若乙公司提交某法律专家查明与适用英格兰法的书面报告，该专家应出庭接受询问

⑧ `1101035`

在某涉外合同纠纷案件审判中，中国法院确定应当适用甲国法律。关于甲国法的查明和适用，下列哪一说法是正确的？

A. 当事人选择适用甲国法律的，法院应当协助当事人查明该国法律

B. 该案适用的甲国法包括该国的法律适用法

C. 不能查明甲国法的，适用中华人民共和国法律

D. 不能查明甲国法的，驳回当事人的诉讼请求

【不定项】

9 1401098

根据我国法律和司法解释，关于涉外民事关系适用的外国法律，下列说法正确的是？

A. 不能查明外国法律，适用中国法律

B. 如果中国法有强制性规定，直接适用该强制性规定

C. 外国法律的适用将损害中方当事人利益的，适用中国法

D. 外国法包括该国法律适用法

二、模拟题

【单选】

10 62107020

下列关于适用冲突规范的制度，说法正确的有？

A. 某涉外纠纷诉至甲国法院，依甲国冲突规范应适用乙国法，依乙国冲突规范应适用甲国法，最终甲国法院适用甲国法解决该纠纷。甲国法院确定准据法的情形属于转致

B. 涉外纠纷中当事人约定了适用外国法，当事人无法查明的法院无补充查明义务

C. 中国人小毛夫妇和中国女子小佳一同前往美国代孕，并约定发生纠纷适用美国法，后因未支付代孕费被小佳诉至重庆渝北区法院，法院应适用美国法审理

D. 中国人小佳大学毕业后就职于印度某公司，劳动合同约定任何纠纷均适用印度法，后因印度某公司拒不支付劳动报酬，小佳便在北京海淀区提起诉讼，法院应适用印度法审理

【多选】

11 62407012

甲国的海洋公司与中国的江河公司签订货物买卖合同，约定履行合同所产生的一切纠纷均由合同履行地中国法院管辖，并适用丙国法律。为明确丙国的法律内容，海洋公司申请了法律专家李教授出庭。关于本案，下列说法中正确的是？

A. 丙国法律应由当事人查明，若无法查明则适用中国法

B. 李教授作为法律专家可以接受在线询问

C. 若两个公司对丙国法律的理解适用均无异议，裁判文书可省略查明外国法律的过程

D. 若江河公司对丙国法律理解有异议，法院可委托其他专家查明

参考答案

[1] A	[2] D	[3] B	[4] BC	[5] B
[6] C	[7] A	[8] C	[9] AB	[10] B
[11] ABD				

第四章
国际民商事法律适用
——总则

一、历年真题及仿真题

（一）法律适用的一般原则

【单选】

1 1101039

中国某法院受理一涉外民事案件后，依案情确定应当适用甲国法。但在查找甲国法时发现甲国不同州实施不同的法律。关于本案，法院应当采取下列哪一做法？

A. 根据意思自治原则，由当事人协议决定适用甲国哪个州的法律

B. 直接适用甲国与该涉外民事关系有最密切联系的州法律

C. 首先适用甲国区际冲突法确定准据法，如甲国没有区际冲突法，适用中国法律

D. 首先适用甲国区际冲突法确定准据法，如甲国没有区际冲突法，适用与案件有最密切联系的州法律

解析页码

026—027

（二）民事主体的法律适用

【单选】

② `2102035`

经常居住地在广州的越南公民阮某和莱索托公民祁某，去中国大西北无人区探险时失踪，数年后两人亲属在广州某法院申请宣告死亡。关于本案的法律适用，下列哪一选项是正确的？

A. 若无法查明莱索托法，则应适用中国法

B. 都适用中国法

C. 应同时适用中国法和两人的国籍国法

D. 应分别适用越南法和莱索托法

③ `1601035`

经常居所同在上海的越南公民阮某与中国公民李某结伴乘新加坡籍客轮从新加坡到印度游玩。客轮在公海遇风暴沉没，两人失踪。现两人亲属在上海某法院起诉，请求宣告两人失踪。依中国法律规定，下列哪一选项是正确的？

A. 宣告两人失踪，均应适用中国法

B. 宣告阮某失踪，可适用中国法或越南法

C. 宣告李某失踪，可适用中国法或新加坡法

D. 宣告阮某与李某失踪，应分别适用越南法与中国法

④ `1401036`

经常居住于中国的英国公民迈克，乘坐甲国某航空公司航班从甲国出发，前往中国，途经乙国领空时，飞机失去联系。若干年后，迈克的亲属向中国法院申请宣告其死亡。关于该案件应适用的法律，下列哪一选项是正确的？

A. 中国法

B. 英国法

C. 甲国法

D. 乙国法

⑤ `1401035`

德国甲公司与中国乙公司在中国共同设立了某合资有限责任公司，后甲公司以确认其在合资公司的股东权利为由向中国某法院提起诉讼。关于本案的法律适用，下列哪一选项是正确的？

A. 因合资公司登记地在中国，故应适用中国法

B. 因侵权行为地在中国，故应适用中国法

C. 因争议与中国的联系更密切，故应适用中国法

D. 当事人可协议选择纠纷应适用的法律

⑥ `1201035`

甲国公民琼斯的经常居住地在乙国，其在中国居留期间，因合同纠纷在中国法院参与民事诉讼。关于琼斯的民事能力的法律适用，下列哪一选项是正确的？

A. 民事权利能力适用甲国法

B. 民事权利能力适用中国法

C. 民事行为能力应重叠适用甲国法和中国法

D. 依照乙国法琼斯为无民事行为能力，依照中国法为有民事行为能力的，其民事行为能力适用中国法

【多选】

⑦ `2302062`

中国人甲和新加坡人乙共同出资在开曼群岛设立登记了A有限责任公司，该公司主营业地在上海。现甲认为A公司的一项股东会决议损害了自己的利益，向中国某法院起诉，要求撤销股东会决议并确认其在A公司的股东权利。根据我国相关法律和司法解释，我国法院的下列哪些判断是正确的？

A. A公司为开曼群岛籍

B. A公司的经常居所地在中国

C. 确认甲的股东权利可适用当事双方合意选择的英国法

D. 确认甲的股东权利可适用开曼群岛的法律

（三）时效、代理与信托的法律适用

【多选】

⑧ `1701077`

新加坡公民王颖与顺捷国际信托公司在北京签订协议，将其在中国的财产交由该公司管理，并指定受益人为其幼子李力。在管理信托财产的过程中，王颖与顺捷公司发生纠纷，并诉至某人民法院。关于该信托纠纷的法律适用，下列哪些选项

是正确的?

A．双方可协议选择适用瑞士法

B．双方可协议选择适用新加坡法

C．如双方未选择法律，法院应适用中国法

D．如双方未选择法律，法院应在中国法与新加坡法中选择适用有利于保护李力利益的法律

（四）综合知识点

【单选】

9　2102028

中国甲公司和英国乙公司签订商事合同，约定合同适用英国法。现甲乙两公司因合同履行发生纠纷诉至中国某法院。根据我国法律和相关司法解释，下列哪一选项是正确的?

A．若英国存在多个法域，该合同纠纷应适用伦敦所在的英格兰法

B．若双方在第一次开庭辩论时约定该纠纷诉讼时效适用中国法，应从其约定

C．若双方在第一次开庭辩论时将合同适用的法律变更为苏格兰法，法院应予支持

D．关于该纠纷的诉讼时效规定应适用中国法

10　2002138

中国甲公司与德国乙公司因合同纠纷诉至中国某人民法院，根据我国涉外民事诉讼相关规则和实践，下列哪一选项是正确的?

A．如合同约定适用欧盟商事条款，该法律选择条款无效

B．如合同约定适用英国法，人民法院应依英国对反致的态度，决定是否适用英国的国际私法规则

C．人民法院审理本案，不受《民事诉讼法》关于审理时限的限制

D．如合同约定适用英国法，人民法院应依英国国际私法规则，确定合同应适用哪一国实体法

11　2202040

张某在法国巴黎留学，中国明星李某经常居所地在德国柏林。张某偷拍李某很多照片并上传到中国某网站，李某在中国某法院起诉张某侵犯其隐私权。根据中国相关法律和司法解释，下列哪一判断是正确的?

A．张某和李某可在一审法庭辩论终结前合意选择法国法

B．若依德国法类似案件应适用被侵权人国籍国法，法院应适用中国法

C．诉讼时效应适用中国法

D．本案应适用的法律应由法院查明

12　2402093

中国甲公司和希腊乙公司签订买卖合同，合同中约定若产生纠纷适用欧盟相关法律。下列说法正确的是?

A．法院可以通过召集庭前会议的方式明确所需要查明的外国法的范围

B．如果双方当事人始终对该法律的理解和适用存在异议，则可以认定为无法查明

C．外国法查明的费用应由败诉方承担

D．因为中国不是欧盟成员，不能适用欧盟法

【多选】

13　1501077

在某合同纠纷中，中国当事方与甲国当事方协议选择适用乙国法，并诉至中国法院。关于该合同纠纷，下列哪些选项是正确的?

A．当事人选择的乙国法，仅指该国的实体法，既不包括其冲突法，也不包括其程序法

B．如乙国不同州实施不同的法律，人民法院应适用该国首都所在地的法律

C．在庭审中，中国当事方以乙国与该纠纷无实际联系为由主张法律选择无效，人民法院不应支持

D．当事人在一审法庭辩论即将结束时决定将选择的法律变更为甲国法，人民法院不应支持

14　1401077

中国甲公司与巴西乙公司因合同争议在中国法院提起诉讼。关于该案的法律适用，下列哪些选项是正确的?

A．双方可协议选择合同争议适用的法律

B．双方应在一审开庭前通过协商一致，选择合同争议适用的法律

C．因法院地在中国，本案的时效问题应适用中国

法

D. 如案件涉及中国环境安全问题，该问题应适用中国法

⑮ **1601077**

韩国公民金某在新加坡注册成立一家公司，主营业地设在香港地区。依中国法律规定，下列哪些选项是正确的？

A. 该公司为新加坡籍

B. 该公司拥有韩国与新加坡双重国籍

C. 该公司的股东权利义务适用中国内地法

D. 该公司的民事权利能力与行为能力可适用香港地区法或新加坡法

二、模拟题

【单选】

⑯ **61907108**

2018年7月，中国人四金和英国人KING夫妻两人，在重庆与和平信托公司签订财产信托协议，将位于美国的一栋别墅为其女儿设立财产监护信托，后双方因该信托产生争议，诉至中国法院。在当事人未就法律适用达成协议的情况下，关于本案的法律适用，根据《涉外民事关系法律适用法》及相关司法解释，下列说法正确的一项是？

A. 信托关系发生地在重庆，故只能适用中国法

B. 信托财产位于美国，故只能适用美国法

C. 可以适用中国法或英国法

D. 可以适用中国法或美国法

参考答案

[1] B	[2] B	[3] A	[4] A	[5] A
[6] D	[7] ABD	[8] ABC	[9] C	[10] C
[11] D	[12] A	[13] AC	[14] AD	[15] AD
[16] D				

第五章
国际民商事法律适用
——物权

一、历年真题及仿真题

（一）物权的法律适用

【单选】

① **2102026**

荷兰甲公司将一批货物卖给中国乙公司，买卖合同订立时，该批货物载于由荷兰鹿特丹开往大连的韩国籍"晋远"号远洋货船上，乙公司就该批货物的所有权纠纷诉至我国法院，根据我国法律，下列哪一选项是正确的？

A. 应适用中国法或荷兰法

B. 若双方协议约定适用瑞士法，应从其约定

C. 若双方没有约定，适用韩国法

D. 可以在中国法或者荷兰法中择一适用

② **2002139**

甲国一马戏团带着动物明星欢欢来中国演出，因管理人员看管不利，欢欢逃脱被中国公民王某捕获，王某将欢欢卖给甲国公民琳达。现甲国马戏团在中国某法院起诉，要求琳达归还欢欢。根据我国《涉外民事关系法律适用法》，我国法院应如何认定本案动产物权的法律适用？

A. 若当事双方协议选择乙国法，法院应适用乙国法

B. 应当适用双方共同国籍国的甲国法

C. 应当适用中国法或甲国法

D. 因为欢欢逃脱和买卖的行为都发生在中国，故应适用中国法

③ **1501036**

2014年1月，北京居民李某的一件珍贵首饰在家中失窃后被窃贼带至甲国。同年2月，甲国居民陈某在当地珠宝市场购得该首饰。2015年1月，在获悉陈某将该首饰带回北京拍卖的消息后，李

某在北京某法院提起原物返还之诉。关于该首饰所有权的法律适用，下列哪一项是正确的？

A. 应适用中国法

B. 应适用甲国法

C. 如李某与陈某选择适用甲国法，不应支持

D. 如李某与陈某无法就法律选择达成一致，应适用甲国法

【多选】

④ 1203076

关于船舶担保物权及针对船舶的请求权的表述，下列哪些选项是正确的？

A. 海难救助的救助款项给付请求，先于在船舶营运中发生的人身伤亡赔偿请求而受偿

B. 船舶在营运中因侵权行为产生的财产赔偿请求，先于船舶吨税、引航费等的缴付请求而受偿

C. 因保存、拍卖船舶和分配船舶价款产生的费用，应从船舶拍卖所得价款中先行拨付

D. 船舶优先权先于船舶留置权与船舶抵押权受偿

【不定项】

⑤ 1101098

A 公司和 B 公司于 2011 年 5 月 20 日签订合同，由 A 公司将一批平板电脑售卖给 B 公司。A 公司和 B 公司营业地分别位于甲国和乙国，两国均为《联合国国际货物销售合同公约》缔约国。合同项下的货物由丙国 C 公司的"潇湘"号商船承运，装运港是甲国某港口，目的港是乙国某港口。在运输途中，B 公司与中国 D 公司就货物转卖达成协议。B 公司与 D 公司就运输途中平板电脑的所有权产生了争议，D 公司将争议诉诸中国某法院。根据我国有关法律适用的规定，关于平板电脑所有权的法律适用，下列选项正确的是：

A. 当事人有约定的，可以适用当事人选择的法律，也可以适用乙国法

B. 当事人有约定的，应当适用当事人选择的法律

C. 当事人没有约定的，应当适用甲国法

D. 当事人没有约定的，应当适用乙国法

（二）综合知识点

【单选】

⑥ 1802034

经常居住地在天津的德国公民甲家中失窃，名画丢失，该画后被中国公民乙在韩国艺术品市场购得。得知乙将画带回中国并委托拍卖公司在天津拍卖后，甲欲通过诉讼途径索回该画作。根据我国《涉外民事关系法律适用法》，关于本案下列哪一说法是正确的？

A. 甲的诉讼行为能力应适用德国法来判断

B. 关于该画作的物权问题，当事双方应当在与案件有实际联系的德国法、中国法以及韩国法中进行选择

C. 关于该画作的物权问题，当事双方不能就准据法的选择达成一致时，应适用韩国法

D. 关于该画作的物权问题，当事双方不能就准据法的选择达成一致时，应适用法院地法即中国法

二、模拟题

【单选】

⑦ 62207023

美国菠萝公司向日本四星公司签订合同出口一批智能手机，合同项下的货物由韩国起冠公司的商船负责运输。装运港为美国某港口，目的港为日本某港口。在运输途中，四星公司与中国华โน公司就货物的转卖达成协议。后四星公司与华丽公司就运输中智能手机的所有权产生纠纷诉诸于中国某法院。根据我国《法律适用法》，以下哪一说法是正确的？

A. 若当事人未选择适用法律，适用装运港地美国法

B. 应适用美国法或日本法

C. 若双方协议约定适用新加坡法，应从其约定

D. 若双方没有约定，适用中国法

参考答案

[1] B　　[2] A　　[3] D　　[4] CD　　[5] BD

[6] C　　[7] C

解析页码
031

第六章
国际民商事法律适用 ——债权

一、历年真题及仿真题

（一）合同之债的法律适用

【单选】

1 `1902115`

法国公民甲受雇于主营业地在中国深圳的乙公司，公司将其派遣到在尼日利亚的分公司工作，后其因工作失误被解雇而不服，诉至深圳某人民法院。根据《涉外民事关系法律适用法》，下列说法正确的是？

A. 在中国适用中国法、法国法和尼日利亚法律中有利于甲的法律

B. 适用中国法，因为中国是乙公司主营业地

C. 适用法国法，因为甲是法国人

D. 适用尼日利亚法律，因为尼日利亚是工作地

2 `1401038`

甲国公民大卫被乙国某公司雇佣，该公司主营业地在丙国，大卫工作内容为巡回于东亚地区进行产品售后服务，后双方因劳动合同纠纷诉诸中国某法院。关于该纠纷应适用的法律，下列哪一选项是正确的？

A. 中国法

B. 甲国法

C. 乙国法

D. 丙国法

（二）侵权之债的法律适用

【单选】

3 `2002140`

定居在新加坡的日本明星山口惠来中国旅游时，发现长沙星灿影城未经其同意在其创办的微信公众号中擅自使用其肖像宣传，山口惠在中国某法院起诉星灿影城，要求星灿影城停止侵权并赔礼道歉。我国法院处理本案时应如何适用法律？

A. 双方当事人可协议选择中国法

B. 适用山口惠经常居所地的新加坡法

C. 因山口惠是日本人，应当适用日本法

D. 因微信是在中国发行的软件，应当适用中国法

4 `1902116`

经常居所地在南京的德国人甲的爱犬被经常居所地在新加坡的中国公民乙打死，甲为了报复怒将乙个人隐私在网上公开。后甲在南京起诉乙，乙提出反诉。根据《涉外民事关系法律适用法》，下列说法正确的是？

A. 甲和乙的诉求均可协议选择要适用的法律

B. 甲和乙的诉求均适用中国法

C. 甲的诉求适用德国法

D. 乙的诉求适用新加坡法

5 `1701035`

经常居所地在广州的西班牙公民贝克，在服务器位于西班牙的某网络论坛上发帖诽谤经常居所地在新加坡的中国公民王某。现王某将贝克诉至广州某法院，要求其承担侵害名誉权的责任。关于该纠纷的法律适用，下列哪一选项是正确的？

A. 侵权人是西班牙公民，应适用西班牙法

B. 被侵权人的经常居所地在新加坡，应适用新加坡法

C. 被侵权人是中国公民，应适用中国法

D. 论坛服务器在西班牙，应适用西班牙法

【多选】

6 `1201079`

甲国公民 A 与乙国公民 B 的经常居住地均在中国，双方就在丙国境内发生的侵权纠纷在中国法院提起诉讼。关于该案的法律适用，下列哪些选项是正确的？

A. 如侵权行为发生后双方达成口头协议，就纠纷的法律适用做出了选择，应适用协议选择的法律

B. 如侵权行为发生后双方达成书面协议，就纠纷的法律适用做出了选择，应适用协议选择的法律

解析页码
032—033

C. 如侵权行为发生后双方未选择纠纷适用的法律，应适用丙国法

D. 如侵权行为发生后双方未选择纠纷适用的法律，应适用中国法

7 `1101078`

甲国人特里长期居于乙国，丙国人王某长期居于中国，两人在北京经营相互竞争的同种产品。特里不时在互联网上发布不利于王某的消息，王某在中国法院起诉特里侵犯其名誉权、肖像权和姓名权。关于该案的法律适用，根据我国相关法律规定，下列哪些选项是错误的？

A. 名誉权的内容应适用中国法律，因为权利人的经常居所地在中国

B. 肖像权的侵害适用甲国法律，因为侵权人是甲国人

C. 姓名权的侵害适用乙国法律，因为侵权人的经常居所地在乙国

D. 网络侵权应当适用丙国法律，因为被侵权人是丙国人

（三）不当得利和无因管理

【单选】

8 `2102027`

经常居住地在巴黎的法国人玛丽在广州工作，2020年圣诞节玛丽回国后，其饲养的宠物猫从阳台跃入邻居李某家，猫咪由李某收留和饲养。玛丽回广州后，李某归还宠物猫并要求支付饲养费用，玛丽拒绝。李某向中国某法院起诉，下列哪一选项是正确的

A. 若玛丽和李某未选择法律，法院应在中国法和法国法中择一适用

B. 若玛丽和李某协议选择适用德国法，法院应予支持

C. 应适用中国法

D. 玛丽和李某只能在中国法和法国法中择一适用

9 `1902117`

中国人王某在韩国旅游期间生病晕倒，在韩国出差的日本人甲将王某送入医院并垫付了医药费，王某未向甲返还医药费，伤好出院回国。甲向上

海某法院起诉王某，要求其偿还医药费。已知王某和甲都定居上海，且双方没有选择法律，法院解决本案争端应适用哪国法？

A. 中国法

B. 日本法

C. 韩国法

D. 最密切联系地法

10 `1601036`

英国公民苏珊来华短期旅游，因疏忽多付房费1000元，苏珊要求旅店返还遭拒后，将其诉至中国某法院。关于该纠纷的法律适用，下列哪一选项是正确的？

A. 因与苏珊发生争议的旅店位于中国，因此只能适用中国法

B. 当事人可协议选择适用瑞士法

C. 应适用中国法和英国法

D. 应在英国法与中国法中选择适用对苏珊有利的法律

（四）综合知识点

【单选】

11 `1001035`

甲国公司与乙国航运公司订立海上运输合同，由丙国籍船舶"德洋"号运输一批货物，有关"德洋"号的争议现在中国法院审理。根据我国相关法律规定，下列哪一选项是正确的？

A. 该海上运输合同应适用船旗国法律

B. 有关"德洋"号抵押权的受偿顺序应适用法院地法律

C. 有关"德洋"号船舶优先权的争议应适用丙国法律

D. 除法律另有规定外，甲国公司与乙国航运公司可选择适用于海上运输合同的法律

12 `1501037`

甲国游客杰克于2015年6月在北京旅游时因过失导致北京居民孙某受重伤。现孙某在北京以杰克为被告提起侵权之诉。关于该侵权纠纷的法律适用，下列哪一选项是正确的？

解析页码

033—034

A. 因侵权行为发生在中国，应直接适用中国法

B. 如当事人在开庭前协议选择适用乙国法，应予支持，但当事人应向法院提供乙国法的内容

C. 因本案仅与中国、甲国有实际联系，当事人只能在中国法与甲国法中进行选择

D. 应在中国法与甲国法中选择适用更有利于孙某的法律

13 `1701037`

中国甲公司将其旗下的东方号货轮光船租赁给韩国乙公司，为便于使用，东方号的登记国由中国变更为巴拿马。现东方号与另一艘巴拿马籍货轮在某海域相撞，并被诉至中国某海事法院。关于本案的法律适用，下列哪一选项是正确的？

A. 两船碰撞的损害赔偿应适用中国法

B. 如两船在公海碰撞，损害赔偿应适用《联合国海洋法公约》

C. 如两船在中国领海碰撞，损害赔偿应适用中国法

D. 如经乙公司同意，甲公司在租赁期间将东方号抵押给韩国丙公司，该抵押权应适用中国法

14 `2102029`

甲公司在德国汉堡登记注册，主营业地在波兰华沙，在新加坡有一分公司。新加坡分公司与中国乙公司签订授权在中国独家经销的合同，甲公司得知后诉至中国某法院，主张其新加坡分公司和中国乙公司签订的合同无效。关于本案，下列哪一选项是正确的？

A. 甲公司的经常居住地是波兰华沙

B. 甲公司是波兰籍公司

C. 若新加坡分公司和中国乙公司的合同未选择法律，该合同应适用新加坡法

D. 若新加坡分公司和中国乙公司的合同未选择法律，该合同应适用波兰法

【多选】

15 `1701079`

中国甲公司与英国乙公司签订一份商事合同，约定合同纠纷适用英国法。合同纠纷发生4年后，乙公司将甲公司诉至某人民法院。英国关于合同纠纷的诉讼时效为6年。关于本案的法律适用，

下列哪些选项是正确的？

A. 本案的诉讼时效应适用中国法

B. 本案的实体问题应适用英国法

C. 本案的诉讼时效与实体问题均应适用英国法

D. 本案的诉讼时效应适用中国法，实体问题应适用英国法

16 `2201102`

甲国籍船舶"跃海号"在公海航行期间，船长约翰故意指挥"跃海号"撞击公海捕鱼的中国渔船，导致渔民严重伤亡。后"跃海号"在中国海南某港口停靠，约翰上岸治病，中国渔民家属在中国某法院对"跃海号"和约翰提起刑事附带民事诉讼。已知中国和甲国都是《联合国海洋法公约》缔约国。下列说法正确的有哪些？

A. 本案的刑事诉讼可由中国法院管辖

B. 本案的刑事诉讼应由国际海洋法法庭管辖

C. 本案所涉民事诉讼适用《联合国海洋法公约》

D. 本案所涉民事诉讼适用中国法

17 `2001187`

约翰同时拥有甲乙两国国籍，定居在上海。约翰和中国公民王某在上海发生侵权纠纷，诉至中国某法院。根据我国相关法律，下列哪些选项是正确的？

A. 因我国不承认双重国籍，故约翰应放弃一个国籍才可在我国法院起诉

B. 因约翰定居中国上海，我国法院应认定约翰为中国籍

C. 我国法院应当适用最密切联系原则认定约翰的国籍

D. 若约翰和王某协议选择甲国法，法院应适用甲国法处理本案侵权纠纷

二、模拟题

【多选】

18 `62107022`

英国美洋公司将英国籍"登陆号"船舶抵押给业务伙伴中国风范公司后，又将"登陆号"船舶光船租赁给了中国大洋公司，大洋公司为方便使用，

将"登陆号"船舶的国籍变更为中国。后大洋公司使用"登陆号"船舶从我国运货前往日本，在运输过程中因船长操作不当，导致"登陆号"在日本领海与英国籍"冲锋号"船舶相撞，导致了油污泄漏污染并蔓延至中国近海，经华油公司的韩国籍"友谊号"救助后脱险。下列说法正确的有？

A. 就船舶碰撞发生的损害赔偿纠纷，应适用中国法审理

B. 就"登陆号"的抵押权纠纷，应适用中国法审理

C. 碰撞导致油污泄漏污染问题，应适用中国法审理

D. 如救助费用理算问题产生纠纷诉至中国法院，应适用中国法审理

19 `62107024`

关于涉外民商事法律适用，下列说法错误的有？

A. 中国人小美将其在北京的一套别墅卖给美国人杰克，若二人产生纠纷，可选择适用美国法

B. 中国人小美在日本旅游时突发心脏病，被日本人桥本送入医院就医并垫付了医疗费。后因医疗费用产生纠纷桥本将小美诉至上海某法院，如双方未选择适用法律，法院应适用中国法审理

C. 中国开心公司与日本甲公司签订劳务派遣合同，将员工小美从中国派遣到日本工作，后小美因甲公司克扣加班费问题将其诉至中国法院，法院应适用工作地日本法审理

D. 经常居住地同在武汉的中国人小美和日本人桥本恋爱后相约在日本游玩，在游玩期间小美遭到桥本无故殴打，回国后小美将桥本诉至武汉某法院，如双方未选择适用法律，法院应适用中国法审理

参考答案

[1] D	[2] D	[3] B	[4] D	[5] B
[6] ABD	[7] BCD	[8] B	[9] A	[10] B
[11] D	[12] B	[13] D	[14] A	[15] BC
[16] AD	[17] CD	[18] CD	[19] ABC	

第七章
国际民商事法律适用
——商事与知产

一、历年真题及仿真题

（一）商事关系的法律适用

【单选】

1 `1701036`

中国公民李某在柏林签发一张转账支票给德国甲公司用于支付货款，付款人为中国乙银行北京分行；甲公司在柏林将支票背书转让给中国丙公司，丙公司在北京向乙银行请求付款时被拒。关于该支票的法律适用，依中国法律规定，下列哪一选项是正确的？

A. 如李某依中国法为限制民事行为能力人，依德国法为完全民事行为能力人，应适用德国法

B. 甲公司对该支票的背书行为，应适用中国法

C. 丙公司向甲公司行使票据追索权的期限，应适用中国法

D. 如丙公司不慎将该支票丢失，其请求保全票据权利的程序，应适用德国法

（二）知识产权的法律适用

【单选】

2 `1902118`

挪威甲公司研发了一个计算机软件，中国乙公司未经许可擅自使用了该软件，挪威甲公司向中国某法院起诉乙公司侵犯其在中国的知识产权，但明确表示不同意适用中国法。根据我国相关法律规定，法院在适用法律时的哪项做法是正确的？

A. 适用挪威法，因为甲公司不同意适用中国法

B. 适用中国法，因为法院地在中国

C. 适用挪威法，因为软件开发地在挪威

D. 适用中国法，因为中国为被请求保护地

解析页码

035—036

3 1902121

日本甲公司与中国乙公司签订技术许可协议（协议约定适用日本法），授权乙公司在中国范围内销售的手机上安装甲公司开发的某款APP。而乙公司在销往越南的手机上也安装了该款APP，后甲公司以乙公司违约并侵犯其在越南获得的知识产权为由，诉至中国某人民法院。关于本案，根据《涉外民事关系法律适用法》，下列说法正确的是？

A. 该违约和侵权纠纷均应适用中国法

B. 该违约纠纷应适用日本法

C. 该侵权纠纷，双方可在开庭前约定适用中国法

D. 该侵权纠纷应适用越南法

4 1601079

韩国甲公司为其产品在中韩两国注册了商标。中国乙公司擅自使用该商标生产了大量仿冒产品并销售至中韩两国。现甲公司将乙公司诉至中国某法院，要求其承担商标侵权责任。关于乙公司在中韩两国侵权责任的法律适用，依中国法律规定，下列哪些选项是正确的？

A. 双方可协议选择适用中国法

B. 均应适用中国法

C. 双方可协议选择适用韩国法

D. 如双方无法达成一致，则应分别适用中国法与韩国法

5 2302063

中国甲制药公司生产的某种药品需要使用瑞士乙公司的某项专利技术，两公司在瑞士协商许久但因价格问题没有达成专利许可协议。后中国甲公司在没有获得瑞士乙公司许可的情况下，在越南和菲律宾生产并销售瑞士乙公司的专利药品。瑞士乙公司在中国某法院起诉中国甲公司侵犯其在越南和菲律宾的专利权，中国甲公司则以瑞士乙公司专利许可价格过高，涉嫌构成垄断为由向中国某人民法院提起诉讼。根据我国相关法律和司法解释，下列哪些说法是正确的？

A. 关于专利权内容和归属的争议，应适用中国法

B. 关于专利权侵权的争议，双方协议选择中国法的，应适用中国法

C. 关于专利许可价格过高是否构成垄断的争议，

应适用中国法

D. 两公司是在瑞士协商专利许可事宜，关于专利许可价格过高是否构成垄断的争议，不应适用中国法

6 1201098

甲国A公司向乙国B公司出口一批货物，双方约定适用2010年《国际贸易术语解释通则》中CIF术语。该批货物由丙国C公司"乐安"号商船承运，运输途中船舶搁浅，为起浮抛弃了部分货物。船舶起浮后继续航行中又因恶劣天气，部分货物被海浪打入海中。到目的港后发现还有部分货物因固有缺陷而损失。

A公司与B公司就该批货物在中国境内的商标权产生争议，双方诉至中国某法院。关于该商标权有关争议的法律适用，下列选项正确的是：

A. 归属争议应适用中国法

B. 归属争议应适用甲国法

C. 转让争议应适用甲国法

D. 转让争议当事人可以协议选择法律

（三）综合知识点

7 1001038

在中国法院审理的某票据纠纷中，与该票据相关的法律行为发生在中国，该票据付款人为甲国某州居民里斯。关于里斯行为能力的法律适用，根据我国相关法律规定，下列哪一判断是正确的？

A. 应适用与该票据纠纷有最密切联系的法律

B. 应适用里斯住所地的法律

C. 如依据中国法里斯具有完全行为能力，则应认定其具有完全行为能力

D. 如关于里斯行为能力的准据法无法查明，则应驳回起诉

8 1401078

德国甲公司与中国乙公司签订许可使用合同，授

权乙公司在英国使用甲公司在英国获批的某项专利。后因相关纠纷诉诸中国法院。关于该案的法律适用，下列哪些选项是正确的？

A. 关于本案的定性，应适用中国法

B. 关于专利权归属的争议，应适用德国法

C. 关于专利权内容的争议，应适用英国法

D. 关于专利权侵权的争议，双方可以协议选择法律，不能达成协议，应适用与纠纷有最密切联系的法律

⑨ 2202046

德国甲公司在上海向越南乙公司出具汇票，汇票付款人为德国甲公司在上海的分支机构。越南乙公司在河内将汇票背书转让给了越南丙公司，丙公司财务将汇票丢失，被经常居所地在广州的李先生拾得。现中国某法院受理有关该汇票的纠纷，下列哪些判断是正确的？

A. 乙公司对该汇票的背书行为，应适用越南法

B. 丙公司行使汇票追索权的期限，应适用中国法

C. 丙公司请求保全汇票权利的程序，应适用德国法

D. 李先生拾得汇票是否构成不当得利的问题，应适用中国法

二、模拟题

【单选】

⑩ 62107026

关于涉外民商事关系适用的法律，下列说法正确的一项是？

A. 英国人艾玛委托中国人小毛在重庆买一套别墅，双方在代理合同中约定若发生代理纠纷则适用英国法。后双方因代理权限发生纠纷，艾玛将小毛诉至重庆渝北区法院，应适用英国法审理

B. 美国人艾玛和日本人美桥一起在中国留学，艾玛认为美桥的毕业论文剽窃自己多篇已在中国知网上发表的论文，故将美桥诉至北京某法院，法院应适用日本法审理

C. 英国人艾玛（20岁）在我国出具了一张汇票，后因此发生纠纷诉至我国法院，若根据英国法律，艾玛因年幼为限制民事行为能力人，则艾

玛出具的汇票则无效

D. 中国人张某就其在日本的一套房产与日本飞跃信托公司在北京签订财产监护信托协议，后因协议产生纠纷诉至中国法院，双方未选择适用法律，则应适用中国法

参考答案

[1] A　[2] D　[3] BC　[4] AD　[5] BC

[6] AD　[7] C　[8] AC　[9] AB　[10] A

 第八章

国际民商事法律适用——婚姻家庭继承

一、历年真题及仿真题

（一）婚姻关系的法律适用

【单选】

① 1601037

经常居所在汉堡的德国公民贝克与经常居所在上海的中国公民李某打算在中国结婚。关于贝克与李某结婚，依《涉外民事关系法律适用法》，下列哪一选项是正确的？

A. 两人的婚龄适用中国法

B. 结婚的手续适用中国法

C. 结婚的所有事项均适用中国法

D. 结婚的条件同时适用中国法与德国法

【多选】

② 1501078

韩国公民金某与德国公民汉森自 2013 年 1 月起一直居住于上海，并于该年 6 月在上海结婚。2015 年 8 月，二人欲在上海解除婚姻关系。关于二人财产关系与离婚的法律适用，下列哪些选项是正确的？

A. 二人可约定其财产关系适用韩国法

B. 如诉讼离婚，应适用中国法

C. 如协议离婚，二人没有选择法律的，应适用中国法

D. 如协议离婚，二人可以在中国法、韩国法及德国法中进行选择

3 `1301077`

中国人李某（女）与甲国人金某（男）2011年在乙国依照乙国法律登记结婚，婚后二人定居在北京。依《涉外民事关系法律适用法》，关于其夫妻关系的法律适用，下列哪些表述是正确的？

A. 婚后李某是否应改从其丈夫姓氏的问题，适用甲国法

B. 双方是否应当同居的问题，适用中国法

C. 婚姻对他们婚前财产的效力问题，适用乙国法

D. 婚姻存续期间双方取得的财产的处分问题，双方可选择适用甲国法

4 `1201077`

甲国公民玛丽与中国公民王某经常居住地均在中国，2人在乙国结婚。关于双方婚姻关系的法律适用，下列哪些选项是正确的？

A. 结婚手续只能适用中国法

B. 结婚手续符合甲国法、中国法和乙国法中的任何一个，即为有效

C. 结婚条件应适用乙国法

D. 结婚条件应适用中国法

（二）父母子女、扶养、监护关系的法律适用

【多选】

5 `1802078`

定居在上海的法国人甲和中国人乙女结婚，不孕，遂让乙女的堂妹丙（中国人，定居上海）代孕，生下一子丁交给甲乙抚养，丁取得了法国国籍。后乙死亡，甲与新加坡女子戊再婚，并一起带丁回法国定居，一年多以后，丙请求确认和丁的母子关系，甲戊不许，引发争议诉至人民法院，根据相关法律和司法解释，下列哪些选项是正确的？

A. 丙与丁的人身关系适用法国法

B. 丙与丁的人身关系适用中国法或法国法中有利于保护弱方利益的法律

C. 戊与丁的母子关系适用法国法

D. 戊与丁的母子关系适用中国法、新加坡法或法国法中有利于保护弱方利益的法律

（三）收养关系的法律适用

【单选】

6 `2102038`

德国籍夫妇洛克和玛丽久居上海，于去年到云南收养了孤女小梅，三人共同生活在上海。小梅的亲生父母就收养关系向上海某法院起诉。下列哪一选项是正确的？

A. 关于小梅的收养条件应适用德国法

B. 关于小梅的收养手续应适用中国法或德国法

C. 关于小梅的收养解除应适用中国法

D. 关于小梅的收养效力应适用德国法

7 `1401037`

经常居住于英国的法国籍夫妇甲和乙，想来华共同收养某儿童。对此，下列哪一说法是正确的？

A. 甲、乙必须共同来华办理收养手续

B. 甲、乙应与送养人订立书面收养协议

C. 收养的条件应重叠适用中国法和法国法

D. 若发生收养效力纠纷，应适用中国法

8 `1201036`

某甲国公民经常居住地在甲国，在中国收养了长期居住于北京的中国儿童，并将其带回甲国生活。根据中国关于收养关系法律适用的规定，下列哪一选项是正确的？

A. 收养的条件和手续应同时符合甲国法和中国法

B. 收养的条件和手续符合中国法即可

C. 收养效力纠纷诉至中国法院的，应适用中国法

D. 收养关系解除的纠纷诉至中国法院的，应适用甲国法

（四）继承关系的法律适用

【多选】

9 `1601078`

经常居所在上海的瑞士公民怀特未留遗嘱死亡，

怀特在上海银行存有 100 万元人民币，在苏黎世银行存有 10 万欧元，且在上海与巴黎各有一套房产。现其继承人因遗产分割纠纷诉至上海某法院。依中国法律规定，下列哪些选项是正确的？

A．100 万元人民币存款应适用中国法

B．10 万欧元存款应适用中国法

C．上海的房产应适用中国法

D．巴黎的房产应适用法国法

⑩　1001083

中国人李某定居甲国，后移居乙国，数年后死于癌症，未留遗嘱。李某在中国、乙国分别有住房和存款，李某养子和李某妻子的遗产之争在中国法院审理。关于该遗产继承案的法律适用，下列哪些选项是正确的？

A．李某动产的继承应适用甲国法

B．李某动产的继承应适用乙国法

C．李某动产的继承应适用中国法

D．李某所购房屋的继承应适用房屋所在国的法律

（五）综合知识点

【单选】

⑪　2302001

经常居住地在上海的中国人孙倩和德国人汉森结婚，收养了越南当地女童阮灵，三年后汉森因病去世，留下 100 万存款，未做遗嘱，遗产继承纠纷诉至中国法院。关于本案，下列说法中正确的是？

A．如果孙倩想解除收养，应适用中国法、德国法、越南法中最有利于阮灵的法律

B．汉森的遗产应适用德国法

C．收养手续应适用中国法

D．解除收养可以适用中国法

⑫　2002141

经常居所地在苏州的甲国公民亨利通过悦音短视频留下遗嘱。现亨利遗产继承纠纷诉至中国某人民法院，依照中国相关法律规定，下列哪一选项是正确的？

A．该遗嘱方式须符合中国法和甲国法，遗嘱才能成立

B．如需适用甲国法解决本案纠纷，而双方当事人

对甲国法内容有异议，人民法院应认定甲国法无法查明

C．如亨利立遗嘱时，甲国已禁止本国人使用悦音公司的短视频产品，则该遗嘱无效

D．该遗嘱的效力应适用中国法或甲国法

⑬　2101065

埃及人甲与印度人乙的经常居所和主要财产都在上海，两人因感情破裂在上海某人民法院起诉离婚并要求分割夫妻共同财产。根据中国法相关法律规定，下列哪一选项是正确的？

A．甲乙之子在上海出生，其子出生时不具有中国国籍

B．只要该诉讼未了结，甲和乙就不得离境

C．离婚及财产分割事项均应适用中国法

D．甲乙可就财产分割事项协议选择适用新加坡法

【多选】

⑭　1802077

因中国与新加坡不承认同性婚姻，经常居所同在新疆的新加坡男性公民甲与中国男性公民乙到伦敦结婚。后因感情不和，甲与乙欲解除婚姻关系引发争议，诉到某中国法院，并要求分割财产。关于该案，根据中国相关法律，下列哪些选项是正确的？

A．两人在伦敦结婚的行为，属于国际私法上的法律规避

B．因伦敦是婚姻缔结地，两人的婚姻条件应适用英国法

C．二人的财产分割应根据夫妻财产关系法律适用规则

D．因新疆是两人共同经常居所地，两人的结婚条件应适用中国法

⑮　1701078

中国公民王某将甲国公民米勒诉至某人民法院，请求判决两人离婚、分割夫妻财产并将幼子的监护权判决给她。王某与米勒的经常居所及主要财产均在上海，其幼子为甲国国籍。关于本案的法律适用，下列哪些选项是正确的？

解析页码

040—041

A. 离婚事项，应适用中国法
B. 夫妻财产的分割，王某与米勒可选择适用中国法或甲国法
C. 监护权事项，在甲国法与中国法中选择适用有利于保护幼子利益的法律
D. 夫妻财产的分割与监护权事项均应适用中国法

16 2202162

甲国《继承法》规定，动产继承适用被继承人国籍国法，同时承认双重反致。经常居住地在甲国的中国公民胡某未留遗嘱去世，现因胡某的银行存款继承纠纷诉至甲国某法院，依照我国《法律适用法》及相关国际私法原理，以下说法正确的有哪些？
A. 适用甲国法
B. 适用中国法
C. 甲国法院在确定法律适用时不考虑中国是否接受反致
D. 甲国法院在确定法律适用时需考虑中国是否接受反致

17 2202047

经常居所地在深圳的张丽和经常居所在中国香港的李明婚前约定离婚财产分割适用香港地区法律。张丽在深圳某法院诉讼离婚并请求分割夫妻共同财产，深圳法院判决离婚并要求均分李明在香港的股票。根据最高人民法院《关于内地与香港特别行政区法院相互认可和执行婚姻家庭民事案件判决的安排》的相关规定，下列说法正确的有哪些？
A. 离婚应适用中国内地法
B. 夫妻财产分割应适用中国内地法
C. 张丽可以向香港高等法院申请认可与执行深圳法院判决的全部或部分
D. 深圳法院作出的均分李明在香港股票的判项，在香港特别行政区将被视为命令李明向张丽转让其在香港一半的股票

18 2302064

2015 年中国人张强与王芳在中国结婚，2018 年张强去德国留学，2020 年与德国华裔李艳在德国结婚并取得德国国籍。2022 年某天张强在德国柏林被机动车撞死，李艳起诉肇事者并获得一次性死亡赔偿金。王芳获知该笔赔偿金打入张强在中国某银行的账户，遂向中国某人民法院起诉，主张继承张强的死亡赔偿金。关于本案，下列哪些判断是正确的？
A. 因张强在德国死亡，法院应认定张强为德国国籍
B. 法院应适用中国法来认定王芳对死亡赔偿金的主张是法定继承纠纷还是夫妻财产关系纠纷
C. 法院应认定张强和李艳在德国结婚的行为构成法律规避
D. 法院应适用中国法来处理张强和王芳的夫妻财产关系

二、模拟题

【多选】

19 62107021

经常居所地同在北京的美国人杰克与中国女子小美在美国结婚，婚后育有一子小勇。数年后小美因性格不和与杰克协议离婚，但因财产分割诉至中国法院。下列说法正确的有？
A. 杰克和小美应按美国法规定的手续结婚
B. 杰克和小美如果协议离婚，双方可选择适用英国法
C. 杰克和小美如何分割财产，双方可选择适用中国法
D. 小勇的监护权应适用中国法、美国法中有利于保护小勇权益的法律

20 62207029

汤姆为甲国富商，一直在乙国居住，在丙国拥有多处房产和大量存款。五年前被查出患有癌症，感到自己时日无多，于是在丁国就医时通过视频立下遗嘱后迁居中国乡下享受田园生活。汤姆在中国乡下生活五年后因病重去世，涉及汤姆的继承案诉诸中国某法院。依中国相关法律和司法解释，下列哪些选项是正确的？
A. 视频遗嘱因符合丁国法而成立
B. 遗嘱效力因不符合甲国法而无效
C. 遗嘱效力可依据中国法认定有效

D. 若遗嘱遗漏了丙国财产，则应直接适用中国法继承

参考答案

[1]A　[2]ABCD　[3]BD　[4]BD　[5]BC
[6]C　[7]B　[8]A　[9]ABCD　[10]BD
[11]D　[12]D　[13]A　[14]AD　[15]ABC
[16]AD　[17]AD　[18]BCD　[19]CD　[20]AC

第九章
国际民商事争议的解决

一、历年真题及仿真题

（一）国际商事仲裁机构与协议

【单选】

1　2002149

中国甲公司和墨西哥乙公司签订买卖合同，合同约定因履行合同产生的纠纷适用瑞士法，合同纠纷可由北京仲裁委在新加坡仲裁，也可向中国法院起诉。后双方发生履约纠纷，中国甲公司诉至中国某法院，墨西哥乙公司则认为纠纷应通过仲裁解决。根据我国相关法律规定，下列哪一选项是正确的？

A. 北京仲裁委只能在中国工作，合同约定仲裁地在新加坡，该仲裁条款无效
B. 因买卖合同选择了瑞士法，故应适用瑞士法来认定仲裁条款的效力
C. 若适用中国法仲裁条款无效，适用新加坡法仲裁条款有效，应认定仲裁条款有效
D. 应直接适用中国法认定该仲裁条款无效

【多选】

2　2202048

中国甲公司与新加坡乙公司签订合资经营企业合同，合同约定因履行合同产生纠纷可由北京仲裁委在新加坡仲裁，也可向中国法院起诉。后两公司因合同履行发生纠纷，中国甲公司向北京市中

院提起诉讼，新加坡乙公司根据合同中的仲裁条款主张法院无管辖权。根据我国相关法律及司法解释，下列哪些说法是正确的？

A. 若甲公司向北京市中院请求认定仲裁条款的效力，北京市中院有权认定
B. 仲裁条款因违反我国《民事诉讼法》专属管辖的规定而无效
C. 若适用中国法仲裁条款为无效，适用新加坡法仲裁条款为有效，法院应作出有效裁定
D. 若法院经审查拟认定仲裁条款有效，应当履行逐级报核程序，待最高人民法院审核后，方可依最高法的审核意见作出裁定

3　2102030

日本甲公司与中国乙公司将商事合同纠纷提交中国国际经济贸易仲裁委员会仲裁。根据我国法律和司法实践，下列哪些选项是正确的？

A. 两公司可约定仲裁地在新加坡
B. 如两公司未约定仲裁协议适用的法律，则应适用合同纠纷适用的法律
C. 两公司可约定合同和仲裁协议分别适用瑞士法和中国法
D. 如仲裁庭在日本仲裁，应适用日本冲突规范确定应适用的实体法

4　1401079

中国甲公司与外国乙公司在合同中约定，合同争议提交中国国际经济贸易仲裁委员会仲裁，仲裁地在北京。双方未约定仲裁规则及仲裁协议适用的法律。对此，下列哪些选项是正确的？

A. 如当事人对仲裁协议效力有争议，提请所选仲裁机构解决的，应在首次开庭前书面提出
B. 如当事人将仲裁协议效力的争议诉至中国法院，应适用中国法
C. 如仲裁协议有效，应适用中国国际经济贸易仲裁委员会的仲裁规则仲裁
D. 如仲裁协议有效，仲裁中申请人可申请更改仲裁请求，仲裁庭不能拒绝

5　1201078

中国A公司与甲国B公司签订货物买卖合同，约

解析页码　043—044

定合同争议提交中国 C 仲裁委员会仲裁，仲裁地在中国，但对仲裁条款应适用的法律未作约定。后因货物质量问题双方发生纠纷，中国 A 公司依仲裁条款向 C 仲裁委提起仲裁，但 B 公司主张仲裁条款无效。根据我国相关法律规定，关于本案仲裁条款的效力审查问题，下列哪些判断是正确的？

A. 对本案仲裁条款的效力，C 仲裁委无权认定，只有中国法院有权审查

B. 对本案仲裁条款的效力，如 A 公司请求 C 仲裁委作出决定，B 公司请求中国法院作出裁定的，由中国法院裁定

C. 对本案仲裁条款效力的审查，应适用中国法

D. 对本案仲裁条款效力的审查，应适用甲国法

(二) 承认与执行外国仲裁裁决

【单选】

6 `1701038`

中国甲公司与日本乙公司的商事纠纷在日本境内通过仲裁解决。因甲公司未履行裁决，乙公司向某人民法院申请承认与执行该裁决。中日均为《纽约公约》缔约国，关于该裁决在中国的承认与执行，下列哪一选项是正确的？

A. 该人民法院应组成合议庭审查

B. 如该裁决是由临时仲裁庭作出的，该人民法院应拒绝承认与执行

C. 如该人民法院认为该裁决不符合《纽约公约》的规定，即可直接裁定拒绝承认和执行

D. 乙公司申请执行该裁决的期间应适用日本法的规定

7 `1501038`

2015 年 3 月，甲国公民杰夫欲向中国法院申请承认并执行一项在甲国境内作出的仲裁裁决。中国与甲国均为《承认与执行外国仲裁裁决公约》成员国。关于该裁决的承认和执行，下列哪一选项是正确的？

A. 杰夫应通过甲国法院向被执行人住所地或其财产所在地的中级人民法院申请

B. 如该裁决系临时仲裁庭作出的裁决，人民法院不应承认与执行

C. 如承认和执行申请被裁定驳回，杰夫可向人民

法院起诉

D. 如杰夫仅申请承认而未同时申请执行该裁决，人民法院可以对是否执行一并作出裁定

(三) 外国人在中国的民事诉讼地位

【单选】

8 `1501039`

英国人施密特因合同纠纷在中国法院涉诉。关于该民事诉讼，下列哪一选项是正确的？

A. 施密特可以向人民法院提交英文书面材料，无需提供中文翻译件

B. 施密特可以委托任意一位英国出庭律师以公民代理的形式代理诉讼

C. 如施密特不在中国境内，英国驻华大使馆可以授权本馆官员为施密特聘请中国律师代理诉讼

D. 如经调解双方当事人达成协议，人民法院已制发调解书，但施密特要求发给判决书，应予拒绝

(四) 涉外民商事案件的管辖权

【单选】

9 `2002143`

中国国际商事法庭受理了中国甲公司和新西兰乙公司的国际货物买卖合同纠纷，审理过程中，乙公司咨询能否通过视听传输技术等信息网络方式质证，根据最高人民法院《关于设立国际商事法庭若干问题的规定》，下列哪一选项是正确的？

A. 国际商事法庭的审限应为 6 个月

B. 当事人可就本案判决向国际商事法庭申请执行

C. 若双方当事人无异议，为方便外方当事人，国际商事法庭可以用英文制作判决书

D. 本案必须现场质证，不可以网络方式质证

10 `1902112`

中国甲公司和美国乙公司签订 1 亿美元标的额的买卖合同，合同约定纠纷由最高院国际商事法庭管辖，以下哪一项表述是正确的？

A. 国际商事法庭受理后，可直接委托国际商事专家委员会成员调解

B. 国际商事法庭作出的判决，败诉方不能上诉

C. 若双方达成合意，国际商事法庭可以用英文进行案件的审理

D. 因为违反级别管辖，合同中选择国际商事法庭的约定无效

11 1902111

希腊甲公司与中国乙公司签订许可协议，授权其在亚洲地区独占使用其某项发明专利，许可期限 10 年，标的额 3.6 亿元人民币，协议选择中国最高院国际商事法庭管辖。协议履行期间，因为甲公司又给予荷兰丙公司以同样的专利许可，乙公司向国际商事法庭起诉甲公司。根据相关法律规定，下列说法正确的是？

A. 对国际商事法庭判决不服的，可在最高院本部申请再审

B. 有丰富经验的希腊法学家西蒙可以被国际商事法庭遴选为法官参与本案审理

C. 如果双方无异议，希腊文字的证据材料无须提交中文译本

D. 在希腊获得的证据只要经公证和认证，即可采用

12 2302067

意大利人马丁在中国某购物平台网购了一套服装，后与卖家中国人刘某因发货时间、服装款式质地等问题发生纠纷，马丁在意大利某法院起诉要求解除网购合同，意大利法院受理案件并向刘某送达了起诉状副本。刘某在收到起诉状副本前 5 天向中国某法院起诉，要求马丁履行网购合同。根据我国相关法律和司法解释，下列哪一选项是正确的？

A. 即使意大利法院受理该纠纷在先，中国法院仍有权受理刘某的起诉

B. 若马丁认为意大利法院管辖本案更为方便，中国法院核实后可裁定驳回刘某起诉，告知其去意大利应诉

C. 中国法院若受理此案，应通过外交途径向马丁送达起诉状副本

D. 中国法院应适用双方合意选择的意大利法来解决本案消费者合同纠纷

（五）域外文书送达

【单选】

13 1301039

中国某法院审理一起涉外民事纠纷，需要向作为被告的外国某公司进行送达。根据《关于向国外送达民事或商事司法文书和司法外文书公约》（海牙《送达公约》）、中国法律和司法解释，关于该案件的涉外送达，法院的下列哪一做法是正确的？

A. 应首先按照海牙《送达公约》规定的方式进行送达

B. 不得对被告采用邮寄送达方式

C. 可通过中国驻被告所在国使领馆向被告进行送达

D. 可通过电子邮件方式向被告送达

（六）域外调查取证

【单选】

14 1401039

中国与甲国均为《关于从国外调取民事或商事证据的公约》的缔约国，现甲国法院因审理一民商事案件，需向中国请求调取证据。根据该公约及我国相关规定，下列哪一说法是正确的？

A. 甲国法院可将请求书交中国司法部，请求代为取证

B. 中国不能以该请求书不属于司法机关职权范围为由拒绝执行

C. 甲国驻中国领事代表可在其执行职务范围内，向中国公民取证，必要时可采取强制措施

D. 甲国当事人可直接在中国向有关证人获取证人证言

（七）外国法院判决的承认与执行

【单选】

15 1902113

甲国人朴某与中国人杨某在甲国诉讼离婚，杨某向中国某法院申请承认甲国法院的判决。中国和甲国之间没有关于法院判决承认和执行的双边协议，也没有相应的互惠关系，根据相关法律及司

法解释，下列哪一判断是正确的？

A. 法院应以两国既无双边协议也无互惠关系为由，拒绝承认甲国的离婚判决

B. 若甲国离婚判决是在朴某缺席且未得到合法传唤情况下作出的，法院应拒绝承认

C. 若法院已经受理了杨某的申请，朴某向法院起诉与杨某离婚的，法院应当受理

D. 若法院已经受理了杨某的申请，杨某不得撤回其申请

16 `1201039`

当事人欲将某外国法院作出的民事判决申请中国法院承认和执行。根据中国法律，下列哪一选项是错误的？

A. 该判决应向中国有管辖权的法院申请承认和执行

B. 该判决应是外国法院作出的发生法律效力的判决

C. 承认和执行该判决的请求须由该外国法院向中国法院提出，不能由当事人向中国法院提出

D. 如该判决违反中国的公共利益，中国法院不予承认和执行

【多选】

17 `1902122`

甲国 A 公司和中国 B 公司合资设立住所地在中国 C 区的 D 公司，双方在合资合同中约定争议由甲国法院管辖。后 A、B 两公司就合资合同的履行产生争议，A 公司诉至甲国某法院。中国 B 公司未出庭，也未作任何回应，甲国法院作出缺席判决。现甲国 A 公司向中国某法院申请承认和执行该判决，根据中国相关法律、司法解释及司法实践，下列说法正确的是？

A. 中国 C 区中院对本案有管辖权

B. 甲国 A 公司的申请文件必须附有中文译本

C. 中国法院可以专属管辖为由拒绝承认和执行甲国判决

D. 因为甲国法院缺席审判，中国法院应对甲国判决不予承认和执行

（八）综合知识点

【单选】

18 `2202043`

新加坡国际商事仲裁中心对中国甲公司和新加坡乙公司的合同纠纷作出裁决，甲公司不执行裁决，乙公司向中国某法院申请承认和执行该新加坡仲裁裁决，中国和新加坡都是《承认与执行外国仲裁裁决公约》的缔约国，下列哪一项判断是正确的？

A. 若有证据证明该仲裁裁决是适用 M 国对中国的单边制裁政策作出，中国法院可以此为由直接作出不予承认裁定

B. 若该仲裁裁决的首席仲裁员属于被中国制裁的人员，中国法院向外交部征求意见后可撤销该仲裁裁决

C. 中国法院应适用中国法确认仲裁条款的效力

D. 中国法院拟承认该仲裁裁决的，可不向最高人民法院报核

19 `1001034`

甲国某公司拟认购中国境内一家股份有限公司的增资股份，该股份有限公司股东均为中国公民。根据我国相关法律规定，关于该认购增资合同的法律适用和管辖，下列哪一选项是错误的？

A. 双方可以采用明示方式自由约定该合同所适用的法律

B. 该合同只能适用中国法律

C. 如出现争议，双方在一审法庭辩论终结前还可就法律适用进行选择

D. 双方当事人可以选择外国仲裁机构仲裁

20 `2202042`

中国甲公司与南非公民约翰签订劳动合同，后甲公司与德国乙公司签订劳务派遣合同，将约翰从上海派遣到莫桑比克做非全日制工。后因劳务派遣合同发生纠纷诉至我国某法院，下列关于法律适用的哪一项判断是正确的？

A. 因约翰工作地是莫桑比克，劳务派遣合同纠纷应当适用莫桑比克法

B. 劳动合同和劳务派遣合同中涉及保护约翰权益

的争点应当适用南非法

C. 因中国上海是劳务派出地，劳务派遣合同纠纷可以适用中国法

D. 约翰有权委托某南非驻沪领事以领事身份担任诉讼代理人，但在诉讼中该领事不享有特权与豁免

21 `2102034`

中国甲公司与英国乙公司签订在渤海湾勘探开发海底石油资源的合同，关于该合同履行产生的纠纷，正确的是？

A. 该纠纷在我国只能通过诉讼解决

B. 因合同在海上履行，该纠纷应适用《联合国海洋法公约》

C. 两公司可约定将纠纷提交新加坡国际仲裁中心仲裁解决

D. 两公司可协议选择由英国法院审理此案

22 `1902114`

越南人甲在中国购买了一套商品房，因为其要回国生活，于是把该房产卖给了中国人乙，该房屋买卖合同签订后，乙并未支付价款。甲在越南法院起诉乙，要求其支付价款。现乙来到中国某法院起诉甲，要求解除该房屋买卖合同。已知中越两国并未签订相应的双边或多边协议，根据中国相关法律和司法解释，下列说法正确的是？

A. 中国某法院若受理乙起诉，则违反了"一事不再理"原则

B. 对于乙起诉，中国某法院可予受理

C. 中国某法院应该受理该案，其对该案有专属管辖权

D. 若越南法院作出判决且已先被中国法院承认和执行，亦可以受理该起诉

23 `1802033`

德国甲公司与中国杭州的乙公司在杭州签署了一个中外合作经营企业合同，后在中国履行协议期间发生纠纷。关于该纠纷的相关判断，以下说法正确的有？

A. 双方可以选择德国法律作为该合同的准据法

B. 双方可以在合同中约定该合同纠纷由德国法院进行管辖

C. 双方可以约定该案件在瑞典的斯德哥尔摩仲裁院进行仲裁

D. 双方可以约定该案件在荷兰海牙的国际仲裁院进行仲裁

24 `1601038`

俄罗斯公民萨沙来华与中国公民韩某签订一份设备买卖合同。后因履约纠纷韩某将萨沙诉至中国某法院。经查，萨沙在中国境内没有可供扣押的财产，亦无居所；该套设备位于中国境内。关于本案的管辖权与法律适用，依中国法律规定，下列哪一选项是正确的？

A. 中国法院没有管辖权

B. 韩某可在该套设备所在地或合同签订地法院起诉

C. 韩某只能在其住所地法院起诉

D. 萨沙与韩某只能选择适用中国法或俄罗斯法

25 `1601039`

蒙古公民高娃因民事纠纷在蒙古某法院涉诉。因高娃在北京居住，该蒙古法院欲通过蒙古驻华使馆将传票送达高娃，并向其调查取证。依中国法律规定，下列哪一选项是正确的？

A. 蒙古驻华使馆可向高娃送达传票

B. 蒙古驻华使馆不得向高娃调查取证

C. 只有经中国外交部同意后，蒙古驻华使馆才能向高娃送达传票

D. 蒙古驻华使馆可向高娃调查取证并在必要时采取强制措施

26 `2202041`

中国甲公司想收购 M 国乙公司，与 M 国丙律所驻北京代表处签订代理协议，委托 M 国律所在当地核实乙公司信息，并依核实后的信息完成了对 M 国乙公司的收购。后甲公司发现 M 国律所提交的资料错误，并因此导致收购损失，遂向中国某法院对 M 国律所提起诉讼，若各方当事人没有就法律适用达成协议，下列哪些判断是正确的？

A. 甲公司和丙律所民事关系应适用 M 国法

B. 丙律所代理核实乙公司信息的行为是否有效应适用中国法

解析页码

048—050

C. 中国法院应向 M 国律所驻北京代表处送达本案司法文书

D. 丙律所驻北京代表处是否有权签订代理协议适用中国法

(27) `1802032`

主营业地在广州的法国某公司雇佣了一个韩国人金某，金某的工作内容为巡回于东亚从事产品售后服务工作。后金某提出辞职，公司不允许并向广州法院起诉了金某。下列说法正确的是?

A. 如果金某是韩国来中国的留学生，则公安机关应对法国公司进行罚款处理

B. 关于该劳动合同的纠纷双方可以在一审庭审辩论终结前协商一致选择韩国法为准据法

C. 该劳动合同纠纷应该适用法国法

D. 对于该案件我国法院无管辖权，应裁定驳回法国公司的起诉

【多选】

(28) `2202045`

甲的古董花瓶在广州家里被偷，德国人玛丽在广州黑市购买花瓶后带去欧洲，法国人汉斯在德国柏林的古董店买了这只花瓶。该花瓶在中国某展览会参展时被甲发现，甲向花瓶所在地法院起诉汉斯，主张对花瓶的所有权。下列哪些判断是正确的?

A. 只有汉斯委托律师应诉，我国法院才有管辖权

B. 汉斯可委托法国律师以非律师身份担任诉讼代理人

C. 关于花瓶物权问题，若双方均援引中国法，法院应当适用中国法

D. 关于花瓶物权问题，若双方无法协议选择法律，法院应当适用德国法

(29) `2102037`

中国人张某在韩国出差时在金达公司购买了一箱"野生高丽参"，到国内检测发现该高丽参系人工养殖，遂引发纠纷。金达公司在中国既无住所也未从事过相关经营活动，但在大连有可供扣押的房产。根据我国相关法律规定，下列哪些选项是正确的?

A. 如张某在大连起诉，我国法院可以管辖

B. 该纠纷应适用韩国法

C. 该纠纷应在中国法和韩国法中适用对张某有利的法律

D. 如张某在大连起诉，我国法院能否管辖取决于金达公司的意思表示

(30) `1902120`

波兰甲公司与中国乙公司签订买卖合同，合同约定争议适用波兰法。后双方发生纠纷，中国乙公司在中国某法院起诉，根据《涉外民事关系法律适用法》及相关司法解释，下列哪些判断是正确的?

A. 甲乙公司应查明并提供波兰法

B. 若甲乙公司对查明的法律表示异议，应由法院审查认定

C. 双方可以在开庭审理前变更适用德国法

D. 若波兰甲公司认为本案由波兰法院管辖更为方便，中国法院可裁定驳回起诉

(31) `1301078`

甲国某航空公司在中国设有代表处，其一架飞机从中国境内出发，经停甲国后前往乙国，在乙国发生空难。关于乘客向航空公司索赔的诉讼管辖和法律适用，根据中国相关法律，下列哪些表述是正确的?

A. 中国法院对该纠纷具有管辖权

B. 中国法律并不限制乙国法院对该纠纷行使管辖

C. 即使甲国法院受理了该纠纷，中国法院仍有权就同一诉讼行使管辖权

D. 如中国法院受理该纠纷，应适用受害人本国法确定损害赔偿数额

(32) `2302066`

德国人凯尔以夫妻感情破裂为由，向中国妻子姜来的经常居所地浙江省宁波市法院提起离婚诉讼，并请求分割价值约 1000 万元人民币的夫妻共同财产。关于本案的管辖权和法律适用问题，下列哪些判断是正确的?

A. 由于本案是涉外离婚诉讼，应由宁波市中级人民法院管辖

B. 双方可以约定夫妻财产分割问题适用德国法

C. 双方可以分别约定中国法和德国法解决离婚和

夫妻财产分割问题

D. 如经调解双方当事人达成协议，凯尔要求发给判决书的，法院可依协议内容制作判决书送达当事人

33 `2402090`

中国甲公司与乙国政府签订了一份国际工程承包合同，合同约定因本合同引发的任何纠纷应提交北京国际仲裁中心仲裁解决，合同适用瑞士法。后因合同履行发生分歧，甲公司向某人民法院申请确认仲裁协议有效，乙国政府则主张享有国家主权豁免，该人民法院无权管辖。依中国相关法律，下列选项正确的是哪些？

A. 仲裁协议是否有效应适用瑞士法

B. 中国坚持绝对豁免立场，法院无权确认仲裁协议效力

C. 法院有权审查仲裁协议的效力

D. 双方当事人可协议选择仲裁协议效力问题适用的法律

【不定项】

34 `2102044`

H 国天意公司与中国 A 市易鑫公司签订合同，约定合同纠纷由 H 国 S 市法院适用《中华人民共和国民事诉讼法》解决。后双方达成补充协议，约定纠纷还可以由中国 A 市仲裁委员会解决，但须适用 H 国国际仲裁中心规则，后双方发生合同纠纷。关于该纠纷的解决方式，下列选项正确的是？

A. 可由 H 国 S 市法院适用《中华人民共和国民事诉讼法》解决

B. 可由 H 国 S 市法院适用 H 国民事诉讼规则解决

C. 可由中国 A 市仲裁委员会适用 H 国国际仲裁中心仲裁规则解决

D. 可由中国 A 市仲裁委员会适用自己的仲裁规则解决

二、模拟题

【单选】

35 `62107028`

关于国际民商事争议的解决，下列说法正确的一

项是？

A. 中国甲公司和日本乙公司签订手机买卖合同，合同仅约定若产生纠纷提交北京仲裁委在日本仲裁，后双方因履行合同产生纠纷。若甲公司认为合同中仲裁协议效力存在争议并诉至中国法院，法院应适用中国法认定协议的效力

B. 中国甲公司和日本乙公司合资在日本设立中日合营企业，后因履行合营合同产生纠纷，该纠纷应由中国法院专属管辖

C. 美国人艾玛向我国法院申请承认和执行外国仲裁机构裁决时，可向被执行人住所地的基层法院提出申请

D. 中国开心公司因与英国美凯公司的买卖合同争议向我国法院提起诉讼，对文书的送达，法院可向美凯公司授权的中国分支机构送达

36 `62107030`

重庆某法院正在审理一起涉外民商事纠纷，需要向作为被告的鲁国某公司进行文书送达并调查取证，同时鲁国也准备到我国领域内调查取证。根据海牙《送达公约》以及我国法律和司法解释，下列说法正确的是？

A. 若鲁国法律允许邮寄送达的，可以邮寄送达，邮寄期满 3 个月如果未能收到送达与否的证明文件，视为不能用邮寄方式送达

B. 该法院可以同时采取包括公告送达的多种方式进行送达，但应根据最先实现送达的方式确定送达日期

C. 该法院委托进行民商事案件调查取证，需要提供译文的，翻译件不加盖人民法院印章

D. 鲁国可以通过使领馆以及派遣特派员到我国领域内调查取证，但不得自行取证

37 `62407014`

中国甲公司的员工张三被派遣到德国分公司从事销售工作期间，将日本的山野打伤，山野欲将张三诉至中国法院。对此，依据我国相关法律，下列说法正确的一项是？

A. 张三和山野可以约定适用韩国法

B. 中国法院受理后发现山野已经先向德国法院起

解析页码

052—053

诉，可以裁定中止诉讼

C. 本案应适用中国法

D. 山野不可以委托日本律师宫本参加诉讼

【不定项】

38 `62207034`

德国甲公司与美国乙公司各出资一亿美元在中国设立合资经营企业，约定合同纠纷适用日本法，合同的纠纷提交中国国际商事法庭管辖。以中国相关法律规定及司法实践，下列哪一项是正确的？

A. 甲乙两公司选择无效，应直接适用中国法

B. 即使无协议管辖的约定，该合同纠纷也只能由中国法院专属管辖

C. 德国甲公司提供德语证据材料且乙公司同意的，可以不提交中文翻译件

D. 对国际商事法庭判决不服的，可向最高院本部申请再审

参考答案

[1]C	[2]AC	[3]ACD	[4]ABC	[5]BC
[6]A	[7]C	[8]C	[9]B	[10]B
[11]A	[12]A	[13]D	[14]A	[15]B
[16]C	[17]ABC	[18]D	[19]B	[20]C
[21]C	[22]B	[23]C	[24]B	[25]A
[26]D	[27]A	[28]BD	[29]AB	[30]ABC
[31]ABC	[32]BD	[33]CD	[34]B	[35]D
[36]C	[37]A	[38]D		

第十章
区际司法协助

一、历年真题及仿真题

(一) 区际文书送达

【单选】

1 `1201037`

居住于我国台湾地区的当事人张某在大陆某法院参与民事诉讼。关于该案，下列哪一选项是不正确的？

A. 张某与大陆当事人有同等诉讼权利和义务

B. 确定应适用台湾地区民事法律的，受案的法院予以适用

C. 如张某在大陆，民事诉讼文书可以直接送达

D. 如张某在台湾地区地址明确，可以邮寄送达，但必须在送达回证上签收

(二) 区际判决认可与执行

【单选】

2 `1701039`

中国香港甲公司与内地乙公司签订商事合同，并通过电子邮件约定如发生纠纷由香港法院管辖。后因履约纠纷，甲公司将乙公司诉至香港法院并胜诉。判决生效后，甲公司申请人民法院认可和执行该判决。关于该判决在内地的认可与执行，下列哪一选项是正确的？

A. 电子邮件不符合"书面"管辖协议的要求，故该判决不应被认可与执行

B. 如乙公司的住所地与财产所在地分处两个中级人民法院的辖区，甲公司不得同时向这两个人民法院提出申请

C. 如乙公司在内地与香港均有财产，甲公司不得同时向两地法院提出申请

D. 如甲公司的申请被人民法院裁定驳回，它可直接向最高人民法院申请复议

3 `1101037`

台湾地区甲公司因合同纠纷起诉大陆乙公司，台湾地区法院判决乙公司败诉。乙公司在上海和北京均有财产，但未执行该判决。关于该判决的执行，下列哪一选项是正确的？

A. 甲公司向上海和北京的中级人民法院申请认可该判决的，由最先立案的中级人民法院管辖

B. 该判决效力低于人民法院作出的生效判决

C. 甲公司申请财产保全的，人民法院可以要求其提供有效的担保；不提供担保的，视情况决定是否准予财产保全

D. 甲公司申请认可该判决的，应当在判决效力确

解析页码
053—054

定后 1 年内提出

4 `1001037`

关于内地与香港民商事案件判决的认可与执行，根据内地与香港的相关安排，下列哪一选项是正确的？

A. 申请人向内地和香港法院提交的文件没有中文文本的，均应提交证明无误的中文译本

B. 当事人通过协议选择内地或香港法院管辖的，经选择的法院作出的判决均可获得认可与执行

C. 当事人之间的合同无效，其中选择管辖法院的条款亦无效

D. 当事人对认可和执行与否的裁定不服的，在内地可向上一级法院申请复议，在香港可依其法律规定提出上诉

（三）区际仲裁裁决的认可与执行

【单选】

5 `2202044`

中国内地甲公司与澳门地区乙公司因合同的履行发生纠纷，根据双方合同中的仲裁条款，甲公司向中国内地某仲裁机构申请仲裁，同时向仲裁机构提出财产保全的申请。仲裁裁决作出后，澳门乙公司拒不履行仲裁裁决。根据最高人民法院的相关司法解释，下列哪一选项是正确的？

A. 在仲裁裁决作出前，甲公司可以向澳门中级法院申请财产保全

B. 甲公司可向澳门初级法院提出仲裁裁决认可和执行申请

C. 甲公司可以分别向内地和澳门有管辖权的法院申请执行本案仲裁裁决

D. 若乙公司在内地就同一纠纷提起诉讼，澳门地区法院应当终结仲裁裁决的执行程序

（四）综合知识点

【多选】

6 `1301079`

内地某中级法院审理一起涉及澳门特别行政区企业的商事案件，需委托澳门特别行政区法院进行司法协助。关于该司法协助事项，下列哪些表述是正确的？

A. 该案件司法文书送达的委托，可通过该中级法院所属高级法院转交澳门特别行政区终审法院

B. 澳门特别行政区终审法院有权要求该中级法院就其中文委托书提供葡萄牙语译本

C. 该中级法院可以请求澳门特别行政区法院协助调取与该案件有关的证据

D. 在受委托方法院执行委托调取证据时，该中级法院司法人员经过受委托方允许可以出席并直接向证人提问

二、模拟题

【单选】

7 `62107029`

关于区际司法协助，下列说法正确的有？

A. 遵义市中级法院受理了一起涉港买卖合同纠纷，原告向法院申请调取香港的有关证据，遵义市中级法院可直接将委托书递交香港高等法院

B. 内地仲裁机构就涉港买卖合同纠纷作出的仲裁裁决，申请人只能向内地法院提出执行仲裁裁决的申请

C. 内地法院不予认可和执行香港法院作出的小王与小美的离婚判决，对此小王可向上一级法院申请复议

D. 向香港送达可以采取委托送达的方式，向澳门送达则不可以采用委托送达的方式

【多选】

8 `62207001`

住所地在澳门的甲公司与住所地在广州的乙公司订立货物买卖合同，合同约定若发生争议在广州 A 仲裁委仲裁。后由于货物质量、费用结算问题，双方发生争议，遂将争议提交 A 仲裁委仲裁。为维护自己权益，乙公司想要向澳门法院申请对甲公司的采取保全措施。基于上述事实，下列哪些说法是正确的？

A. 对于该仲裁协议的效力有异议的，应当在首次开庭前提出

B. 对于该仲裁协议的效力认定，乙公司请求 A

解析页码

055—056

仲裁委员会作出决定，甲公司请求人民法院作出裁定的，由最先受理异议的机构认定

C. 乙公司应当向澳门中级法院申请财产保全

D. 对于澳门法院作出的裁定不服的，应按照澳门相关法律规定请求救济

国际经济法

第一章
国际货物买卖

一、历年真题及仿真题

（一）国际贸易术语

【单选】

1 2002144

法国埃尔斯公司与中国仙林公司签订 CIP 合同从法国出口货物到中国，依据《2020 年国际贸易术语解释通则》，下列哪一选项是正确的？

A. 货物风险自装运港装运上船时转移

B. 中国仙林公司应负责安排货物的运输

C. 如果双方合同约定投保平安险，法国埃尔斯公司只需投保平安险

D. 即使双方合同约定投保平安险，法国埃尔斯公司也应投保一切险

2 1902126

中国甲公司与非洲某国乙公司签订 CIF 合同出口一批瓷器，货物运到该国附近时因遭遇战争而部分损毁，中国与该国均为《联合国国际货物销售合同公约》的缔约国。根据公约及相关国际惯例，下列说法正确的是？

A. 乙公司可以不承担毁坏货品的付款义务

B. 乙公司有理由相信甲公司在这种情况下应投保

一切险和附加战争险

C. 乙公司在没有办法验货的情况下可以不承担付款义务

D. 若没有特别约定，甲公司只需要负担平安险

3 1802037

营业地位于不同国家的甲乙两公司签订了货物买卖合同，约定使用 FCA 术语为交货条件。关于该术语以下说法错误的有？

A. 该术语可以适用于任何的运输方式包括多式联运

B. 该术语只能适用于海运运输合同

C. 该术语要求卖方将货物交给第一承运人时完成交货义务

D. 承运人自收到货物时，货物的风险由卖方转移给买方

（二）国际货物销售合同公约

【单选】

4 1601040

中国甲公司与德国乙公司签订了进口设备合同，分三批运输。两批顺利履约后乙公司得知甲公司履约能力出现严重问题，便中止了第三批设备的发运。依《国际货物销售合同公约》，下列哪一选项是正确的？

A. 如已履约的进口设备在使用中引起人身伤亡，则应依公约的规定进行处理

B. 乙公司中止发运第三批设备必须通知甲公司

C. 乙公司在任何情况下均不应中止发运第三批设备

D. 如甲公司向乙公司提供了充分的履约担保，乙公司可依情况决定是否继续发运第三批设备

5 1401040

中国甲公司与法国乙公司商谈进口特种钢材，乙公司提供了买卖该种钢材的格式合同，两国均为1980 年《联合国国际货物销售合同公约》缔约国。根据相关规则，下列哪一选项是正确的？

A. 因两国均为公约缔约国，双方不能在合同中再选择适用其他法律

B. 格式合同为该领域的习惯法，对双方具有约束力

解析页码
056—057

C. 双方可对格式合同的内容进行修改和补充

D. 如双方在合同中选择了贸易术语，则不再适用公约

6 `1001040`

甲公司（卖方）与乙公司于 2007 年 10 月签订了两份同一种农产品的国际贸易合同，约定交货期分别为 2008 年 1 月底和 3 月中旬，采用付款交单方式。甲公司依约将第一份合同项下的货物发运后，乙公司以资金周转困难为由，要求变更付款方式为货到后 30 天付款。甲公司无奈同意该变更。乙公司未依约付款，并以资金紧张为由再次要求延期付款。甲公司未再发运第二个合同项下的货物并提起仲裁。根据《联合国国际货物销售合同公约》，下列哪一选项是正确的？

A. 乙公司应以付款交单的方式支付货款

B. 甲公司不发运第二份合同项下货物的行为构成违约

C. 甲公司可以停止发运第二份合同项下的货物，但应及时通知乙公司

D. 如乙公司提供了付款的充分保证，甲公司仍可拒绝发货

7 `2302071`

营业地在中国的甲公司和营业地在新加坡的乙公司签订了中文文本的商事合同，合同约定若发生履约纠纷由中国法院管辖，但未选择合同适用的法律。已知中国和新加坡都是 1980 年《联合国国际货物销售合同公约》（《1980 年公约》）缔约国，下列哪项判断是正确的？

A. 合同选择中国法院管辖，且合同为中文文本，故合同纠纷应适用中国法

B. 若双方在一审法庭辩论终结前选择新加坡法，则应当适用新加坡国内法，即使新加坡是《1980 年公约》的缔约国

C. 若双方在一审法庭辩论终结前仍未选择合同适用的法律，则应根据最密切联系原则确定合同准据法

D. 若双方就合同效力产生纠纷，应依《1980 年公约》的规定进行处理

【多选】

8 `1201080`

甲公司的营业所在甲国，乙公司的营业所在中国，甲国和中国均为《联合国国际货物销售合同公约》的当事国。甲公司将一批货物卖给乙公司，该批货物通过海运运输。货物运输途中，乙公司将货物转卖给了中国丙公司。根据该公约，下列哪些选项是正确的？

A. 甲公司出售的货物，必须是第三方依中国知识产权不能主张任何权利的货物

B. 甲公司出售的货物，必须是第三方依中国或者甲国知识产权均不能主张任何权利的货物

C. 乙公司转售的货物，自双方合同成立时风险转移

D. 乙公司转售的货物，自乙公司向丙公司交付时风险转移

9 `1001087`

甲公司（买方）与乙公司订立了一份国际货物买卖合同。后因遇到无法预见与不能克服的障碍，乙公司未能按照合同履行交货义务，但未在合理时间内将此情况通知甲公司。甲公司直到交货期过后才得知此事。乙公司的行为使甲公司遭受了损失。依《联合国国际货物销售合同公约》，下列哪些表述是正确的？

A. 乙公司可以解除合同，但应把障碍及其影响及时通知甲公司

B. 乙公司解除合同后，不再对甲公司的损失承担赔偿责任

C. 乙公司不交货，无论何种原因均属违约

D. 甲公司有权就乙公司未通知有关情况而遭受的损失请求赔偿

【不定项】

10 `1301099`

甲公司从国外进口一批货物，根据《联合国国际货物销售合同公约》，关于货物检验和交货不符合同约定的问题，下列说法正确的是？

A. 甲公司有权依自己习惯的时间安排货物的检验

B. 如甲公司须再发运货物，没有合理机会在货到后加以检验，而卖方在订立合同时已知道再发运的安排，则检验可推迟到货物到达新目的地后进行

C. 甲公司在任何时间发现货物不符合同均可要求卖方赔偿

D. 货物不符合同情形在风险转移时已经存在，在风险转移后才显现的，卖方应当承担责任

11 `1101100`

A 公司和 B 公司于 2011 年 5 月 20 日签订合同，由 A 公司将一批平板电脑售卖给 B 公司。A 公司和 B 公司营业地分别位于甲国和乙国，两国均为《联合国国际货物销售合同公约》缔约国。合同项下的货物由丙国 C 公司的"潇湘"号商船承运，装运港是甲国某港口，目的港是乙国某港口。在运输途中，B 公司与中国 D 公司就货物转卖达成协议。

如货物运抵乙国后，乙国的 E 公司指控该批平板电脑侵犯其在乙国取得的专利权，致使货物遭乙国海关扣押，B 公司向 A 公司索赔。在下列选项中，A 公司无须承担责任的情形是？

A. A 公司在订立合同时不知道这批货物可能依乙国法属侵权

B. B 公司在订立合同时知道这批货物存在第三者权利

C. A 公司是遵照 B 公司提供的技术图样和款式进行生产的

D. B 公司在订立合同后知道这批货物侵权但未在合理时间内及时通知 A 公司

（三）综合知识点

【单选】

12 `2002146`

中国仙林公司从甲国艾尔公司进口一批电子设备，合同中约定了设备规格，并选用了 DPU 术语。艾尔公司制作好样品后，将样品邮寄至仙林公司请求确认并按照样品履行。仙林公司收到样品后确认收到并回复："请依合同履行。"设备到货后与样品相符，但与合同不符，中国仙林公司要求甲国艾尔公司承担违约责任。中国和甲国都是 1980 年

《联合国国际货物销售合同公约》的缔约国，下列哪一选项是正确的？

A. 甲国艾尔公司应承担违约责任，因其交付的设备不符合合同约定规格

B. 甲国艾尔公司不应承担违约责任，因其交付的设备与其提供的样品相符

C. 本案货物风险自货交第一承运人时转移

D. 甲国艾尔公司须在指定装运地的任何地点交货

13 `2002145`

中国鸿鹄医疗公司（卖方）与西班牙奥尔特公司（买方）依 CIF（巴塞罗那）价格出口医疗器械。2017 年 4 月 28 日，中国鸿鹄公司将货物交给承运人装船。5 月 12 日，西班牙奥尔特公司将处于运输途中的货物转卖给意大利诺雅迦公司。7 月 6 日，意大利诺雅迦公司收货时发现部分货物湿损，经查，该湿损是因船舶在 6 月中旬在海上遭遇强热带风暴所致。依 2020 年《国际贸易术语解释通则》及《联合国国际货物销售合同公约》的规定，下列哪一选项是正确的？

A. 在中国鸿鹄医疗公司与西班牙奥尔特公司之间，货物风险自货交承运人时转移

B. 在中国鸿鹄医疗公司与西班牙奥尔特公司之间，应由西班牙奥尔特公司办理货物的保险并缴纳保险费

C. 本案货物湿损应由西班牙奥尔特公司承担

D. 本案货物湿损应由意大利诺雅迦公司承担

14 `1501040`

中国甲公司与法国乙公司签订了进口服装的合同，价格条件 CIF。货到目的港时，甲公司发现有两箱货物因包装不当途中受损，因此拒收，该货物在目的港码头又被雨淋受损。依 1980 年《联合国国际货物销售合同公约》及相关规则，下列哪一选项是正确的？

A. 因本合同已选择了 CIF 贸易术语，则不再适用《公约》

B. 在 CIF 条件下应由法国乙公司办理投保，故乙公司也应承担运输途中的风险

C. 因甲公司拒收货物，乙公司应承担货物在目的

港码头雨淋造成的损失

D．乙公司应承担因包装不当造成的货物损失

【多选】

⑮ 2002151

中国华泰公司从甲国埃拉公司以 DPU 术语进口一批货物，依据《2020 年国际贸易术语解释通则》和 1980 年《联合国国际货物销售合同公约》，下列哪些判断是正确的?

A．埃拉公司有义务为中国华泰公司投保货物运输险

B．埃拉公司应在"运输终端"完成交货

C．埃拉公司应承担运输中的风险

D．中国华泰公司应在发现或理应发现货物存在质量问题后的一段合理时间通知埃拉公司

二、模拟题

【单选】

⑯ 62107032

中国开心公司与德国风范公司签订 CIF（重庆）的合同进口一批机器设备，已知中国和德国都是《联合国国际货物销售合同公约》的缔约国，下列说法正确的是?

A．开心公司收到货后发现该批机器设备存在质量问题，可以拒绝接收

B．开心公司收到货后将该批机器设备转卖到法国，法国的大开公司认为该机器设备侵犯了其在法国的专利技术，风范公司应承担侵权责任

C．因合同已选择了 CIF 术语，则不再适用《联合国国际货物销售合同公约》

D．如果开心公司和风范公司营业地都在中国，则不能适用《联合国国际货物销售合同公约》解决纠纷

【多选】

⑰ 62107048

我国友莱公司以 CIP 马里奥（2020）贸易术语与甲国的威易公司成交一批消毒碗柜的出口合同，友莱公司备妥货物，并于 8 月 25 日将货物交给国内某承运公司。对此，下列说法正确的是?

A．消毒碗柜应运至马里奥港口

B．友莱公司有义务办理出口手续

C．消毒碗柜风险已转移给威易公司

D．友莱公司有义务投保平安险

参考答案

[1] C	[2] D	[3] B	[4] B	[5] C
[6] C	[7] B	[8] AC	[9] AD	[10] BD
[11] BCD	[12] A	[13] D	[14] D	[15] CD
[16] D	[17] BC			

第二章
国际货物运输与保险

一、历年真题及仿真题

（一）提单

【单选】

① 1101040

中国甲公司通过海运从某国进口一批服装，承运人为乙公司，提单收货人一栏写明"凭指示"。甲公司持正本提单到目的港提货时，发现货物已由丙公司以副本提单加保函提取。甲公司与丙公司达成了货款支付协议，但随后丙公司破产。甲公司无法获赔，转而向乙公司索赔。根据我国相关法律规定，关于本案，下列哪一选项是正确的?

A．本案中正本提单的转让无需背书

B．货物是由丙公司提走的，故甲公司不能向乙公司索赔

C．甲公司与丙公司虽已达成货款支付协议，但未得到赔付，不影响甲公司要求乙公司承担责任

D．乙公司应当在责任限制的范围内承担因无单放货造成的损失

② 2302070

中国奥奇公司从甲国 MC 公司进口网络设备，买卖合同选用了《2020 年国际贸易术语解释通则》

解析页码
059—060

的 FCA 术语，该批货物需要陆海联运，双方在合同中约定中国奥奇公司应告知海运承运人，货物装船后向 MC 公司签发已装船清洁提单。根据国际经济法的相关规则和实践，下列说法正确的是哪项？

A. 本案签发的正本提单必须有明确的提货人

B. FCA 术语适用于任何运输方式，包括国际多式联运

C. 双方约定海运承运人向 MC 公司签发已装船提单，故运输中的风险应由 MC 公司承担

D. 本案进口的是网络设备，必须经过国家网络安全审查

【多选】

③ 1301081

中国甲公司从国外购货，取得了代表货物的单据，其中提单上记载"凭指示"字样，交货地点为某国远东港，承运人为中国乙公司。当甲公司凭正本提单到远东港提货时，被乙公司告知货物已不在其手中。后甲公司在中国法院对乙公司提起索赔诉讼。乙公司在下列哪些情形下可免除交货责任？

A. 在甲公司提货前，货物已被同样持有正本提单的某公司提走

B. 乙公司按照提单托运人的要求返还了货物

C. 根据某国法律要求，货物交给了远东港管理当局

D. 货物超过法定期限无人向某国海关申报，被海关提取并变卖

（二）国际海上货物运输保险法律制度

【多选】

④ 1101080

中国甲公司与某国乙公司签订茶叶出口合同，并投保水渍险，议定由丙公司"天然"号货轮承运。下列哪些选项属于保险公司应赔偿范围？

A. 运输中因茶叶串味等外来原因造成货损

B. 运输中因"天然"号过失与另一轮船相撞造成货损

C. 运输延迟造成货损

D. 运输中因遭遇台风造成部分货损

（三）综合知识点

【单选】

⑤ 1701041

中国某公司进口了一批仪器，采取海运方式并投保了水渍险，提单上的收货人一栏写明"凭指示"的字样。途中因船方过失致货轮与他船相撞，部分仪器受损。依《海牙规则》及相关保险条款，下列哪一选项是正确的？

A. 该提单交付即可转让

B. 因船舶碰撞是由船方过失导致，故承运人应对仪器受损承担赔偿责任

C. 保险人应向货主赔偿部分仪器受损的损失

D. 承运人的责任期间是从其接收货物时起至交付货物时止

⑥ 1501041

青田轮承运一批啤酒花从中国运往欧洲某港，货物投保了一切险，提单上的收货人一栏写明"凭指示"，因生产过程中水份过大，啤酒花到目地港时已变质。依《海牙规则》及相关保险规则，下列哪一选项是正确的？

A. 承运人没有尽到途中管货的义务，应承担货物途中变质的赔偿责任

B. 因货物投保了一切险，保险人应承担货物变质的赔偿责任

C. 本提单可通过交付进行转让

D. 承运人对啤酒花的变质可以免责

⑦ 1001045

一批货物由甲公司运往中国青岛港，运输合同适用《海牙规则》。运输途中因雷击烧毁部分货物，其余货物在目的港被乙公司以副本提单加保函提走。丙公司为该批货物正本提单持有人。根据《海牙规则》和我国相关法律规定，下列哪一选项是正确的？

A. 甲公司应对雷击造成的货损承担赔偿责任，因损失在其责任期间发生

B. 甲公司可限制因无正本提单交货的赔偿责任

C. 丙公司可要求甲公司和乙公司承担连带赔偿责任

D. 甲公司应以货物成本加利润赔偿因无正本提单交货造成的损失

8 1902128

中国甲公司从意大利乙公司进口珠宝饰品，签订买卖合同约定由卖方负责安排航空运输。意大利乙公司委托航空货运代理人在意大利安排丙航运公司运输，后因飞行故障，丙公司飞机在航空站外降落，导致货物受损。根据《华沙公约》《蒙特利尔公约》和《1980 年联合国货物买卖公约》，下列说法正确的是？

A. 乙公司和航空货运代理公司因安排航空运输产生的纠纷应适用意大利法
B. 航空运单不是物权凭证
C. 因货物于航空站外降停发生损害，丙航空公司可免除责任
D. 因货物于航空站外降停发生损害，故货损应由买方负责

9 2102031

中国三泰公司与西班牙甲公司签订合同进口一批货物，合同选用了《2020 年国际贸易术语解释通则》中的 CIF 术语，同时约定甲公司应为该批货物投保水渍险。甲公司将货物交承运人装船后，承运人签发了清洁提单（选用《海牙规则》）。后在海运途中货物因遭遇恶劣天气部分毁损，下列哪一选项是正确的？

A. 甲公司应为该批货物投保一切险
B. 承运人应赔偿货物损失
C. 保险公司应赔偿货物损失
D. 因货物部分毁损，中国三泰公司有权要求减价

10 2102039

甲国瑞尼尔公司从乙国绿地公司进口三批粮食，合同选用《2020 年国际贸易术语解释通则》的 CIF 术语。第一批粮食正常发货后，乙国遭遇台风，致使后两批粮食不能发货，存放在仓库。绿地公司认为其遭遇了不可抗力，可以免责。两国均为《联合国国际货物销售合同公约》的成员国，下列哪一选项是正确的？

A. 若后两批货物无法交付，甲国瑞尼尔公司可宣告合同无效

B. 若后两批货物无法交付，乙国绿地公司通知甲国瑞尼尔公司后，即可解除合同
C. 保险人应承担后两批粮食不能交付的赔偿责任
D. 《联合国国际货物销售合同公约》规定了遭遇不可抗力一方的通知义务

11 1701040

中国伟业公司与甲国利德公司签订了采取铁路运输方式由中国出口一批货物的合同。后甲国法律发生变化，利德公司在收货后又自行将该批货物转卖到乙国，现乙国一公司声称该批货物侵犯了其知识产权。中国和甲国均为《国际货物销售合同公约》和《国际铁路货物联运协定》缔约国。依相关规则，下列哪一选项是正确的？

A. 伟业公司不承担该批货物在乙国的知识产权担保义务
B. 该批货物的风险应于订立合同时由伟业公司转移给利德公司
C. 铁路运输承运人的责任期间是从货物装上火车时起至卸下时止
D. 不同铁路运输区段的承运人应分别对在该区段发生的货损承担责任

【多选】

12 1401081

两批化妆品从韩国由大洋公司"清田"号货轮运到中国，适用《海牙规则》，货物投保了平安险。第一批货物因"清田"号过失与他船相碰致部分货物受损，第二批货物收货人在持正本提单提货时，发现已被他人提走。争议诉至中国某法院。根据相关规则及司法解释，下列哪些选项是正确的？

A. 第一批货物受损虽由"清田"号过失碰撞所致，但承运人仍可免责
B. 碰撞导致第一批货物的损失属于保险公司赔偿的范围
C. 大洋公司应承担第二批货物无正本提单放货的责任，但可限制责任
D. 大洋公司对第二批货物的赔偿范围限于货物的价值加运费

13 `1301082`

甲公司向乙公司出口一批货物，由丙公司承运，投保了中国人民保险公司的平安险。在装运港装卸时，一包货物落入海中。海运途中，因船长过失触礁造成货物部分损失。货物最后延迟到达目的港。依《海牙规则》及国际海洋运输保险实践，关于相关损失的赔偿，下列哪些选项是正确的？

A. 对装卸过程中的货物损失，保险人应承担赔偿责任

B. 对船长驾船过失导致的货物损失，保险人应承担赔偿责任

C. 对运输延迟造成的损失，保险人应承担赔偿责任

D. 对船长驾船过失导致的货物损失，承运人可以免责

14 `1601080`

中国甲公司向波兰乙公司出口一批电器，采用DAP术语，通过几个区段的国际铁路运输，承运人签发了铁路运单，货到目的地后发现有部分损坏。依相关国际惯例及《国际铁路货物联运协定》，下列哪些选项是正确的？

A. 乙公司必须确定损失发生的区段，并只能向该区段的承运人索赔

B. 铁路运单是物权凭证，乙公司可通过转让运单转让货物

C. 甲公司在指定目的地运输终端将仍处于运输工具上的货物交由乙公司处置时，即完成交货

D. 各铁路区段的承运人应承担连带责任

【不定项】

15 `1201100`

甲国 A 公司向乙国 B 公司出口一批货物，双方约定适用 2010 年《国际贸易术语解释通则》中 CIF 术语。该批货物由丙国 C 公司"乐安"号商船承运，运输途中船舶搁浅，为起浮抛弃了部分货物。船舶起浮后继续航行中又因恶劣天气，部分货物被海浪打入海中。到目的港后发现还有部分货物因固有缺陷而损失。

该批货物投保了平安险，关于运输中的相关损失的

认定及赔偿，依《海牙规则》，下列选项正确的是？

A. 为起浮抛弃货物造成的损失属于共同海损

B. 因恶劣天气部分货物被打入海中的损失属于单独海损

C. 保险人应赔偿共同海损和因恶劣天气造成的单独海损

D. 承运人对因固有缺陷损失的货物免责，保险人应承担赔偿责任

二、模拟题

【单选】

16 `62207043`

中国甲公司向菲律宾乙公司出口一批玉米，由承运人丙公司签发提单。该批玉米在太平洋保险公司投保了货物平安险。依《海牙规则》和相关保险条款，下列选项哪一说法是正确的？

A. 运输过程中因海上下雨，雨水渗入货仓使得玉米霉变货损，保险公司应承担责任

B. 因运输延迟造成玉米腐坏，保险公司应承担责任

C. 运输过程中因船方过失致使货轮与他船相撞，导致部分玉米受损，承运人应承担责任

D. 运输过程中因遭遇海啸，导致部分玉米受损，保险公司不承担责任

【不定项】

17 `62207041`

中国甲公司与法国乙公司订立了大麦进口合同，由货轮进行承运，承运人为丙公司。依据《海牙规则》，承运人无须承担责任的是？

A. 货物在卸货过程中脱钩致使大麦洒落毁损

B. 货物运输过程中，因船舶电路老化引发火灾致货损

C. 乙公司包装不当致使大麦被雨水淋湿致霉变货损

D. 因我国疫情防控，货物在进港口时进行了长达一周的检验和消毒，致使货损

参考答案

[1] C	[2] B	[3] ACD	[4] BD	[5] C
[6] D	[7] C	[8] B	[9] C	[10] D
[11] A	[12] AB	[13] ABD	[14] CD	[15] AB
[16] D	[17] CD			

第三章
国际贸易支付

一、历年真题及仿真题

（一）信用证

【单选】

1 `1501042`

依最高人民法院《关于审理信用证纠纷案件若干问题的规定》，出现下列哪一情况时，不能再通过司法手段干预信用证项下的付款行为？

A. 开证行的授权人已对信用证项下票据善意地作出了承兑

B. 受益人交付的货物无价值

C. 受益人和开证申请人串通提交假单据

D. 受益人提交记载内容虚假的单据

【多选】

2 `2002154`

我国 A 公司从甲国 B 公司进口一批服装，双方约定以信用证方式结算。A 公司向我国 C 银行申请开立了信用证。货到后，A 公司发现集装箱装的全部是工业废料，根据我国相关司法解释，下列说法正确的是？

A. A 公司应向人民法院申请中止支付信用证项下的款项

B. A 公司应向 C 银行申请中止支付信用证项下的款项

C. 即使信用证具有独立性，必要时人民法院也可将 A、B 两公司之间的信用证纠纷与货物买卖纠纷一并审理

D. 如果 C 银行仅对信用证项下票据作出承兑而未实际付款，则可判决终止支付信用证项下款项

3 `1902129`

中国甲公司和非洲乙公司订立了出口一批机电产品的合同。因目的港无直达航线，需要转船运输，合同约定了信用证支付方式。关于乙公司申请开立的信用证，下列哪些情形属于"软条款"信用证？

A. 信用证要求保兑

B. 信用证要求提单为已装船提单

C. 信用证规定"开证行须在货物经检验合格后方可支付"

D. 信用证规定"禁止转船"，但实际上装运港至目的港无直达船只

【不定项】

4 `1301100`

中国甲公司从某国乙公司进口一批货物，委托中国丙银行出具一份不可撤销信用证。乙公司发货后持单据向丙银行指定的丁银行请求付款，银行审单时发现单据上记载内容和信用证不完全一致。乙公司称甲公司接受此不符点，丙银行经与甲公司沟通，证实了该说法，即指示丁银行付款。后甲公司得知乙公司所发货物无价值，遂向有管辖权的中国法院申请中止支付信用证项下的款项。下列说法正确的是？

A. 甲公司已接受不符点，丙银行必须承担付款责任

B. 乙公司行为构成信用证欺诈

C. 即使丁银行已付款，法院仍应裁定丙银行中止支付

D. 丙银行发现单证存在不符点，有义务联系甲公司征询是否接受不符点

（二）综合知识点

【单选】

5 `1802122`

中国平野公司从甲国 H 公司进口一批货物，合同约定交货时间不得晚于 2021 年 6 月 1 日，信用证

解析页码
064—065

支付。甲国 H 公司的实际交货时间为 6 月 15 日，H 公司出具保函换取了承运人签发的注明 6 月 1 日完成装船的提单。根据国际经济法的相关规则和实践，关于本案的下列哪项判断是正确的？

A. 本案提单属于预借提单

B. 只有买方实际接收货物，卖方才有权依信用证请求银行付款

C. 若买方发现提单标明的装船时间是假的，有权向法院申请止付信用证项下的款项

D. 即使开证行已付款，法院也有权颁发止付令

⑥ 1701042

中国某公司进口了一批皮制品，信用证方式支付，以海运方式运输并投保了一切险。中国收货人持正本提单提货时发现货物已被他人提走。依相关司法解释和国际惯例，下列哪一选项是正确的？

A. 承运人应赔偿收货人因其无单放货造成的货物成本加利润损失

B. 因该批货物已投保一切险，故保险人应对货主赔偿无单放货造成的损失

C. 因货物已放予他人，收货人不再需要向卖方支付信用证项下的货款

D. 如交单人提交的单证符合信用证的要求，银行即应付款

⑦ 1601041

中国甲公司与法国乙公司订立了服装进口合同，信用证付款，丙银行保兑。货物由"铂丽"号承运，投保了平安险。甲公司知悉货物途中遇台风全损后，即通知开证行停止付款。依《海牙规则》、UCP600 及相关规则，下列哪一选项是正确的？

A. 承运人应承担赔偿甲公司货损的责任

B. 开证行可拒付，因货已全损

C. 保险公司应赔偿甲公司货物的损失

D. 丙银行可因开证行拒付而撤销其保兑

⑧ 2202049

中国甲公司与 H 国乙公司签订 CIF 合同进口货物，丙银行开立信用证，委托丁银行通知并保兑。货物由"瑞金"号承运，提单收货人一栏写明"凭指示"字样。货到目的港时正遇中国进口关税调整，甲公司额外支付 25% 的关税后收取货物。依

《海牙规则》、UCP600 及相关规则，下列哪一选项是正确的？

A. 本案提单交付即转让

B. 丁银行发现单单存在不符点，可自行决定联系甲公司征询是否接受不符点

C. 甲公司可就额外支付的关税向乙公司索赔

D. 丁银行可因丙银行破产而撤销其保兑

⑨ 2402091

中国的甲公司向某国的乙公司出口货物，约定适用 CIP 贸易术语，信用证方式支付，贸易金额为 4.1 亿元，甲乙约定若因履行合同发生纠纷由最高院国际商事法庭管辖。货物到港后乙公司发现部分损毁，查明因被钩破导致。根据《1980 年公约》及国际法相关规定，下列说法正确的是？

A. 货物被钩破的损失应由保险公司负责赔偿

B. 即使票据一致，乙公司也可以要求银行拒付

C. 乙公司可以拒绝收货

D. 甲乙无权选择国际商事法庭作为一审法院

【多选】

⑩ 2202052

中国菲比公司与法国莱茵公司签订 CFR 出口合同，约定信用证支付。货物分两批海上运输（运输合同均适用《海牙规则》），投保平安险。第一批货物在海运途中遭遇恶劣天气部分湿损，第二批因目的港疫情防控无法通关被保险公司推定全损。根据国际法相关规则和实践，下列说法正确的有哪些？

A. 承运人对第一批货物损失可免责

B. 保险公司应赔偿第一批货物的损失

C. 法国莱茵公司可以第二批货物全损为由通知银行止付

D. 法国莱茵公司可以将推定全损的货物委付给保险公司，保险公司可以接受也可以不接受

⑪ 1401080

中国甲公司与德国乙公司签订了出口红枣的合同，约定品质为二级，信用证方式支付。后因库存二级红枣缺货，甲公司自行改装一级红枣，虽发票

注明品质为一级，货价仍以二级计收。但在银行办理结汇时遭拒付。根据相关公约和惯例，下列哪些选项是正确的？

A．甲公司应承担交货不符的责任

B．银行应在审查货物的真实等级后再决定是否收单付款

C．银行可以发票与信用证不符为由拒绝收单付款

D．银行应对单据记载的发货人甲公司的诚信负责

【不定项】

⑫ 1802126

中国 A 公司（买方）和甲国 B 公司（卖方）签订设备进口合同，双方约定 DAT（即 DPU）贸易术语，已知中国和甲国都是《联合国国际货物销售合同公约》的缔约国，双方协议使用信用证支付方式，并由 C 公司承担运输工作。途中因恶劣天气致使设备全部毁损，根据国际经济法相关规则，下列说法错误的是？

A．作为卖方的甲国 B 公司有进行投保的义务，由保险公司承担损失

B．即使货物已经全部毁损，A 公司也需要向 B 公司支付货款

C．由于货物已经毁损灭失，因此 A 公司可以向银行通知停止支付信用证项下的款项

D．承运人 C 公司可免除货物毁损灭失的责任

二、模拟题

【多选】

⑬ 61907132

2018 年 7 月，中国 A 公司与日本 B 公司签订进口化妆品的合同，合同约定以信用证付款，信用证金额为 1000 万日元。货物装船后，日本公司凭借承运人开出的清洁提单向银行议付货款。在货物到达中国后，A 公司发现该批货物为假货，经检测机构鉴定后发现属实。对于本案，下列说法正确的是？

A．开证行若发现信用证存在不符点时，应当联系开证申请人

B．A 公司可以基于欺诈申请止付令

C．法院裁定终止支付

D．A 公司可以选择解除合同或者要求提供合同约定的货物

 ## 第四章
对外贸易管理制度

一、历年真题及仿真题

（一）反倾销措施

【单选】

① 2002150

我国轧钢产业向商务部申请对从甲国进口的轧钢进行反倾销调查，商务部终局裁定确定倾销成立，对国内轧钢产业造成损害，决定征收反倾销税。根据我国相关法律规定，下列哪一选项是正确的？

A．反倾销税的纳税人应该是甲国轧钢出口商

B．我国振华公司认为其已经缴纳的反倾销税款超过倾销幅度，可以向商务部申请退税

C．针对商务部的终局裁定，甲国轧钢出口商必须先申请复审，对复审决定不服才能提起行政诉讼

D．针对商务部的终局裁定，甲国轧钢出口商只能申请行政复议，无权向人民法院提起行政诉讼

② 1902125

根据《反倾销条例》，下列说法正确的有？

A．进行反倾销调查时，若利害关系方不如实反映情况，商务部可不予处理

B．商务部认为有必要出境调查时，须通过司法协助途径

C．商务部有权建议但不可强制出口经营者作出价

格承诺

D. 终裁决定确定的反倾销税高于临时反倾销税的，差额部分应予征收

③ 1701043

甲、乙、丙三国生产卷钢的企业以低于正常价值的价格向中国出口其产品，代表中国同类产业的8家企业拟向商务部申请反倾销调查。依我国《反倾销条例》，下列哪一选项是正确的？

A. 如支持申请的国内生产者的产量不足国内同类产品总产量25%的，不得启动反倾销调查

B. 如甲、乙、丙三国的出口经营者不接受商务部建议的价格承诺，则会妨碍反倾销案件的调查和确定

C. 反倾销税的履行期限是5年，不得延长

D. 终裁决定确定的反倾销税高于已付的临时反倾销税的，差额部分应予补交

④ 1601042

应国内化工产业的申请，中国商务部对来自甲国的某化工产品进行了反倾销调查。依《反倾销条例》，下列哪一选项是正确的？

A. 商务部的调查只能限于中国境内

B. 反倾销税税额不应超过终裁确定的倾销幅度

C. 甲国某化工产品的出口经营者必须接受商务部有关价格承诺的建议

D. 针对甲国某化工产品的反倾销税征收期限为5年，不得延长

⑤ 1401042

甲乙丙三国企业均向中国出口某化工产品，2010年中国生产同类化工产品的企业认为进口的这一化工产品价格过低，向商务部提出了反倾销调查申请。根据相关规则，下列哪一选项是正确的？

A. 反倾销税税额不应超过终裁决定确定的倾销幅度

B. 反倾销税的纳税人为倾销进口产品的甲乙丙三国企业

C. 商务部可要求甲乙丙三国企业作出价格承诺，否则不能进口

D. 倾销进口产品来自两个以上国家，即可就倾销进口产品对国内产业造成的影响进行累积评估

⑥ 1201041

部分中国企业向商务部提出反倾销调查申请，要求对原产于某国的某化工原材料进口产品进行相关调查。经查，商务部终局裁定确定倾销成立，决定征收反倾销税。根据我国相关法律规定，下列哪一说法是正确的？

A. 构成倾销的前提是进口产品对我国化工原材料产业造成了实质损害，或者产生实质损害威胁

B. 对不同出口经营者应该征收同一标准的反倾销税税额

C. 征收反倾销税，由国务院关税税则委员会做出决定，商务部予以执行

D. 与反倾销调查有关的对外磋商、通知和争端事宜由外交部负责

⑦ 1101042

甲、乙、丙中国企业代表国内某食品原料产业向商务部提出反倾销调查申请，要求对原产于A国、B国、C国的该原料进行相关调查。经查，商务部终局裁定确定倾销成立，对国内产业造成损害，决定征收反倾销税。根据我国相关法律规定，下列哪一说法是正确的？

A. 反倾销税的纳税人是该原料的出口经营者

B. 在反倾销调查期间，商务部可以建议进口经营者作出价格承诺

C. 终裁决定确定的反倾销税额高于已付或应付临时反倾销税或担保金额的，差额部分不予征收

D. 终裁决定确定的反倾销税额低于已付或应付临时反倾销税或担保金额的，差额部分不予退还

【多选】

⑧ 2002152

甲国艾尔公司向中国出口某类商品，因价格过低涉嫌倾销被中国商务部调查，甲国艾尔公司向商务部作出价格承诺。根据我国相关法律规定，下列哪些选项是正确的？

A. 若甲国艾尔公司违反其价格承诺，则商务部可以立即决定恢复反倾销调查

B. 若商务部拒绝甲国艾尔公司的价格承诺，应当说明理由

解析页码
068—069

053

C. 甲国艾尔公司在针对商务部的反倾销终局裁定提起的行政诉讼中对主张事实负有举证责任

D. 甲国艾尔公司不得就商务部的价格承诺复审决定提起行政诉讼

（二）反补贴措施

【单选】

9 `2402094`

甲公司是乙国国际机场产业区的企业，我国拟对其进行反补贴调查。根据我国《反补贴条例》，下列行为中不构成专向性补贴的是？

A. 乙国政府给某首都产业园区内的企业以补贴

B. 乙国政府出资修往国际机场的高速公路

C. 乙国政府明确给予某特殊名单内企业的补贴

D. 乙国政府以企业的出口实绩为条件给予补贴

【多选】

10 `2202054`

部分中国企业向商务部提出反补贴调查申请，要求对原产于甲乙丙三国的某种食品原料进行反补贴调查。根据我国相关法律规定，下列说法正确的有哪些？

A. 如支持申请的国内生产者的产量不足国内同类产品总产量 25% 的，不得启动反补贴调查

B. 因反补贴调查涉及甲乙丙三个国家，不得就补贴进口产品对国内产业造成的影响进行累积评估

C. 甲乙丙国出口商对商务部追溯征收反补贴税的决定不服的，可以向人民法院提起诉讼

D. 我国法院可以违反法定程序为由撤销商务部作出的追溯征收反补贴税的终局裁定

11 `1401082`

根据《中华人民共和国反补贴条例》，下列哪些选项属于补贴？

A. 出口国政府出资兴建通向口岸的高速公路

B. 出口国政府给予企业的免税优惠

C. 出口国政府提供的贷款

D. 出口国政府通过向筹资机构付款，转而向企业提供资金

（三）保障措施

【单选】

12 `1301044`

根据《中华人民共和国保障措施条例》，下列哪一说法是不正确的？

A. 保障措施中"国内产业受到损害"，是指某种进口产品数量增加，并对生产同类产品或直接竞争产品的国内产业造成严重损害或严重损害威胁

B. 进口产品数量增加指进口数量的绝对增加或与国内生产相比的相对增加

C. 终裁决定确定不采取保障措施的，已征收的临时关税应当予以退还

D. 保障措施只应针对终裁决定作出后进口的产品实施

13 `1101041`

进口到中国的某种化工材料数量激增，其中来自甲国的该种化工材料数量最多，导致中国同类材料的生产企业遭受实质损害。根据我国相关法律规定，下列哪一选项是正确的？

A. 中国有关部门启动保障措施调查，应以国内有关生产者申请为条件

B. 中国有关部门可仅对已经进口的甲国材料采取保障措施

C. 如甲国企业同意进行价格承诺，则可避免被中国采取保障措施

D. 如采取保障措施，措施针对的材料范围应当与调查范围相一致

（四）综合知识点

【单选】

14 `1501043`

进口中国的某类化工产品 2015 年占中国的市场份额比 2014 年有较大增加，经查，两年进口总量虽持平，但仍给生产同类产品的中国产业造成了严重损害。依我国相关法律，下列哪一选项是正确的？

解析页码

069—071

A. 受损害的中国国内产业可向商务部申请反倾销调查

B. 受损害的中国国内产业可向商务部提出采取保障措施的书面申请

C. 因为该类化工产品的进口数量并没有绝对增加，故不能采取保障措施

D. 该类化工产品的出口商可通过价格承诺避免保障措施的实施

15 `2302002`

中国前锋公司与甲国科德公司出售精密仪器（出口管制物项），分两批发货，采用 CIP 术语（国际贸易术语 2020）。第一批交货后，前锋公司发现科德公司在其他交易中出现资金链断裂的情况，遂在通知对方后中止了第二批货物的交付。中国和甲国均为《联合国国际货物销售合同公约》的缔约国。对此，下列哪一选项正确？

A. 如科德公司提供充分保证，则前锋公司应继续履行第二批货物的交付义务

B. 因双方约定承运人装货后向前锋公司签发已装船提单，故前锋公司应在装运港完成交货

C. 前锋公司已为精密仪器申请了出口许可，科德公司的转卖不受约束

D. 前锋公司在 CIP 术语下应投保平安险

16 `2202050`

中国上海甲公司与 M 国乙公司签订 CFR 合同，出口某种出口管制清单所列的两用物项，双方约定货物运输前存放在甲公司位于上海的 B231 仓库，乙公司为该批货物最终用户。根据国际经济法的相关规则和实践，下列哪一选项是正确的？

A. 上海的 B231 仓库为该批货物的交货地点

B. 中国甲公司应为该批货物的出口申请许可

C. 乙公司应当为该批货物投保平安险

D. 乙公司收到货物后可自行转卖给第三方

17 `2102041`

中国云海公司向某国的哈瑞公司出口一批与两用物项相关的精密设备，合同选用《2020 年国际贸易术语解释通则》的 CIF 术语，信用证支付，信用证中注明"暂不生效，待进口许可证签发后生效"。根据《中华人民共和国出口管制法》与信用证规则，下列哪一选项是正确的？

A. 因为是精密设备，故云海公司有义务投保最高险种

B. 信用证为云海公司顺利结汇提供了充分的保证

C. 若该设备被列入出口管制清单，则未经中国相关部门许可，作为最终用户的哈瑞公司不得擅自改变该设备的最终用途或向第三方转让

D. 若中国云海公司未在出口管制清单中查到该设备，则可以直接出口

【多选】

18 `2102032`

中国人杨某和甲公司都从事某种商品的出口，该种商品在国外颇受欢迎销量可观。后该种商品被列入我国出口管制清单，根据《对外贸易法》和《出口管制法》的相关规定，下列哪些选项是正确的？

A. 杨某作为个人不能从事对外贸易活动

B. 甲公司只有经有关部门审批方能从事对外贸易活动

C. 该种商品出口应申领出口许可证

D. 外国进口商不能擅自改变该种进口商品的最终用途

二、模拟题

【单选】

19 `62107037`

根据我国的《反补贴条例》《保障措施条例》和《出口管制法》，下列说法正确的是？

A. 商务部在确定某项产品是否存在补贴时，必须证明出口国政府直接向该产业提供了现金资助

B. 保障措施一旦实施，在实施期限内不得改变

C. 出口管制的对象限于有形货物、无形的技术和服务

D. 反补贴税税额不得超过终裁决定确定的补贴金额

20 `62207047`

由于某种进口的化工产品 2022 年占中国的市场份额比 2021 年有较大增加，给生产同类产品的中国

产业造成了严重损害。代表国内产业的申请人向商务部提起了保障措施调查。根据我国《保障措施条例》，下列说法正确的是？

A. 如该进口化工产品的数量没有绝对增加，则不能采取保障措施

B. 如情况紧急可采取提高关税或数量限制的临时保障措施

C. 保障措施的实施期限不得超过 4 年，符合条件的可以延长到 10 年

D. 保障措施的实施期限超过 2 年的，应在实施期间内按固定时间间隔逐步放宽

【多选】

21 62107049

中国甲军工企业与德国乙企业签订合同出口一批军品，采用 FCA 术语，并约定若合同履行发生纠纷，适用中国法解决。为了运输安全，双方还在运输义务和费用中加入与安全有关的要求。根据《2020 年通则》《1980 年公约》和我国相关法律的规定，下列说法正确的是？

A. FCA 术语要求该军品的运输使用第三方承运人

B. 选择适用中国法解决纠纷将完全排除公约的适用

C. 甲企业有义务取得军品出口专营资格和军品出口许可证

D. 运输义务和费用中加入与安全有关的要求，费用由乙企业承担

参考答案

[1] B	[2] C	[3] A	[4] B	[5] A
[6] A	[7] C	[8] AB	[9] B	[10] ACD
[11] BCD	[12] D	[13] D	[14] B	[15] A
[16] B	[17] C	[18] CD	[19] D	[20] C
[21] BCD				

第五章 WTO 法律制度

一、历年真题及仿真题

（一）WTO 基本原则

【不定项】

1 1401100

甲乙丙三国为世界贸易组织成员，丁国不是该组织成员。关于甲国对进口立式空调和中央空调的进口关税问题，根据《关税与贸易总协定》，下列违反最惠国待遇的做法是？

A. 甲国给予来自乙国的立式空调和丙国的中央空调以不同的关税

B. 甲国给予来自乙国和丁国的立式空调以不同的进口关税

C. 因实施反倾销措施，导致从乙国进口的立式空调的关税高于从丙国进口的

D. 甲国给予来自乙丙两国的立式空调以不同的关税

（二）WTO 重要协议

【单选】

2 1501044

为了促进本国汽车产业，甲国出台规定，如生产的汽车使用了 30% 国产零部件，即可享受税收减免的优惠。依世界贸易组织的相关规则，关于该规定，下列哪一选项是正确的？

A. 违反了国民待遇原则，属于禁止使用的与贸易有关的投资措施

B. 因含有国内销售的要求，是扭曲贸易的措施

C. 有贸易平衡的要求，属于禁止的数量限制措施

D. 有外汇平衡的要求，属于禁止的投资措施

3 1301042

根据世界贸易组织《服务贸易总协定》，下列哪一选项是正确的？

解析页码
073

A．协定适用于成员方的政府服务采购

B．中国公民接受国外某银行在中国分支机构的服务属于协定中的境外消费

C．协定中的最惠国待遇只适用于服务产品而不适用于服务提供者

D．协定中的国民待遇义务，仅限于列入承诺表的部门

④ 1201040

《服务贸易总协定》规定了服务贸易的方式，下列哪一选项不属于协定规定的服务贸易？

A．中国某运动员应聘到美国担任体育教练

B．中国某旅行公司组团到泰国旅游

C．加拿大某银行在中国设立分支机构

D．中国政府援助非洲某国一笔资金

【多选】

⑤ 2402095

甲乙两国均为WTO成员国，甲国认为乙国的一些投资行为构成《与贸易有关的投资措施协议》（TRIMs）中禁止使用的投资措施。依据相关规则，下列哪些行为属于TRIMs协议中禁止使用的投资措施？

A．乙国要求将企业进口所使用的外汇限制在与该企业流入外汇相当的水平

B．乙国要求企业在生产过程中必须使用40%的当地生产的配件

C．乙国要求在合资企业中，外商投资的比例不低于20%

D．乙国要求企业将其进口产品的数量和价值限制在与其出口的当地产品相当的水平

⑥ 1902131

《与贸易有关的投资措施协议》，简称TRIMs协议，是WTO第一次就涉及国际投资的问题达成的贸易协议，甲乙丙三国均为WTO成员，下列关于该协议的说法正确的有？

A．甲国要求外国投资企业购买或使用进口产品的数量或金额不能大于其出口当地产品的数量或金额，构成该协议禁止采用的投资措施

B．乙国要求企业可使用的外汇必须限制在与该企业外汇流入相关的水平，构成该协议禁止采用

的投资措施

C．丙国要求企业必须购买当地原材料进行生产，构成该协议禁止采用的投资措施

D．该协议适用于与货物贸易、服务贸易、知识产权贸易有关的投资措施

（三）WTO争端解决机制

【单选】

⑦ 1902124

根据WTO规则，下列关于WTO争端解决机制的说法正确的有？

A．磋商是成立专家组之前的必经程序

B．对争端方没有提出的主张，专家组不能作出裁决，除非相关专家提出了该种主张

C．上诉机构有权将案件发回专家组重审

D．争端解决机构一致同意，专家组的报告才能通过

⑧ 1301043

关于世界贸易组织争端解决机制的表述，下列哪一选项是不正确的？

A．磋商是争端双方解决争议的必经程序

B．上诉机构为世界贸易组织争端解决机制中的常设机构

C．如败诉方不遵守争端解决机构的裁决，申诉方可自行采取中止减让或中止其他义务的措施

D．申诉方在实施报复时，中止减让或中止其他义务的程度和范围应与其所受到的损害相等

⑨ 1201042

甲、乙均为世界贸易组织成员国。乙称甲关于影像制品的进口管制违反国民待遇原则，为此向世界贸易组织提出申诉，并经专家组和上诉机构审理。对此，下列哪一选项是正确的？

A．甲、乙磋商阶段达成的谅解协议，可被用于后续争端解决审理

B．专家组可对未在申请书中指明的诉求予以审查

C．上诉机构可将案件发回专家组重审

D．上诉案件由上诉机构7名成员中3人组成合议庭审理

解析页码

074—075

（四）综合知识点

【单选】

⑩ `1802038`

甲国多家出口企业在中国被终裁具有倾销行为，并被征收了反倾销税，现这些出口企业欲寻求相关法律救济。已知甲国和中国均为 WTO 成员方，那么下列哪一项说法是错误的？

A. 甲国出口企业可以在中国提起对中国政府征税行为的行政诉讼

B. 甲国政府可以直接向中国政府提起外交保护

C. 甲国政府可以在 WTO 起诉中国政府违反其承担的 WTO 相关义务

D. 若甲国证明中国违反 WTO 协议并胜诉，中国应废除或修改有关措施

【多选】

⑪ `1501080`

甲、乙、丙三国均为世界贸易组织成员，甲国对进口的某类药品征收 8% 的国内税，而同类国产药品的国内税为 6%。针对甲国的规定，乙、丙两国向世界贸易组织提出申诉，经裁决甲国败诉，但其拒不执行。依世界贸易组织的相关规则，下列哪些选项是正确的？

A. 甲国的行为违反了国民待遇原则

B. 乙、丙两国可向上诉机构申请强制执行

C. 乙、丙两国经授权可以对甲国采取中止减让的报复措施

D. 乙、丙两国的报复措施只限于在同种产品上使用

⑫ `1701080`

甲、乙、丙三国均为 WTO 成员国，甲给予乙国进口丝束的配额，但没有给予丙国配额，而甲国又是国际上为数不多消费丝束产品的国家。为此，丙国诉诸 WTO 争端解决机制。依相关规则，下列哪些选项是正确的？

A. 丙国生产丝束的企业可以甲国违反最惠国待遇为由起诉甲国

B. 甲、丙两国在成立专家组之前必须经过"充分性"的磋商

C. 除非争端解决机构一致不通过相关争端解决报告，该报告即可通过

D. 如甲国败诉且拒不执行裁决，丙国可向争端解决机构申请授权对甲国采取报复措施

⑬ `2202053`

甲乙两国企业均向中国出口某化工产品，国内相关产业认为进口的化工产品价格过低，向商务部提出了反倾销调查申请。商务部终局裁定确定倾销成立，决定征收反倾销税。中国和甲乙两国均为 WTO 成员，下列哪些选项是正确的？

A. 商务部可以就甲乙两国倾销进口产品对国内产业造成的影响分别调查评估

B. 对甲乙两国不同出口经营者应该征收同一标准的反倾销税税额

C. 中国进口经营者对商务部征收反倾销税的终局裁定不服的，可以提起行政诉讼

D. 甲乙两国出口经营者对商务部征收反倾销税的终局裁定不服的，可以诉诸 WTO 争端解决

⑭ `2102033`

甲乙两国均为 WTO 成员，甲国针对乙国的某种商品采取了反倾销措施，乙国以甲国反倾销措施违反 WTO 协议为由诉至 WTO 争端解决机构。根据国际经济法的相关规则，下列哪些选项是正确的？

A. 反倾销措施是针对进口产品数量增加而采取的贸易救济措施

B. 对争端方没有提出的主张，WTO 专家组无权审理

C. 争端解决机构审理争端时应适用 WTO 相关规则

D. 若争端解决机构裁决支持了甲国，有权直接撤销乙国的倾销措施

⑮ `2102042`

中国某产业认为甲国出口到中国的某商品构成政府补贴，侵害了中国企业的利益，提出反补贴调查申请。商务部终局裁定采取反补贴措施，下列哪些选项是正确的？

A. 该项政府补贴应具有专向性

B. 对于甲国出口商在行政诉讼中提供的在反补贴

调查中无正当理由拒不提供的证据，人民法院不予采纳

C. 甲国出口商对商务部的终局裁定不服，可以提交 WTO 争端解决机构

D. 甲国出口商对商务部的终局裁定不服，可以申请复议，也可以向法院提起诉讼

二、模拟题

【多选】

16 `61907152`

关于 WTO 争端解决的规则，下列说法正确的有？

A. 磋商是 WTO 争端解决必经的前置程序

B. WTO 专家组成员是非固定的人员，由当事方选择产生，而上诉机构的人员则是相对固定的人员

C. WTO 上诉机构无权对争端双方的争议事实作出重新认定或者查明

D. 如败诉方不遵守争端解决机构的裁决，争端他方将获权进行交叉报复

【不定项】

17 `62207048`

甲乙两国疫情爆发，丙国对来自甲国的水产品设置了严格的检验程序，但对乙国的同类水产品则放松进口检验限制引起了甲国不满。甲乙丙三国均是 WTO 成员国，乙国将该纠纷诉至 WTO 争端解决机构。对此，下列选项正确的是？

A. 丙国的区别待遇行为违反了国民待遇原则

B. 甲乙丙三国需要经过充分性的磋商才能设立专家组

C. 若不服专家组发布的报告 60 天内可上诉

D. 上诉机构是非常设机构，在纠纷上诉时确定组成人员审理且只能审法律问题

参考答案

[1]D	[2]A	[3]D	[4]D	[5]ABD
[6]ABC	[7]A	[8]C	[9]D	[10]B
[11]AC	[12]CD	[13]AC	[14]BC	[15]ABD
[16]ABCD	[17]C			

第六章
国际经济法其他领域

一、历年真题及仿真题

（一）国际知识产权法

【单选】

1 `2002148`

甲国 A 公司研发的尾气净化器在甲国获得了发明专利权。B 公司在乙国仿制 A 公司的尾气净化器，C 公司生产装载了 B 公司尾气净化器的客车并在乙国销售。D 公司购买了 C 公司生产的客车用于甲乙两国之间的旅客运输，E 公司将 C 公司生产的客车进口到甲国，但尚未出售。甲乙两国都是《保护工业产权巴黎公约》和 WTO 的成员国，若上述行为均未经 A 公司许可，哪一种行为侵犯了 A 公司的专利权？

A. B 公司的行为

B. C 公司的行为

C. D 公司的行为

D. E 公司的行为

2 `2002147`

甲国和中国均为《保护工业产权巴黎公约》缔约国，甲国阿尔斯公司发明一种环保涂料，于 2018 年 12 月 1 日在甲国提出了专利申请，并自 2019 年初开始在中国销售该种涂料。中国仙林公司发明了同样的环保涂料，于 2019 年 12 月 10 日向中国有关机关提出了专利申请。下列哪一选项是正确的？

A. 仙林公司无权就该种涂料在中国申请专利

B. 若仙林公司获得专利授权，阿尔斯公司继续在中国销售该种涂料，应经仙林公司授权

C. 仙林公司若在中国销售该种涂料，应经阿尔斯公司授权

D. 因阿尔斯公司申请在先，仙林公司专利权应该被宣告无效

3 1701044

甲国人迈克在甲国出版著作《希望之路》后 25 天内，又在乙国出版了该作品，乙国是《保护文学和艺术作品伯尔尼公约》缔约国，甲国不是。依该公约，下列哪一选项是正确的？

A. 因《希望之路》首先在非缔约国出版，不能在缔约国享受国民待遇

B. 迈克在甲国出版《希望之路》后 25 天内在乙国出版，仍然具有缔约国的作品国籍

C. 乙国依国民待遇为该作品提供的保护需要迈克履行相应的手续

D. 乙国对该作品的保护有赖于其在甲国是否受保护

4 1601043

中国甲公司与德国乙公司签订了一项新技术许可协议，规定在约定期间内，甲公司在亚太区独占使用乙公司的该项新技术。依相关规则，下列哪一选项是正确的？

A. 在约定期间内，乙公司在亚太区不能再使用该项新技术

B. 乙公司在全球均不能再使用该项新技术

C. 乙公司不能再将该项新技术允许另一家公司在德国使用

D. 乙公司在德国也不能再使用该项新技术

5 1401043

甲国人柯里在甲国出版的小说流传到乙国后出现了利用其作品的情形，柯里认为侵犯了其版权，并诉诸乙国法院。尽管甲乙两国均为《伯尔尼公约》的缔约国，但依甲国法，此种利用作品不构成侵权，另外，甲国法要求作品要履行一定的手续才能获得保护。根据相关规则，下列哪一选项是正确的？

A. 柯里须履行甲国法要求的手续才能在乙国得到版权保护

B. 乙国法院可不受理该案，因作品来源国的法律不认为该行为是侵权

C. 如该小说在甲国因宗教原因被封杀，乙国仍可予以保护

D. 依国民待遇原则，乙国只能给予该作品与甲国

相同水平的版权保护

6 1301041

2011 年 4 月 6 日，张某在广交会上展示了其新发明的产品，4 月 15 日，张某在中国就其产品申请发明专利（后获得批准）。6 月 8 日，张某在向《巴黎公约》成员国甲国申请专利时，得知甲国公民已在 6 月 6 日向甲国就同样产品申请专利。下列哪一说法是正确的？

A. 如张某提出优先权申请并加以证明，其在甲国的申请日至少可以提前至 2011 年 4 月 15 日

B. 2011 年 4 月 6 日这一时间点对张某在甲国以及《巴黎公约》其他成员国申请专利没有任何影响

C. 张某在中国申请专利已获得批准，甲国也应当批准他的专利申请

D. 甲国不得要求张某必须委派甲国本地代理人代为申请专利

【多选】

7 2202055

经常居住地在甲国的甲国人汉斯创作的小说《云游》在乙国首次出版，在丙国被侵权维权胜诉。甲乙丙均为 WTO 成员，甲国不是《伯尔尼公约》缔约国，乙丙两国是《伯尔尼公约》的缔约国，但乙国在加入公约时声明不保护著作权的精神权利。根据上述公约，下列哪些判断是正确的？

A. 依据 WTO 的 TRIPS 协议，汉斯在丙国的胜诉判决效力及于所有 WTO 成员

B. 虽然甲国不是《伯尔尼公约》的缔约国，但《云游》仍可在乙丙两国享有著作权保护

C. 丙国应给予《云游》不低于国民待遇的著作权保护

D. 依 TRIPS 的最惠国待遇原则，乙国应给予《云游》与甲国相同水平的著作权保护

8 2102040

中国甲公司为牙膏生产公司，为其"芳芳"牙膏向英国与俄罗斯申请"FANG FANG"商标，因英语"FANG"含有毒牙的意思，故英国不予注册，

解析页码
077—079

俄罗斯给予了注册。根据WTO的《与贸易有关的知识产权协定》(TRIPS)，关于英俄两国的不同做法，下列哪些选项是错误的？

A. 违反了平等原则

B. 违反了国民待遇原则

C. 违反了最惠国待遇原则

D. 知识产权独立性原则影响了甲公司商标在不同国家的注册

9 `1501081`

香槟是法国地名，中国某企业为了推广其葡萄酒产品，拟为该产品注册"香槟"商标。依《与贸易有关的知识产权协议》，下列哪些选项是正确的？

A. 只要该企业有关"香槟"的商标注册申请在先，商标局就可以为其注册

B. 如该注册足以使公众对该产品的来源误认，则应拒绝注册

C. 如该企业是在利用香槟这一地理标志进行暗示，则应拒绝注册

D. 如允许来自法国香槟的酒产品注册"香槟"的商标，而不允许中国企业注册该商标，则违反了国民待遇原则

(二) 国际投资法

【单选】

10 `1601044`

甲国T公司与乙国政府签约在乙国建设自来水厂，并向多边投资担保机构投保。依相关规则，下列哪一选项是正确的？

A. 乙国货币大幅贬值造成T公司损失，属货币汇兑险的范畴

B. 工人罢工影响了自来水厂的正常营运，属战争内乱险的范畴

C. 乙国新所得税法致T公司所得税增加，属征收和类似措施险的范畴

D. 乙国政府不履行与T公司签订的合同，乙国法院又拒绝受理相关诉讼，属政府违约险的范畴

11 `1201043`

甲、乙均为《解决国家和他国公民间投资争端公

约》缔约国。甲国A公司拟将与乙的争端提交根据该公约成立的解决国际投资争端中心。对此，下列哪一选项是不正确的？

A. 该中心可根据A公司的单方申请对该争端行使管辖权

B. 该中心对该争端行使管辖权，须以A公司和乙书面同意为条件

C. 如乙没有特别规定，该中心对争端享有管辖权不以用尽当地救济为条件

D. 该中心对该争端行使管辖权后，可依争端双方同意的法律规则作出裁决

【多选】

12 `1802079`

甲国某公司要到乙国投资建设一个垃圾处理厂，并与乙国政府签订了垃圾处理合同，后乙国因为环境政策的改变增加了环境保护税。乙国政府遂以该合同履行不再具有经济意义为由拒绝履行该合同。现该公司寻求相关的法律救济措施，根据多边投资担保机制，以下说法正确的有哪些？

A. 乙国政府的做法属于政府违约行为

B. 乙国政府的行为属于征收或类似措施行为

C. 如果该公司寻求多边投资担保机构进行理赔，应以用尽乙国当地救济为前提条件

D. 如果多边投资担保机构进行理赔后，可以直接向乙国政府主张代位求偿

【不定项】

13 `1401099`

甲国公司在乙国投资建成地热公司，并向多边投资担保机构投了保。1993年，乙国因外汇大量外流采取了一系列的措施，使地热公司虽取得了收入汇出批准书，但仍无法进行货币汇兑并汇出，甲公司认为已发生了禁兑风险，并向投资担保机构要求赔偿。根据相关规则，下列选项正确的是：

A. 乙国中央银行已批准了货币汇兑，不能认为发生了禁兑风险

B. 消极限制货币汇兑也属于货币汇兑险的范畴

C. 乙国应为发展中国家

法考题库系列·客观严选4000好题——三国法客观·严选好题（题集）

D. 担保机构一经向甲公司赔付，即代位取得向东道国的索赔权

（三）国际融资法

【单选】

14 1802121

我国某地方政府为引进外国L公司的投资作出了一些承诺并为此出具了意愿书。L公司为完成投资项目，由我国甲银行作为牵头银行为L公司组织了银团贷款。后因政策改变，L公司的投资项目不能履行。根据国际经济法的相关规则和实践，下列哪项判断是正确的？

A. 我国某地方政府应对其提供的意愿书承担法律责任

B. 银团内各个贷款银行应相互承担连带责任

C. 应当由甲银行和L公司单独签订贷款合同

D. 可以由银团内各个贷款银行与L公司签订贷款合同

15 1802036

中国某工程公司在甲国承包了一项工程，中国某银行对甲国的发包方出具了见索即付的保函，后甲国发包方以中国公司违约为由向中国某银行要求支付保函上的款项，遭到拒绝，遂诉至人民法院。关于本案，根据相关法律和司法解释，以下说法正确的是哪项？

A. 如果该工程承包公司是我国政府独资的国有企业，则银行可以此为由拒绝向受益人付款

B. 中国某银行可以主张保函受益人先向中国承包公司主张求偿，待其拒绝后再履行保函义务

C. 中国某银行应先对施工合同进行实质性审查，方可决定是否履行保函义务

D. 如甲国发包方提交的书面文件与保函要求相符，中国某银行应承担付款责任

【多选】

16 2202056

中国甲工程公司在中亚H国承包了一项工程，中国乙银行对发包方H国丙公司出具了独立保函。后H国丙公司以中国甲公司违约为由向中国乙银行要求支付保函款项遭到拒绝。根据我国相关法

律规定，下列哪些选项是正确的？

A. 中国乙银行主张保函性质为《民法典》中一般保证的，法院不予支持

B. 中国乙银行和H国丙公司的保函纠纷应适用H国法律

C. 只要H国丙公司提交的单据与独立保函条款、单据与单据之间表面相符，乙银行就须承担付款义务

D. 若工程承包合同中有仲裁条款，我国法院对独立保函纠纷就没有管辖权

17 1902132

中国甲公司与某国乙公司签订一项买卖合同，合同中约定了仲裁条款，为保障付款，甲公司向中国银行申请开立了以乙公司为受益人的独立保函，后因该保函履行引发纠纷，乙公司将中国银行诉至某人民法院。根据中国相关法律和司法解释，下列说法正确的有？

A. 本案可以向中国银行住所地法院提起诉讼

B. 买卖合同中的仲裁条款可以排除法院对本案保函纠纷的管辖权

C. 中国银行可以乙公司根本违反买卖合同为由，拒绝向其付款

D. 中国银行主张该案适用民法典关于一般保证的规定，法院不应支持

18 1701082

中国甲公司在承担中东某建筑工程时涉及一系列分包合同和买卖合同，并使用了载明适用《见索即付保函统一规则》的保函。后涉及保函的争议诉至中国某法院。依相关司法解释，下列哪些选项是正确的？

A. 保函内容中与《见索即付保函统一规则》不符的部分无效

B. 因该保函记载了某些对应的基础交易，故该保函争议应适用我国《民法典》有关保证的规定

C. 只要受益人提交的单据与独立保函条款、单据与单据之间表面相符，开立人就须独立承担付款义务

D. 单据与独立保函条款之间表面上不完全一致，

解析页码
080—081

062

但并不导致相互之间产生歧义的，仍应认定构成表面相符

⑲ 1601081

在一国际贷款中，甲银行向贷款银行乙出具了备用信用证，后借款人丙公司称贷款协议无效，拒绝履约。乙银行向甲银行出示了丙公司的违约证明，要求甲银行付款。依相关规则，下列哪些选项是正确的？

A. 甲银行必须对违约的事实进行审查后才能向乙银行付款

B. 备用信用证与商业跟单信用证适用相同的国际惯例

C. 备用信用证独立于乙银行与丙公司的国际贷款协议

D. 即使该国际贷款协议无效，甲银行仍须承担保证责任

⑳ 1101082

甲国公司承担乙国某工程，与其签订工程建设合同。丙银行为该工程出具见索即付的保函。后乙国发生内战，工程无法如期完工。对此，下列哪些选项是正确的？

A. 丙银行对该合同因战乱而违约的事实进行实质审查后，方履行保函义务

B. 因该合同违约原因是乙国内战，丙银行可以此为由不履行保函义务

C. 丙银行出具的见索即付保函独立于该合同，只要违约事实出现即须履行保函义务

D. 保函被担保人无须对甲国公司采取各种救济方法，便可直接要求丙银行履行保函义务

（四）国际税收法

【单选】

㉑ 1902123

中国和新加坡都接受了《金融账户信息自动交换标准》中的"共同申报准则"（CRS），定居在中国的王某在新加坡银行和保险机构均有账户，同时还在新加坡拥有房产和收藏品等，下列哪项判断是正确的？

A. 王某可因自己为巴拿马国籍，要求新加坡不向中国报送其在新加坡的金融账户信息

B. 如中国未提供正当理由，新加坡无须向中国报送王某的金融账户信息

C. 新加坡可不向中国报送王某在特定保险机构的账户信息

D. 新加坡可不向中国报送王某在新加坡的房产和收藏品信息

㉒ 1401044

甲国人李某长期居住在乙国，并在乙国经营一家公司，在甲国则只有房屋出租。在确定纳税居民的身份上，甲国以国籍为标准，乙国以住所和居留时间为标准。根据相关规则，下列哪一选项是正确的？

A. 甲国只能对李某在甲国的房租收入行使征税权，而不能对其在乙国的收入行使征税权

B. 甲乙两国可通过双边税收协定协调居民税收管辖权的冲突

C. 如甲国和乙国对李某在乙国的收入同时征税，属于国际重叠征税

D. 甲国对李某在乙国经营公司的收入行使的是所得来源地税收管辖权

【多选】

㉓ 2102036

甲国人王小明长期与家人居住在中国，因海外多国的业务往返于世界各地。王小明在乙国有存款账户和托管账户，在丙国有房产，房产内有珠宝和艺术品。中国与甲乙丙国均已确认了共同申报准则（CRS）实施税务信息交换。根据CRS与我国税法的规定，下列哪些选项是正确的？

A. 因为王小明是甲国人，中国对其无税收管辖权

B. 王小明在乙国的存款账户和托管账户均需申报给中国

C. 王小明在丙国的房产珠宝艺术品无须申报给中国

D. 乙国应当根据中国的请求，才能提供王小明的相关税务信息

24 `1501082`

为了完成会计师事务所交办的涉及中国某项目的财务会计报告，永居甲国的甲国人里德来到中国工作半年多，圆满完成报告并获得了相应的报酬。依相关法律规则，下列哪些选项是正确的？

A. 里德是甲国人，中国不能对其征税

B. 因里德在中国停留超过了 183 天，中国对其可从源征税

C. 如中国已对里德征税，则甲国在任何情况下均不得对里德征税

D. 如里德被甲国认定为纳税居民，则应对甲国承担无限纳税义务

（五）综合知识点

【单选】

25 `2202051`

甲国某公司与乙国政府签订到乙国投资建厂的协议，协议约定履约争端应提交国际投资争端解决中心 (ICSID)，后乙国以国内经济政策变化为由拒不履行投资协议，下列哪一选项正确？

A. 因乙国政府不履行投资协议，甲国可以直接行使外交保护

B. 如乙国没有特别规定，ICSID 对争端享有管辖权不以用尽当地救济为条件

C. ICSID 可因投资东道国对争端解决没有法律规定或法律规定不明暂不作出裁决

D. 若对 ICSID 裁决不服，可向国际法院上诉

【多选】

26 `2002153`

甲国 A 公司在乙国投资设立 B 公司，并就该投资项目向多边投资担保机构投保货币汇兑险。A 公司的某项产品发明在甲国首次申请专利后，又在乙国提出同一主题的专利申请，同时要求获得优先权保护。甲乙两国都是《多边投资担保机构公约》和《保护工业产权巴黎公约》的缔约国，下列哪些判断是正确的？

A. 乙国应为发展中国家

B. 乙国的外汇管制是商业风险，不属于货币汇兑险的承保范围

C. 乙国有权要求 A 公司委派乙国境内的本地专利代理机构申请专利

D. 即使 A 公司在甲国的专利申请被驳回，也不影响其在乙国申请的优先权

27 `1701081`

甲国惊奇公司的创新科技产品经常参加各类国际展览会，该公司向乙国的投资包含了专利转让，甲、乙两国均为《巴黎公约》和《华盛顿公约》（公约设立的解决国际投资争端中心的英文简称为 ICSID）的成员。依相关规定，下列哪些选项是正确的？

A. 惊奇公司的新产品参加在乙国举办的国际展览会，产品中可取得专利的发明应获得临时保护

B. 如惊奇公司与乙国书面协议将其争端提交给 ICSID 解决，ICSID 即对该争端有管辖权

C. 提交 ICSID 解决的争端可以是任何与投资有关的争端

D. 乙国如对 ICSID 裁决不服的，可寻求向乙国的最高法院上诉

28 `1902130`

甲国 A 公司在乙国销售进口药品，为此开了 10 多家药店。后其发现乙国对其销售的某类进口药品征收比国产同类药品更高的某种国内税。甲乙两国都是 WTO 成员，根据 WTO 规则及相关税法规则，下列说法正确的有？

A. 为保护本国医药业，乙国有权对进口药品征收更高的国内税

B. A 公司应就其在乙国的营业所得向乙国纳税

C. 乙国违反了最惠国待遇原则

D. 乙国违反了国民待遇原则

29 `1601082`

甲乙两国均为 WTO 成员，甲国纳税居民马克是甲国保险公司的大股东，马克从该保险公司在乙国的分支机构获利 35 万美元。依《服务贸易总协定》及相关税法规则，下列哪些选项是正确的？

A. 甲国保险公司在乙国设立分支机构，属于商业存在的服务方式

B. 马克对甲国承担无限纳税义务

解析页码
082—083

C. 两国均对马克的 35 万美元获利征税属于重叠
   征税

D. 35 万美元获利属于甲国人马克的所得，乙国
   无权对其征税

二、模拟题

【单选】

30 62107047

中国甲公司向土耳其乙公司出口一批疫苗加强针，缅甸丙银行根据乙公司的申请，让其在土耳其依法登记的分行开立了以甲公司为受益人的独立保函。此外，甲乙公司在疫苗加强针出口合同中约定，该合同有关争议由中国法院管辖。根据我国相关法律，下列说法正确的是？

A. 甲公司与丙银行土耳其分行的独立保函纠纷，
   应按照疫苗加强针出口合同约定由中国法院管
   辖

B. 甲公司与丙银行土耳其分行可以约定独立保函
   纠纷适用中国法律

C. 甲公司与丙银行土耳其分行没有约定独立保函
   纠纷适用法律的，适用缅甸法律

D. 若甲公司提供的疫苗数量少于合同约定，乙公
   司可申请中止支付独立保函项下的款项

【多选】

31 61907186

甲乙两国均为《多边投资担保公约》和《解决国家与他国国民之间投资争端的公约》的缔约国，乙国为发展中国家。游乐公司是甲国投资者在乙国依乙国法设立的一家外商独资企业。乙国政府对游乐公司采取了征收措施。根据前述两公约，下列说法哪些是正确的？

A. 游乐公司无资格事先向多边投资担保机构申请
   投保政府违约险

B. 多边投资担保机构在向投保人赔付后，可以向
   甲国政府代位求偿

C. 经甲国投资者与乙国政府双方书面同意，甲国
   投资者可请求"解决国际投资争端中心"解决
   该争端

D. 解决国际投资争端中心对国际投资争端行使管

辖权后，可依争端双方同意的法律规则作出裁决

32 62107040

甲乙两国都是《巴黎公约》《伯尔尼公约》缔约国，丙国不是。根据上述公约，下列说法错误的有？

A. 甲国人张某在乙国就其一项发明申请专利，乙
   国不得要求张某必须委托本国专利代理人申请

B. 甲国人张某就其一项发明分别向甲国、乙国申
   请专利，因为甲国未批准通过，乙国也不能通
   过

C. 丙国人李某在丙国发表一本小说，一周后也在
   甲国进行发表。丙国不是《伯尔尼公约》缔约
   国，其作品不受公约保护

D. 乙国人洪某分别在甲国和乙国发表诗集，乙国
   因该诗集违背宗教信仰而禁止发行，甲国因此
   也不能发行

33 62107042

甲、乙两国均采纳 CRS "共同申报准则"。甲国的纳税居民马里奥是甲国某证券公司的大股东，马里奥从该证券公司在乙国的分支机构获利 600 万美元。据此，下列选项中正确的是？

A. 甲国某证券公司在乙国设立分支机构，属于跨
   境交付的服务方式

B. 甲乙两国均对马里奥的 600 万美元获利征税构
   成国际重复征税

C. 虽然马里奥是甲国人，但是乙国仍有权对其征
   税

D. 若马里奥在乙国投资了一套房产，则无须申报

参考答案

[1] D	[2] B	[3] B	[4] A	[5] C
[6] A	[7] BC	[8] ABC	[9] BC	[10] D
[11] A	[12] BCD	[13] BCD	[14] D	[15] D
[16] AC	[17] AD	[18] CD	[19] CD	[20] CD
[21] D	[22] B	[23] BC	[24] BD	[25] B
[26] ACD	[27] AB	[28] BD	[29] AB	[30] B
[31] CD	[32] ABCD	[33] BCD		

覚醒法考 KEEP AWAKE 国际经济法其他领域

法考题库系列·客观严选 解析

三国法
客观·严选好题

觉晓法考组　编著

中国政法大学出版社

2024·北京

图书在版编目（CIP）数据

客观严选 4000 好题. 三国法客观·严选好题 / 觉晓法考组编著. -- 北京 : 中国政法大学出版社，2024. 12. --（法考题库系列）. -- ISBN 978-7-5764-1808-8

Ⅰ. D920. 4

中国国家版本馆 CIP 数据核字第 2024FK1489 号

出 版 者　　中国政法大学出版社

地　　址　　北京市海淀区西土城路 25 号

邮寄地址　　北京 100088 信箱 8034 分箱　邮编 100088

网　　址　　http://www.cuplpress.com（网络实名：中国政法大学出版社)

电　　话　　010-58908285(总编室) 58908433 （编辑部）58908334(邮购部)

承　　印　　重庆天旭印务有限责任公司

开　　本　　787mm×1092mm　1/16

印　　张　　10.25

字　　数　　287 千字

版　　次　　2024 年 12 月第 1 版

印　　次　　2024 年 12 月第 1 次印刷

定　　价　　39.00 元（全两册）

CSER 高效学习模型

觉晓坚持每年组建"名师 + 高分学霸"教学团队，按照 Comprehend（讲考点→理解）→ System（搭体系→不散）→ Exercise（刷够题→会用）→ Review（多轮背→记住）学习模型设计教学产品，让你不断提高学习效果。

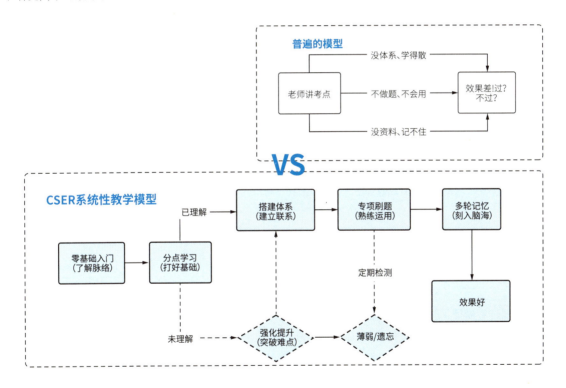

前面理解阶段跟名师，但后面记忆应试阶段，"高分学霸"更擅长，这样搭配既能保证理解，又能应试；时间少的在职考生可以直接跟"学霸"学习高效应试。

同时，知识要成体系性，后期才能记住，否则学完就忘！因此，觉晓有推理背诵图（推背图）、诉讼流程图等产品，辅助你建立知识框架体系，后期可以高效复习！

坚持数据化学习

"觉晓法考"APP已经实现"学→练→测→背→评"全程线上化学习。在学习期间，觉晓会进行数据记录，自2018年APP上线，觉晓已经积累了上百万条数据，并有几十万真实考生的精准学习数据。

觉晓有来自百度、腾讯、京东等大厂的AI算法团队，建模分析过线考生与没过线考生的数据差异，建立"过考模型"，指导学员到底要听多少课，做多少题，正确率达到多少才能飘过或者稳过。

过考模型的应用层包括：

1. **完整的过考方案和规划**：内部班的过考规划和阶段目标，均按照过考模型稳过或过考标准制定；让学员花更少地时间，更稳得过线。

2. **精准的过考数据指标**：让你知道过线每日需要消耗的"热量、卡路里"，有标准，过线才稳！

3. **客观题知识图谱**：按往年180分、200分学员学习数据，细化到每个知识点的星级达标标准，并根据考频和考查难度，趋势等维度，将知识点划分为ABCDE类。还能筛选"未达标"针对提分。

知识类型	考频	难度	学习说明
A	高	简单	必须掌握
B	高	难	必须掌握（主＋客）
C	中	简单	必须掌握
D	中	难	时间不够可放弃（主＋客）
E	考频低或者很难、偏		直接放弃

4. **根据过考模型＋知识图谱分级教学**：BD类主客观都要考，主客融合一起学，E类对过考影响不大，可直接放弃，AC性价比高，简化背诵总结更能应试拿分，一些对过线影响不大的科目就减少知识点，重要的就加强；课时控制，留够做题时间，因为中后期做题比听课更重要！

5. **AI智能推送查缺补漏包**：根据你学习的达标情况，精准且有效地推送知识点课程和题目，查漏补缺，让你的时间花得更有价值！

6. **精准预测过考概率（预估分）**：实时检测你的数据，对比往年相似考生数据模型，让你知道，你这样学下去，最后会考多少分！明确自己距离过线还差多少分，从而及时调整自己的学习状态。

注：觉晓每年都会分析当年考生数据，出具一份完整的过考模型数据分析报告，包括"客观题版""主客一体版""主观题二战版"，可以下载觉晓APP领取。

目 录
Contents

国际公法

第一章
国际法概述

参考答案

[1] ACD

一、历年真题及仿真题 *

国际法的基本原则

【多选】

① 1301075

【中等】答案：A，C，D。

解析：A项：国际法基本原则是指被各国公认的、具有普遍意义的、适用于国际法一切效力范围内的国际法原则，具有强行法的性质。因此，A项正确。

B项：不得使用威胁或武力原则并不是禁止一切武力的使用，凡是符合《联合国宪章》和国际法规则的武力使用是被允许的，包括国家对侵略行为进行的自卫行动和联合国集体安全制度下的武力使用。因此，B项错误。

C项：民族自决原则中独立权的范围，只严格适用于殖民统治下民族的独立。对于一国国内的民族分离主义活动，民族自决原则没有为其提供任何国际法根据。因此，C项正确。

D项：和平解决国际争端原则是指国家间在发生争端时，各国都必须采取和平方式予以解决，争端的当事国及其他国家应避免任何使争端或情势恶化的措施或行动。因此，D项正确。

综上所述，本题答案为ACD项。

---

* 注：下列题号对应觉晓APP的题号规则。本书中以18~24开头的题号均为2018年~2024年的仿真题。

第二章
国际法主体

参考答案

[1] B   [2] A   [3] C   [4] D   [5] D
[6] BC   [7] BD

一、历年真题及仿真题

（一）国家的基本权利

【单选】

① 1001030

【简单】答案：B。

解析：AB项：国家主权豁免是指国家的行为及其财产不受或免受他国管辖。实践中，国家主权豁免主要表现在司法豁免方面，其中包括：一国不对他国的国家行为和财产进行管辖；一国的国内法院非经外国同意，不受理以外国国家作为被告或外国国家行为作为诉由的诉讼，也不对外国国家的代表或国家财产采取司法执行措施。应当注意，国家对于管辖豁免的放弃，并不意味着对执行豁免的放弃，执行豁免的放弃必须另行明示作出。因此，B项正确，A项错误。

CD项：国家豁免权的放弃是国家的一种主权行为，必须是自愿、特定和明确的。一国不能通过本国立法来改变别国的豁免立场，也不能将一国对某一特定事项上的豁免放弃推移到其他事项上，或将一国的豁免放弃推移到另一国家上。因此，CD项错误。

综上所述，本题答案为B项。

（二）国际法上的承认与继承

【单选】

② 1001029

【简单】答案：A。

解析：国家承认的方式分为法律承认和事实承认，法律承认的方式包括明示和默示，默示承认主要包括：建立外交关系、正式接受领事、签订政治性条约和投票支持参加仅对国家开放的国际组织。

法律承认是正式和不可撤销的。而事实承认是为了达到某种目的，国家和某个对象进行某种商业或经济等方面的交往，具有非正式性和随时可撤销性。国际法上通常所说的承认都是指法律承认。

ABCD 项：甲乙二国建立外交关系，属于法律承认中的默示承认，是正式和不可撤销的，不因外交关系中止而受到影响。因此，A 项正确，BCD 项错误。

综上所述，本题答案为 A 项。

（三）国际组织（含联合国）

【单选】

3 `1601032`

【简单】答案：C。

解析：安全理事会关于程序性事项的决议，由 9 个理事国投票同意即可通过；对于实质性事项的决议，由 9 个理事国投票同意并且没有常任理事国投否决票方可通过，此即为"大国一致原则"。常任理事国的弃权或缺席不被视为否决，不影响决议的通过。常考的程序性事项有国际法官的选举，实质性事项有须采取行动的、推荐秘书长、吸纳新会员等。

ABC 项：由题干可知，联合国安全理事会表决的结果为：4+8=12 个同意票，常任理事国 1 票弃权不视为否决，满足 9 个同意票并且没有常任理事国投否决票的条件。题中制止甲国侵略的决议案并未明确表示是程序性事项还是非程序性事项，但无论是程序性事项还是实质性事项，该决议均可获得通过。因此，C 项正确，AB 项错误。

D 项：安理会一共 15 个理事国，其对事项的表决规则为 9 个同意票，简单多数则是 1/2，只有 8 个同意票，不能通过决议案。因此，D 项错误。

综上所述，本题答案为 C 项。

4 `1501032`

【简单】答案：D。

解析：A 项：联合国大会仅对内部事务作出的决议有拘束力，如接纳新会员国、开除会员国和停止会员国权利的行使等，对其他事务作出的决议仅具有建议性质，不具有法律拘束力。因此，A 项错误。

B 项：联合国大会表决实行会员国一国一票制，联合国安理会常任理事国也不例外。因此，B 项错误。

CD 项：联合国大会不是立法机关，而主要是一个审议和建议机关，可以讨论宪章范围内或联合国任何机关的任何问题，但安理会正在审议的除外。此外，国际条约的缔结、生效等事项在《维也纳条约法公约》等规范中有明确规定，无须经 2/3 以上联合国会员国同意才可以通过。因此，C 项错误，D 项正确。

综上所述，本题答案为 D 项。

二、模拟题

【单选】

5 `62107009`

【较简单】答案：D。

解析：A 项：联合国大会对于一般问题的决议采取简单多数通过，对于重要问题的决议以出席并参加投票的会员国的 2/3 的多数通过，重要问题包括：与维持国际和平与安全相关的建议、纳入新会员、中止会员国权利或开除会员、选举国际法官等等。甲国申请加入联合国属于重要问题，需要出席并参加投票的会员国的 2/3 的多数通过。因此，A 项错误。

B 项：因安理会采取执行行动的决议会涉及乙丙两国的利益，所以争端当事国也可以进行投票。因此，B 项错误。

C 项：安理会采取行动的决议属于当然的实质性事项，必须获得 9 个同意票，且没有常任理事国投否决票才能通过，弃权票不影响决议的通过。因此，C 项错误。

D 项：联合国大会对于联合国组织内部事务通过的决议对会员国有拘束力，对于其他一般事项作出的决议属于建议性质，不具有法律拘束力。因此，D 项正确。

综上所述，本题答案为 D 项。

【多选】

6 `62107008`

【中等】答案：B，C。

解析：AB项：法律意义上的承认包括明示承认和默示承认，其中默示承认方式包括：①与承认对象建立正式外交关系；②正式接受领事；③与承认对象缔结正式的政治性条约；④正式投票支持参加仅对国家开放的国际组织等行为。甲国与齐鲁帝国签订的双边投资协定不属于政治性条约，不属于法律意义上的承认。因此，A项错误。联合国仅对国家开放，乙国投票支持齐鲁帝国加入联合国属于法律意义上的承认。因此，B项正确。

C项：与领土划界有关的非人身性条约，如边界条约、道路交通、水利灌溉等条约，属于继承的范围。因此，C项正确。

D项：国家债务的继承仅限于国家非恶债，要求借债主体为一国中央政府。本题中借债主体为鲁国某省政府，不属于国家非恶债，齐鲁帝国不用继承该债务。因此，D项错误。

综上所述，本题答案为BC项。

7 `62407016`

【较简单】答案：B,D。

解析：AB项：根据国家主权限制豁免理论，国家的商业行为不享有管辖豁免权，中国法院行使管辖权无需经过甲国政府同意。因此，A项错误，B项正确。

CD项：国家的商业行为不享有管辖豁免权，但仍享有执行豁免，除非国家放弃执行豁免权，否则国家的财产不得被查封、扣押、冻结。因此，C项错误，D项正确。

综上所述，本题答案为BD项。

第三章 国际法的空间划分

参考答案

[1] B	[2] AC	[3] AC	[4] AC	[5] D
[6] BC	[7] ACD	[8] BC	[9] D	[10] D
[11] BCD	[12] CD	[13] C	[14] C	[15] B
[16] D	[17] D	[18] D	[19] A	[20] ABCD

一、历年真题及仿真题

（一）领土

【单选】

1 `1901035`

【简单】答案：B。

解析：A项：界河以主航道或河道中心线为界，界河分属沿岸国家的部分属于该国领土，甲国渔民只能在属于甲国的部分捕鱼，而不能在整条河流上捕鱼。因此，A项错误。

B项：相邻国家在界水上享有平等的航行权，除遇难或有其他特殊情况外，一方船舶未经允许不得在对方靠岸停泊。遭遇狂风属于遇难的情况，甲国渔船为紧急避险未经许可停靠乙国河岸符合国际法。因此，B项正确。

C项：乙国如欲在界水上建造工程设施，如桥梁、堤坝等，应取得甲国的同意。因此，C项错误。

D项：界水相邻各国都可以对界水加以适当利用，但须遵循不得损害邻国利益的原则。包括不得采取可能使河流枯竭或泛滥的措施，更不得单方故意使河水改道。不经甲国许可炸开自己一方堤坝灌溉农田，易致河水泛滥或改道，很明显会损害甲国利益，不符合国际法。因此，D项错误。

综上所述，本题答案为B项。

【多选】

2 `1601075`

【简单】答案：A,C。

解析：A项：甲国围海造田，未对他国造成影响，属于添附，领土取得方式合法。因此，A项正确。

B 项：武力胁迫签订条约从而割让领土的行为属于强制性割让，领土取得方式非法。因此，B 项错误。

C 项：丙国与其邻国经平等协商，将各自边界的部分领土相互交换，是国家自愿将部分领土转移给他国，属于非强制性割让，领土取得方式合法。因此，C 项正确。

D 项：丁国派兵控制邻国领土，涉及使用武力，与现代国际法原则不相容，不属于合法取得领土的方式。因此，D 项错误。

综上所述，本题答案为 AC 项。

③ 1101074

【较简单】答案：A，C。

解析：A 项：多国河流是流经两个或两个以上国家领土的河流。多国河流流经各国的河段分别属于各国领土，各国分别对位于其领土的一段拥有主权。因此，A 项正确。

B 项：每一沿岸国在对多国河流行使权利时，都应顾及其他沿岸国的利益。各国不得有害地利用多国河流，不得使河流改道或堵塞河流。因此，B 项错误。

C 项：流经数国并通向海洋，根据条约规定对所有国家商船开放航行的河流被称为国际河流。国际河流一般允许所有国家的船舶特别是商船无害航行。因此，C 项正确。

D 项：国际河流流经各国领土的河段仍然是该国主权下的领土。因此，D 项错误。

综上所述，本题答案为 AC 项。

【不定项】

④ 1801127

【较简单】答案：A，C。

解析：A 项：添附是国际法上一项合法取得领土的方式。甲国在无损他国利益的情况下，围海造田，属于人工领土添附的取得方式。因此，A 项正确。

B 项：若以公民投票方式作为领土变更的方式，必须要以有关国家间存在具体协议规定或相关国家国内法规定为前提，包括公民投票方式的选择及其程序、范围和结果的性质等，都必须得到相关国家的同意和接受。该地区居民擅自进行公民

投票不能决定其领土归属。因此，B 项错误。

C 项：丙国与其邻国订立条约，自愿互换部分领域，属于非强制性割让，这在国际法上是合法有效的。因此，C 项正确。

D 项：丁国派兵持续控制邻国部分领土，其本身非法，加之国际法上的取得时效的期限并无明确规定，时效概念在领土法上没有普遍适用意义，我国也不承认时效合法。因此，D 项错误。

综上所述，本题答案为 AC 项。

（二）海洋水域

【单选】

⑤ 1901036

【简单】答案：D。

解析：A 项：沿海国对于专属经济区没有领土主权，只对专属经济区域内的自然资源（包括生物资源和非生物资源）拥有专属勘探开发权以及与此相关的某些管辖权。其他国家可以在专属经济区铺设海底电缆和管道（线路的划定须经沿海国同意），甲国不能拆除乙国铺设的海底电缆。因此，A 项错误。

B 项：专属经济区不属于一国领土，其上空不属于领空，丙国无人机在甲国专属经济区上空有飞越自由，甲国不得击落。因此，B 项错误。

C 项：丁国军舰在甲国专属经济区有航行自由，甲国不得击沉。因此，C 项错误。

D 项：甲国在海面搭建风力发电装置（属于非生物资源）是符合公约的。因此，D 项正确。

综上所述，本题答案为 D 项。

【多选】

⑥ 1601076

【较简单】答案：B，C。

解析：A 项：沿海国为了维护其秩序及权益，保证无害通过的顺利进行，可以制定有关无害通过的相关法规，包括规定海道对油轮、核动力船等船舶实行分道航行制。所以，丁国有关对油轮实行分道航行的规定是沿海国合法权利的行使，并非对"前进"号油轮的歧视。因此，A 项错误。

B 项：外国船舶在领海内进行研究或测量活动即

应视为损害沿海国的和平、良好秩序或安全。所以，"阳光"号在丁国领海进行测量活动是违反无害通过的。因此，B项正确。

C项：无害通过，是指在不损害沿岸国和平、安全与良好秩序的情况下，无须事先通知或征得许可而连续不停地迅速地通过领海。"青田"号连续不断地通过丁国领海属于无害通过，无需事先通知或征得丁国许可。因此，C项正确。

D项：沿海国对外国船舶不得仅以其通过领海为理由而征收任何费用，但对通过领海的外国船舶提供特定服务的可征收报酬且征收上述费用不应有任何歧视。故丁国在一般情况下不可以对通过其领海的外国船舶征收费用。因此，D项错误。

综上所述，本题答案为BC项。

7 `2301104`

【较难】答案：A,C,D。

解析：A项：专属经济区不是沿海国本身自然存在的权利，需要沿海国以某种形式宣布建立并说明其宽度。沿海国对大陆架的权利不取决于有效或象征性的占领或任何明文公告。因此，A项正确。

BC项：沿海国对专属经济区和大陆架的自然资源享有专属的勘探、开发和与此相关的管辖权，但自然资源以外的权利不是沿海国专属，故他国在专属经济区或大陆架铺设海底管道无须经沿海国同意。但铺设管道有可能影响沿海国对该区域自然资源的勘探开发，故铺设管道线路的划定须经沿海国同意。因此，B项错误，C项正确。

D项：为行使对自然资源的专属权利，沿海国可以制定与《联合国海洋法公约》（以下简称《海洋法公约》）规定一致的专属经济区或大陆架法规，并可采取必要的措施以确保其法规得以遵守，故丙国有权依其国内法对其区域内的天然气泄漏事故进行管辖并采取相应的措施。因此，D项正确。

综上，本题答案为ACD项。

【不定项】

8 `1201097`

【较简单】答案：B,C。

解析：A项：无害通过权是指外国船舶可以未经沿岸国许可，连续不停迅速通过其领海的航行权利。

"乐安"号在期间停泊转运货物是不符合无害通过权的。因此，A项错误。

BC项：紧追权是指沿海国的军舰或军用飞机在国家管辖范围内海域提起管辖权并延伸至公海的权利，而沿海国在毗连区对海关、财政、移民或卫生拥有管辖权，所以丁国海上执法船或飞机可在毗连区行使紧追权。因此，BC项正确。

D项：紧追权在被紧追的船舶进入其本国或第三国领海时立即终止，而非在其进入公海时立即终止。因此，D项错误。

综上所述，本题答案为BC项。

9 `1101097`

【中等】答案：D。

解析：ACD项：领海属于沿海国领土，沿海国对领海享有完全主权，外国民用船舶在领海享有无害通过权；毗连区不是沿海国领土，沿海国对毗连区不享有完全主权，仅对海关、财政、移民和卫生等方面享有管辖权，所以丁国也无权在毗连区规定分道航行。因此，AC项错误，D项正确。

B项：毗连区不是沿海国领土，其上空不属于沿海国领空，没有领土主权。丁国不可在"潇湘"号通过时对毗连区上空进行管制。因此，B项错误。

综上所述，本题答案为D项。

（三）底土、群岛水域、国际海峡

【单选】

10 `1401033`

【简单】答案：D。

解析：A项：根据《海洋法公约》，所有国家的船舶在群岛水域享有无害通过权，即船舶可以不经许可连续不停地穿越群岛水域。因此，A项错误。

B项：群岛基线是指连接群岛最外缘各岛和各干礁的最外缘各点构成直线基线，划定时还应符合《海洋法公约》规定的条件，其中之一就是基线不能明显偏离群岛轮廓，不能将其他国家的领海与公海或专属经济区隔断。因此，B项错误。

C项：群岛水域的划定不妨碍群岛国可以按照《海洋法公约》划定内水，及在基线之外划定领海、毗连区、专属经济区和大陆架。因此，C项错误。

D 项：群岛水域与群岛内水、群岛领海一起构成群岛国的领水，因此群岛国对群岛水域拥有完全主权，其主权及于群岛水域，以及水域的上空、海床和底土。因此，D 项正确。

综上所述，本题答案为 D 项。

（四）特殊空间

【多选】

11 2001023

【中等】答案：B,C,D。

解析：发射国应对其空间物体所造成的损害承担国际责任，发射国包括：发射或促使发射空间物体的国家，以及从其领土或设施发射空间物体的国家。故甲乙丙三国都是气象卫星的发射国，丁国是遥感卫星的发射国。

AC 项：发射国对其空间物体在地球表面造成的损害或给飞行中的飞机造成的损害，负有绝对责任。气象卫星与丁国遥感卫星相撞导致碎片砸坏戊国建筑并造成人员伤亡，都应承担绝对责任。因此，A 项错误，C 项正确。

B 项：发射国空间物体对于下面三种人员造成的损害不适用《责任公约》：①该国的国民；②在空间物体从发射至降落的任何阶段内参加操作的外国公民；③应发射国的邀请而留在紧接预定发射或回收区的外国公民。被砸伤的某丁国国民因受邀到现场观看发射，故不适用《责任公约》。因此，B 项正确。

D 项：发射国对于其空间物体在地球表面以外的其他任何地方，给其他国家的空间物体、所载人员、财产造成损害，负有赔偿的过错责任。甲乙丙三国作为气象卫星的发射国，应对丁国卫星的损害承担过错责任。因此，D 项正确。

综上所述，本题答案为 BCD 项。

12 1001078

【较简单】答案：C,D。

解析：AB 项：冻结对南极的领土要求是目前南极地区法律制度的主要内容之一。包括对南极领土不得提出新的要求或扩大现有要求；《南极条约》不构成对任何现有的对南极领土主张的支持或否

定；条约有效期间进行的任何活动也不构成主张支持或否定对南极领土要求的基础。据此，甲国加入条约并不意味着其放弃或否定了对南极的领土要求。因此，A 项错误。甲国成为条约缔约国，也不构成其他缔约国对甲国主张南极领土权利的确认。因此，B 项错误。

C 项：乙国在南极地区的活动，并不构成对南极地区提出领土主张的支持和证据。因此，C 项正确。

D 项：根据《南极条约》和相关制度，南极只用于和平目的；任何国家都有在南极进行科学考察的自由；维持南极地区水域的公海制度，任何国家在南极地区根据国际法享有的对公海的权利不受损害或影响；保护南极环境与资源，在南极进行的任何活动不得破坏南极的环境或生态。因此，D 项正确。

综上所述，本题答案为 CD 项。

（五）综合知识点

【单选】

13 2201164

【较简单】答案：C。

解析：AB 项：一方面，甲国占有 A 地的方式属于武力征服，不属于国际法上合法取得领土的方式；另一方面，我国不承认时效取得，不论甲国占有 A 地多久，甲国都不能因此获得 A 地的领土主权。因此，AB 项错误。

C 项：甲国不能通过时效和武力征服的方式取得 A 地的领土主权，故 A 地仍然属于乙国领土，甲国在乙国的领土之上修建防护墙是违反国际法义务的。因此，C 项正确。

D 项：只有行为归因于国家才需要承担国际法律责任，在一国领土上的被承认为叛乱运动的机关自身的行为，不视为该国的国家行为，乙国无需对该极端组织的行为承担国际法律责任。因此，D 项错误。

综上所述，本题答案为 C 项。

14 2201162

【较简单】答案：C。

解析：A 项：根据我国加入《海洋法公约》时所作

保留，我国不允许外国军舰在我国领海无害通过。因此，A 项错误。

B 项：毗连区不是国家领土，沿海国对毗连区不享有主权，毗连区不实行无害通过制。甲国潜水艇通过我国毗连区时无需浮出水面并展示船旗。因此，B 项错误。

C 项：大陆架不是国家领土，但沿海国对大陆架享有勘探和开发自然资源的专属权利，未经沿海国明示同意，任何人都不得从事勘探和开发大陆架资源的活动。因此，C 项正确。

D 项：我国对专属经济区的自然资源享有专属的勘探开发以及与此相关的管辖权，任何国际组织、外国组织或者个人在我国专属经济区和大陆架进行海洋科学研究，必须经中华人民共和国主管机关批准，并遵守中华人民共和国的法律、法规。因此，D 项错误。

综上所述，本题答案为 C 项。

15 `2201161`

【简单】答案：B。

解析：A 项：一方欲在界河上建造工程设施，应取得另一方的同意。甲国要在 A 河修建堤坝必须经过乙国同意。因此，A 项错误。

B 项：渔民一般只能在界河的本国一侧捕鱼，但遇险时可以去对岸避险。因此，B 项正确。

C 项：与领土划界有关的"非人身性条约"一般应当继承，当事方另行达成协议的除外。本案中乙国新政府应当继承该边界条约。因此，C 项错误。

D 项：一方使用界河时不得损害另一方利益，包括不得单方故意使河水改道。乙国不能单方采取措施使河水改道。因此，D 项错误。

综上所述，本题答案为 B 项。

16 `2101060`

【较简单】答案：D。

解析：A 项：我国不允许外国军舰无害通过领海。因此，A 项错误。

B 项：在领海享有无害通过权的仅限于民用船舶，不包括飞机。领海上空属于我国领空，我国对其拥有完全的和排他的主权，未经许可乙国商业飞机不得进入内。因此，B 项错误。

C 项：紧追权是从国家管辖范围内的海域开始，当被追船舶进入其本国或第三国领海时紧追权终止，而不是公海。因此，C 项错误。

D 项：所有国家有权在其他国家的大陆架上铺设电缆和管道，但其路线的划定须经沿海国同意。丁国有权在我国大陆架铺设海底光缆，但线路需要经过我国主管机关同意。因此，D 项正确。

综上所述，本题答案为 D 项。

17 `2001184`

【较简单】答案：D。

解析：AB 项：毗连区不是我国领水，故其上空也非我国领空，不享有领土主权，外国飞机（包括军用飞机）享有自由飞越的权利，外国船舶享有自由航行的权利（潜水艇通过领海时才须浮出水面并展示船旗）。因此，AB 项错误。

C 项：沿海国在大陆架只有勘探和开发自然资源的专属权利及与此相关的管辖权，而大陆架的自然资源主要是底土中的非生物资源，海龟不属于大陆架所针对的自然资源。同时，大陆架不是沿海国的领土，甲国渔民在我国大陆架捕杀濒危海龟，不能适用我国《刑法》。因此，C 项错误。

D 项：我国对专属经济区的自然资源享有专属的勘探开发以及与此相关的管辖权，任何国际组织、外国组织或者个人在我国专属经济区和大陆架进行海洋科学研究，必须经中华人民共和国主管机关批准，并遵守中华人民共和国的法律、法规。因此，D 项正确。

综上所述，本题答案为 D 项。

18 `1601033`

【简单】答案：D。

解析：AD 项：关于界标的维护，若一方发现有界标被移动、损坏或灭失的情形，应尽速通知另一方，在双方代表在场的情况下修复或重建。因此，A 项错误，D 项正确。

BC 项：属地管辖权，是指国家对其领土范围内的一切人、物和事享有完全的和排他的管辖权。属人管辖权，是指国家有权对一切具有本国国籍的人实行管辖，而不问其居住在国内或国外。据此，甲国对偷渡的甲国公民享有属人管辖权，乙国对偷渡到乙国的甲国公民享有属地管辖权。故甲、乙两国根据不同的管辖原则对偷渡到乙国的甲国公民均享有管辖权。因此，BC 项错误。

综上所述，本题答案为 D 项。

二、模拟题

【单选】

19 `62207011`

【较简单】答案：A。

解析：AC 项：在领海的无害通过权限制包括：①我国不允许军舰无害通过；②必须连续不停迅速通过，除非遇难和救助等特殊情况；③潜水器通过必须浮出水面并展示国旗；④通过必须是无害的。甲国为航行安全的必要要求分道航行，并不违反无害通过的限制，丙国潜水艇通过必须要浮出水面并展示国旗。因此，A 项正确，C 项错误。

B 项：领海属于国家领土，领海上空属于领空，国家享有完全主权，未经许可不得入内。因此，B 项错误。

D 项：外国船舶在领海享有无害通过权，甲、乙、丙三国征收费用的行为阻碍了外国船舶行使无害通过权。因此，D 项错误。

综上所述，本题答案为 A 项。

【多选】

20 `62107010`

【较简单】答案：A,B,C,D。

解析：A 项：界河分属沿岸国家的部分为该国的领土，处于该国的主权之下，所以一方船舶未经允许不得在对方靠岸停泊，但遇难或特殊情况除外。因此，A 项错误，当选。

B 项：一方如欲在界河上建造工程设施，如桥梁、堤坝等，应取得另一方的同意，即使符合双方共同利益的，也应该经过对方同意才可以修建。因此，B 项错误，当选。

C 项：先占必须具备两个条件：①先占的对象必须为无主地；②先占应为"有效占领"。所谓"有效占领"包含两个要求：第一，国家应具有取得该无主地主权的意思，并公开地表现出来；第二，国家对该地采取实际的控制，包括采取立法、司法、行政措施等。虽然岛上无人居住但是该岛为

齐国的固有领土，不属于无主地，鲁国不能进行先占。因此，C 项错误，当选。

D 项：对于领土取得时效的期限，国际法上并未明确规定，鲁国管辖超过 200 年也不能取得对羊子岛的主权。因此，D 项错误，当选。

综上所述，本题为选非题，答案为 ABCD 项。

 第四章

国际法上的个人

参考答案

[1]A	[2]C	[3]C	[4]ABD	[5]AC
[6]BD	[7]B	[8]BD	[9]AC	[10]ABD
[11]BCD	[12]B	[13]ABC	[14]AD	[15]AB
[16]ABCD	[17]C	[18]BC	[19]AB	[20]BC

一、历年真题及仿真题

（一）国籍

【单选】

1 `2101131`

【较简单】答案：A。

解析：AB 项：根据我国法律，如果父母一方或者双方是中国人，不管出生在国内还是国外，原则上都能取得中国国籍，出生时不具有中国国籍必须同时满足三个条件：本人出生在外国 + 具有中国国籍的父或母定居在外国 + 本人出生时即具有外国国籍。中国人张某一直定居在北京，不满足条件，小张依然可以取得中国国籍。因此，A 项正确，B 项错误。

CD 项：现役军人和国家工作人员不得退出中国国籍。因此，CD 项错误。

综上所述，本题答案为 A 项。

2 `2001185`

【简单】答案：C。

解析：A 项：被批准加入中国国籍的，不得再保留外国国籍。因此，A 项错误。

B 项：在我国，国籍加入和退出的审批权都在公

安部。因此，B项错误。

C项：父母双方或一方为中国公民，本人出生在中国，具有中国国籍。因此，C项正确。

D项：埃尔即使加入中国国籍，也享有退出中国国籍的权利。因此，D项错误。

综上所述，本题答案为C项。

③ 2301105

【较简单】答案：C。

解析：A项：定居外国的中国公民，自愿加入或取得外国国籍的，即自动丧失中国国籍。李智已在德国定居且已取得了德国国籍，其中国国籍已自动丧失。因此，A项错误。

B项：外国人若在中国有未了结的民事案件，只有人民法院决定不准出境的，才能限制其出境。因此，B项错误。

C项：外国人认为行政机关的具体行政行为侵犯其合法权益的，可依法申请行政复议。因此，C项正确。

D项：根据《出境入境管理法》第81条第2款的规定，公安部驱逐外国人出境的决定为最终决定。因此，D项错误。

综上所述，本题答案为C项。

【多选】

④ 1701075

【较简单】答案：A,B,D。

解析：A项：国家工作人员和现役军人，不得退出中国国籍。因此，A项正确。

B项：申请加入中国国籍获得批准的，不得再保留外国国籍。因此，B项正确。

CD项：父母双方或一方为中国公民，本人无论出生在国内还是国外，都具有中国国籍；除非具有中国国籍的父或母定居在国外，本人出生时即具有外国国籍的，则不具有中国国籍。李某为中国人且定居在北京，无论李莎出生在中国还是俄罗斯，都可以取得中国国籍。因此，C项错误，D项正确。

综上所述，本题答案为ABD项。

⑤ 1501075

【简单】答案：A,C。

解析：AB项：父母双方或一方为中国公民，本人出生在外国，具有中国国籍；但父母双方或一方为中国公民并定居在外国，本人出生时即具有外国国籍的，不具有中国国籍。彼得森的父母有一方为中国公民且定居在外国，本人出生在甲国，除非本人出生时即具有甲国国籍，否则具有中国国籍。因此，A项正确，B项错误。

C项：决定授予某人公民或者国民资格是一国的国内管辖事项，根据一国国内法决定。因此，C项正确。

D项：国籍可以因出生取得，也可以因加入取得。彼得森可以通过与其母亲的近亲属关系或者其他事由申请加入中国国籍，获得批准后即取得中国国籍，但不得再保留甲国国籍。因此，D项错误。

综上所述，本题答案为AC项。

⑥ 1001080

【简单】答案：B,D。

解析：ABCD项：根据《中华人民共和国国籍法》（以下简称《国籍法》）第9条规定："定居外国的中国公民，自愿加入或取得外国国籍的，即自动丧失中国国籍。"本题中，王某是定居美国多年的中国人，其自愿加入美国国籍，故即自动丧失中国国籍，无需办理申请批准退出中国国籍的手续。因此，BD项正确，AC项错误。

综上所述，本题答案为BD项。

（二）出入境管理

【单选】

⑦ 1401034

【较简单】答案：B。

解析：A项：中国公民出境入境，应当向出入境边防检查机关交验本人的护照或者其他旅行证件等出境入境证件，履行规定的手续，经查验准许，方可出境入境。王某是定居美国的中国公民，其国籍仍是中国，因此，仅凭护照即可出入境，不需要办理签证。因此，A项错误。

BC项：定居国外的中国公民可以凭本人的护照证明其身份。因此，B项正确，C项错误。

D项：中国公民有未了结的民事案件，只有人民法院决定不准出境的，才不准出境（同外国人规定）。因此，D 项错误。

综上所述，本题答案为 B 项。

【多选】

⑧ 2001189

【较简单】答案：B,D。

解析：ABCD 项：外国人持联程客票搭乘国际航行的航空器、船舶、列车从中国过境前往第三国或地区，在中国境内停留不超过 24 小时且不离开口岸，或者在国务院批准的特定区域内停留不超过规定时限的，可以免办签证。以上人员确需离开口岸，临时入境的，应当向出入境边防检查机关申请办理临时入境手续。因此，AC 项错误，BD 项正确。

综上所述，本题答案为 BD 项。

⑨ 1701076

【较简单】答案：A,C。

解析：A 项：对不准入境的，出入境边防检查机关可以不说明理由。因此，A 项正确。

B 项：外国人在中国境内工作，应当按照规定取得工作许可和工作类居留证件。马萨只有留学类居留证件，需要取得工作许可和工作类居留证件才能在中国境内兼职工作。因此，B 项错误。

C 项：外国人在中国境内旅馆住宿的，旅馆应当为其办理住宿登记；在旅馆以外的其他住所居住或者住宿的，应当在入住后 24 小时内由本人或者留宿人，向居住地的公安机关办理登记。因此，C 项正确。

D 项：外国人有未了结的民事案件，人民法院决定不准出境的，才不准出境。若马萨涉及民事诉讼，必须经法院决定不准出境的，才能限制其出境。因此，D 项错误。

综上所述，本题答案为 AC 项。

⑩ 1301076

【较简单】答案：A,B,D。

解析：AB 项：外国人患有严重精神障碍、传染性肺结核病或者有可能对公共卫生造成重大危害的其他传染病的；或者可能危害中国国家安全和利益、破坏社会公共秩序或者从事其他违法犯罪活

动的，中国签证机关不予签发其签证，中国出入境边防检查机关可不准许其入境。因此，AB 项正确。

C 项：外国人在旅馆以外的其他住所居住或者住宿的，应当在入住后 24 小时内由本人或者留宿人，向居住地的公安机关办理登记，而不是 48 小时。因此，C 项错误。

D 项：外国人有未了结的民事案件，人民法院决定不准出境的，不准出境。因此，D 项正确。

综上所述，本题答案为 ABD 项。

⑪ 1201075

【较简单】答案：B,C,D。

解析：A 项：未经批准，外国人不得进入限制外国人进入的区域。雅力克若前往不对外国人开放的地区，需要经过公安机关的批准。因此，A 项错误。

BC 项：雅力克的行为构成非法居留和非法工作，对此县级以上公安机关有权审查并依法处罚。因此，BC 项正确。

D 项：《出境入境管理法》第 28 条第 4 项规定："外国人有下列情形之一的，不准出境：……（四）法律、行政法规规定不准出境的其他情形。"雅力克涂改证照，属于第（四）项的情形，故边防检查机关可以阻止其出境。因此，D 项正确。

综上所述，本题答案为 BCD 项。

（三）外交保护、引渡和庇护

【单选】

⑫ 1501033

【较简单】答案：B。

解析：A 项：中国外交部为指定的进行引渡的联系机关，乙国的引渡请求应当向外交部提出，而不是最高人民法院。因此，A 项错误。

B 项：引渡以条约或互惠承诺为基础，中国和乙国之间没有双边引渡条约，乙国向中国请求引渡时，应当作出互惠的承诺。因此，B 项正确。

C 项：对于引渡请求，应由最高人民法院指定的高级法院审查，而不是最高人民法院审查。因此，C 项错误。

D 项：未经引出国同意，请求引渡国不得将被引渡人转引渡给第三国。若中国同意，乙国可以将

汤姆转引渡给第三国。因此，D 项错误。

综上所述，本题答案为 B 项。

【多选】

⑬ 1901056

【中等】答案：A,B,C。

解析：A 项："政治犯不引渡"是引渡领域的一般规则。因此，A 项正确。

BC 项："双重犯罪原则"也是引渡领域的一般规则，是指被请求引渡人的行为必须是请求国和被请求国的法律都认定的犯罪，即不构成双重犯罪的应当拒绝引渡。丙国为引渡请求国，乙国为被请求国，如果王某的行为只在丙国构成犯罪，乙国应当拒绝引渡。如果王某的行为在乙国和丙国都构成严重犯罪，则乙国可以选择引渡，也可以选择不引渡。因此，BC 项正确。

D 项：国际法只规定了"本国国民不引渡"规则，即乙国不能将乙国国民引渡给他国，但并没有禁止第三国国民的引渡，王某为甲国公民而不是乙国公民，符合条件的乙国仍有权将其引渡给丙国。因此，D 项错误。

综上所述，本题答案为 ABC 项。

⑭ 1801062

【中等】答案：A,D。

解析：A 项：因中国和甲乙两国都有引渡条约，故乙国对中国负有条约所约定的引渡义务。中国引渡程序中的对外联系机关为外交部，在紧急情况下，可以在向外国正式提出引渡请求前，通过外交途径或者被请求国同意的其他途径，请求外国对有关人员先行采取强制措施。因此，A 项正确。

B 项：甲国和乙国之间没有签订引渡条约，乙国没有引渡义务。因此，B 项错误。

C 项：国家行使外交保护权一般应符合三个条件：①侵害行为归因于国家；②国籍继续原则；③用尽当地救济。乙国将张某引渡给甲国不需要经中国同意，张某并未受到乙国不当行为的侵害，与外交保护无关。因此，C 项错误。

D 项："本国国民不引渡"是引渡领域的一般规则，张某为中国人，我国应当拒绝引渡。因此，D 项正确。

确。

综上所述，本题答案为 AD 项。

⑮ 1201076

【中等】答案：A,B。

解析：A 项：在国际法中，引渡并非国家的必然义务，而是基于条约或公约的义务。中国和乙国间无引渡条约，则无引渡义务。因此，A 项正确。

B 项：中华人民共和国外交部为指定的进行引渡的联系机关。因此，B 项正确。

C 项：对于引渡出去的引渡请求，审查机关应为最高人民法院指定的高级人民法院。因此，C 项错误。

D 项：中国对于引渡请求所指的犯罪具有刑事管辖权，并且对被请求引渡人正在进行刑事诉讼或者准备提起刑事诉讼的，可以拒绝引渡，而不是应当拒绝引渡。因此，D 项错误。

综上所述，本题答案为 AB 项。

【不定项】

⑯ 1301097

【中等】答案：A,B,C,D。

解析：A 项：《中华人民共和国引渡法》（以下简称《引渡法》）第 7 条规定，引渡请求所指的行为，依照中华人民共和国法律和请求国法律均构成犯罪，是中国准予引渡的条件之一。库克的行为依中国法和甲国法均构成犯罪。因此，A 项正确。

B 项：《引渡法》第 9 条规定，由于被请求引渡人的年龄、健康等原因，根据人道主义原则不宜引渡的，可以拒绝引渡。因此，B 项正确。

CD 项：《引渡法》第 8 条规定，根据中华人民共和国或者请求国法律，引渡请求所指的犯罪纯属军事犯罪的，应当拒绝引渡。因此，CD 项正确。

综上所述，本题答案为 ABCD 项。

（四）综合知识点

【单选】

⑰ 2101064

【简单】答案：C。

解析：AB 项：艾琳定居在甲国并取得甲国国籍，已经自动丧失了中国国籍。艾琳作为外国人入境必须办理签证。因此，AB 项错误。

C 项：甲国爆发疫情，甲国夫妇汤姆和玛丽入境可能对我国公共卫生造成重大危害，据此我国可以拒绝签发签证禁止二人入境。对不准入境的，出入境边防检查机关可以不说明理由。因此，C 项正确。

D 项：艾琳属于外国人，在中国境内工作应当按照规定取得工作许可和工作类居留证件，不可以直接从事兼职工作。因此，D 项错误。

综上所述，本题答案为 C 项。

【多选】

⑱ 2001188

【较简单】答案：B,C。

解析：A 项：我国不承认中国公民具有双重国籍，但不代表中国公民没有双重国籍。王某并不会因此丧失中国国籍。因此，A 项错误。

B 项：国籍的丧失包括自动丧失和申请丧失，自动丧失中国国籍要求中国公民定居国外，并且自愿加入或取得外国国籍。王某不符合自动丧失中国国籍的条件，王某如要退出中国国籍，必须办理申请手续。因此，B 项正确。

C 项：引渡必须符合"双重犯罪标准"，王某仅违反了丙国的进出口管制法，乙国无权扣留并引渡王某。因此，C 项正确。

D 项：我国《出境入境管理法》并未规定不准多国护照持有者入境。因此，D 项错误。

综上所述，本题答案为 BC 项。

二、模拟题

【不定项】

⑲ 61907093

【较简单】答案：A,B。

解析：A 项：在申请签证过程中弄虚作假或者不能保障在中国境内期间所需费用的，不予签发签证，签证机关可以不说明理由。因此，A 项正确。

B 项：持联程客票搭乘国际航行的航空器、船舶、列车从中国过境前往第三国或者地区，在中国境内停留不超过 24 小时且不离开口岸的，可以免办签证。故 KING 可以免办签证。因此，B 项正确。

C 项：外国人只有取得工作许可和工作类居留证件，才可在中国境内工作。KING 持旅游签证进入中国旅游，未获得工作类居留证件而从事工作，属于非法就业。因此，C 项错误。

D 项：被遣送出境的人员，自被遣送出境之日起一至五年内不准入境。KING 被遣送出境后一至五年内不准入境而不是永远不得入境。因此，D 项错误。

综上所述，本题答案为 AB 项。

⑳ 62107013

【中等】答案：B,C。

解析：A 项：根据《国籍法》第 5 条的规定："父母双方或一方为中国公民，本人出生在外国，具有中国国籍；但父母双方或一方为中国公民并定居在外国，本人出生时即具有外国国籍的，不具有中国国籍。"甲的父母并未定居外国，甲可以获得中国国籍。因此，A 项错误。

B 项：根据《国籍法》第 9 条的规定："定居外国的中国公民，自愿加入或取得外国国籍的，即自动丧失中国国籍。"乙定居新西兰且自愿加入了新西兰国籍，就自动丧失中国国籍。因此，B 项正确。

C 项：根据《国籍法》第 6 条的规定："父母无国籍或国籍不明，定居在中国，本人出生在中国，具有中国国籍。"因此，C 项正确。

D 项：根据《国籍法》第 16 条的规定："加入、退出和恢复中国国籍的申请，由中华人民共和国公安部审批。经批准的，由公安部发给证书。"丁不能自动获得中国国籍，应当提交申请并经公安部审批。因此，D 项错误。

综上所述，本题答案为 BC 项。

第五章
外交关系和领事关系

参考答案

[1]D	[2]D	[3]B	[4]D	[5]CD
[6]C	[7]A	[8]B	[9]B	[10]C
[11]BC	[12]B			

一、历年真题及仿真题

（一）外交关系

【单选】

① 1901037

【简单】答案：D。

解析：ABD项：对于被宣布为"不受欢迎的人"，如果在杰某入境以后被宣告，则派遣国甲国应酌情召回杰某或终止其使馆人员的职务。否则，接受国乙国可以拒绝承认杰某为使馆人员，甚至令其限期离境。因此，D项正确。AB项中"立即召回"和"立即停止"表述错误，因此，AB项错误。

C项：对于派遣国的使馆馆长及外交人员，接受国可以随时不加解释地宣布其为"不受欢迎的人"而不必说明理由，甲国无权要求乙国说明杰某"不受欢迎"的理由。因此，C项错误。

综上所述，本题答案为D项。

② 1801018

【简单】答案：D。

解析：A项：使馆分为三个级别：大使馆、公使馆和代办处。代办处仍然为使馆，受外交法保护，享有特权和豁免。因此，A项错误。

B项：外交人员的豁免权并不表明其不负任何刑事责任，只不过是接受国对之不能进行刑事审判和处罚，一般来讲，派遣国甲国要为其外交人员杰某的不法行为承担国家责任，且有可能追究杰某的个人刑事责任。因此，B项错误。

C项：随员属于外交人员，享有完全的刑事管辖豁免，即乙国的司法机关不得对杰某进行刑事审判和处罚。因此，C项错误。

D项：外交人员杰某的特权和豁免可以由派遣国甲国放弃，但必须是明示放弃。一旦甲国放弃杰某的特权和豁免，则外交人员不再享有相应权利，乙国可以对杰某采取刑事强制措施。因此，D项正确。

综上所述，本题答案为D项。

③ 1701033

【较简单】答案：B。

解析：A项：必须经接受国同意才能派遣的人员包括：使领馆馆长、武官、特别使团以及不具有派遣国国籍的人员。杰克是武官，派遣前应先征得乙国同意。因此，A项错误。

B项：约翰是外交秘书，属于外交人员，享有完全的刑事管辖豁免权，乙国司法机关不得对其进行刑事审判和处罚。因此，B项正确。

C项：玛丽属于使馆中的行政技术人员，不是接受国国民且不属于接受国永久居留者，在执行职务范围内的行为享有外交人员的一般特权与豁免。因此，C项错误。

D项：如遇使馆人员死亡，其家属应继续享有其应享有的特权与豁免，直到给予其离境的合理期间结束时终止，而不是自使馆人员死亡时终止。因此，D项错误。

综上所述，本题答案为B项。

④ 2301107

【中等】答案：D。

解析：A项：大卫作为外交人员，享有完全的刑事管辖豁免，但豁免的是管辖而非刑事责任。因此，A项错误。

B项：外交人员的特权与豁免只能由派遣国明示放弃，外交人员本身没有作出这种放弃的权利。因此，B项错误。

C项：外交人员不应在接受国为私人利益从事任何专业或商业活动。因此，C项错误。

D项：外交人员不得干涉接受国的内政，不得参加或支持旨在反对接受国政府的集会、游行示威活动等。因此，D项正确。

综上所述，本题答案为D项。

【多选】

⑤ 1901057

【较简单】答案：C,D。

解析：A 项：使馆免纳国家或地方的捐税，如房产税，但此项免除不包括为使馆提供特定服务所收的费用，如水电费、取暖费、物业费和清洁费等。乙国应为甲国大使馆提供"免费物业服务"说法错误。因此，A 项错误。

B 项：接受国人员非经使馆馆长许可，不得进入使馆馆舍，送达司法文书或遇火灾以及流行病发生，也不例外，乙国卫生部门人员不得未经许可进入使馆消毒。因此，B 项错误。

C 项：甲国使馆为了通讯的需要可采用一切适当方法，包括外交信差、外交邮袋及明密码电信在内。但非经接受国乙国同意不得装置使用无线电发报机。因此，C 项正确。

D 项：外交人员享有完全的对接受国刑事管辖的豁免，即接受国的司法机关不得对其进行刑事审判和处罚。故乙国司法部门不得对杰某进行刑事审判和处罚。因此，D 项正确。

综上所述，本题答案为 CD 项。

（二）领事关系

【单选】

⑥ 1501034

【较简单】答案：C。

解析：ABCD 项：必须经接受国同意才能派遣的人员包括：使领馆馆长、武官、特别使团、不具有派遣国国籍的人员。布朗为丙国公民，属于不具有派遣国国籍的人员，只要接受国丁国同意即可派遣，此做法不违反《公约》，也不需要征得丙国同意。因此，C 项正确，ABD 项错误。

综上所述，本题答案为 C 项。

⑦ 1301032

【中等】答案：A。

解析：A 项：领事官员的人身不得侵犯，但对犯有严重罪行或司法机关已裁判执行的除外。因此，A 项正确。

BC 项：领事官员只有在执行职务的范围内，才不

受接受国的司法和行政管辖，也无相关的作证义务。因此，BC 项错误。

D 项：领馆人员免纳个人所得税和其他直接税，但间接税、遗产税、服务费等不在此列。因此，D 项错误。

综上所述，本题答案为 A 项。

（三）综合知识点

【单选】

⑧ 2001186

【中等】答案：B。

解析：A 项：参赞属于外交人员，不管在不在工作时间，都享有绝对的刑事管辖豁免，外交人员的特权与豁免只能由派遣国明示放弃，外交人员本身没有作出这种放弃的权利。因此，A 项错误。

B 项：外交信使只有在职务范围内才享有人身不受侵犯的特权，当其将负责携带的外交邮袋送交收件人后即不再享有此等豁免。因此，B 项正确。

C 项：领事官员执行职务应限于领馆辖区范围内，在领馆辖区范围外执行职务须经接受国同意。因此，C 项错误。

D 项：外交代表不应在接受国内为私人利益从事任何专业或商业活动。因此，D 项错误。

综上所述，本题答案为 B 项。

⑨ 2001182

【简单】答案：B。

解析：A 项：现代国际法认为外交庇护没有合法依据，且《维也纳外交关系公约》明确规定使馆馆舍不得用于与使馆职务不相符合的用途。因此，A 项错误。

B 项：领馆邮袋如有重大理由可在派遣国授权代表在场的情况下开拆，若派遣国拒绝开拆，邮袋应退回原发送地。因此，B 项正确。

C 项：根据《维也纳外交关系公约》的规定，接受国有权声明外交人员为不受欢迎的人，且不需要说明理由。因此，C 项错误。

D 项：在领馆遭遇火灾等紧急情况时，如果联系不到领馆馆长，可推定领馆馆长已经同意而进入领馆采取保护行动，但在领馆馆长已经明确反对

的情况下，则不能推定其同意而进入领馆。因此，D项错误。

综上所述，本题答案为B项。

⑩ 1201032

【简单】答案：C。

解析：AC项：根据《维也纳外交关系公约》有关规定，外交人员享有完全的对接受国刑事管辖的豁免，外交人员不受任何方式的拘禁或逮捕，外交人员也免除作证义务。杰克是甲国驻乙国大使馆参赞，属于一般外交人员。因此，A项错误，C项正确。

B项：使馆馆舍不得侵犯，不区分工作区还是非工作区，接受国人员非经使馆馆长许可，不得进入使馆馆舍。因此，B项错误。

D项：由于受害人是丙国人，丙国可以根据保护性管辖权对该案进行管辖。因此，D项错误。

综上所述，本题答案为C项。

【多选】

⑪ 1001079

【较简单】答案：B,C。

解析：AB项：使馆馆舍不得侵犯，未经馆长同意，不得进入包括私人休息区域和馆长的私人官邸，也不得征用使馆馆舍、设备及其财产。因此，A项错误，B项正确。

CD项：确有必要时，领馆馆舍、设备及其财产可以征用，但应给予补偿。因此，C项正确，D项错误。

综上所述，本题答案为BC项。

二、模拟题

【单选】

⑫ 62107017

【较难】答案：B。

解析：A项：必须经接受国同意才能派遣的人员包括使领馆馆长、武官、特别使团和不具有派遣国国籍的人员，陆某为参赞，不需要接受国同意。因此，A项错误。

B项：陆某是鲁国驻齐国大使馆参赞，享有完全的刑事管辖豁免，齐国法院无权管辖。因此，B

项正确。

C项：外交人员豁免的放弃必须由派遣国明示作出，外交人员本身没有作出放弃的权利。花花作为武官，无权放弃免除作证义务的特权。因此，C项错误。

D项：对于外交人员的民事和行政管辖豁免存在例外情形，包括：①私有不动产之物权诉讼；②以私人身份参与继承案件的诉讼；③外交代表于公务范围以外所从事的专业或商业活动引起的诉讼；④主动起诉而被反诉。因此，D项错误。

综上所述，本题答案为B项。

第六章
条约法

参考答案

| [1] CD | [2] BCD | [3] B | [4] A | [5] AC |
| [6] AD | [7] BCD | [8] ACD | [9] A | [10] C |

一、历年真题及仿真题

（一）条约的缔结

【多选】

① 2001024

【中等】答案：C,D。

解析：A项：甲国是保留国，乙国是接受保留国，甲乙两国之间适用保留内容，即甲乙两国就该条约产生的纠纷不提交国际法院解决。因此，A项错误。

B项：若反对保留国不仅反对保留，而且反对该条约在保留国与反对保留国之间生效，则该条约不在两国之间发生效力。题中丙国对甲国保留的反对即为该种情况，则该条约在甲丙两国之间不发生效力。因此，B项错误。

C项：若反对保留国仅反对保留，并不反对该条约在保留国与反对保留国之间生效，则保留所涉及的规定，不适用该两国之间。题中丁国对甲国保留的反对即为该种情况，两国之间条约有效，而保留条款所涉事宜两国并未达成协议。因此，C项正确。

D项：在未提出保留的国家之间，仍然按照原来条约的规定缔约。题中，乙丙丁三国并未提出保留，仍然按照条约原来的规定来处理两者关系。因此，D项正确。

综上所述，本题答案为CD项。

2 　1201074

【中等】答案：B,C,D。

解析：A项：签署是约文认证的一种方式，根据条约本身的规定或有关各方的约定，签署在不同情况下可以有不同的法律意义，对规定或约定需要批准的条约，签署除对约文的认证外，还含有签署者代表的国家初步同意缔结该条约的意思。是否批准及何时批准一项条约，由各国自行决定，国家没有必须批准其所签署条约的义务。因此，A项错误。

B项：根据《中华人民共和国缔结条约程序法》第7条规定，条约和重要协定的批准由全国人民代表大会常务委员会决定。前款规定的条约和重要协定是指：……（三）有关司法协助、引渡的条约、协定；……因此，B项正确。

C项：根据《维也纳条约法公约》的规定，不得对条约规定禁止的保留提出保留。因此，C项正确。

D项：根据《民事诉讼法》第271条规定，中华人民共和国缔结或者参加的国际条约同本法有不同规定的，适用该国际条约的规定，但中华人民共和国声明保留的条款除外。因此，D项正确。

综上所述，本题答案为BCD项。

（二）综合知识点

【单选】

3 　2101132

【较简单】答案：B。

解析：A项：司法协助条约确实需要批准，但批准的主体不是全国人大，而是全国人大常委会。因此，A项错误。

BC项：在提出保留国和接受保留国之间适用保留后的条款，在提出保留国和拒绝接受保留国之间，保留所涉及的条款视为不存在，而不是整个条约

视为不存在。因此，B项正确，C项错误。

D项：当国际条约和我国国内法规定不一致时，民商事领域条约优先，知识产权领域有特别规定的除外。题目中所涉及的条约是《民商事案件司法协助条约》，所以应该是条约优先适用。因此，D项错误。

综上所述，本题答案为B项。

4 　1401032

【简单】答案：A。

解析：A项：国际法上的默示承认主要包括：与承认对象建立正式外交关系；与承认对象缔结正式的政治性条约；正式接受领事或正式投票支持参加政府间国际组织。联合国大会属于政府间国际组织，所以乙国在联大投赞成票支持"西甲"入联，构成对"西甲"的默示承认。因此，A项正确。

B项：条约继承的实质是在领土发生变更时，被继承国的条约对于继承国是否继续有效的问题。一般地，与领土有关的"非人身性条约"，如有关领土边界、河流交通、水利灌溉等条约，属于继承的范围；而与国际法主体人格有关的所谓"人身性条约"以及政治性条约，如和平友好、同盟互助、共同防御等条约，一般不予继承。甲国与乙国的划界条约属于"非人身性条约"，对"西甲"产生效力。因此，B项错误。

C项：联合国会员国缔结的条约是否在联合国秘书处登记，不影响该条约的效力，未在联合国秘书处登记的条约，只会导致联合国机关不能援引该条约。因此，C项错误。

D项：安理会在向大会推荐接纳新会员国或秘书长人选、建议中止会员国权利和开除会员国等问题上，属于实质性事项，需要满足9个同意票＋"大国一致原则"才能通过。因此，D项错误。

综上所述，本题答案为A项。

【多选】

5 　2201101

【较简单】答案：A,C。

解析：AD项：在同为先后两条约的当事国之间，适用后约优于先约的原则。甲乙丙国均为后约

《自由贸易区协定》当事国，则适用后约规定，对机床应征收 3% 关税。因此，A 项正确，D 项错误。注意本题后约《自由贸易区协定》提出保留的内容仅限整车类产品，选项中的机床不属于整车类产品，不在保留范围内，仍适用条约原有规定，即征收 3% 的关税。

B 项：由于丙国对汽车整车类产品作出保留，乙国拒绝接受保留，故《自由贸易区协定》中关于汽车整车类产品的规定在两国之间视为不存在，乙丙两国之间并未就整车类产品如何征税达成协议。因此，B 项错误。

C 项：丙丁两国同为先约的当事国，适用先约《工业制成品关税协定》，丁国对丙国机床征收 5% 关税符合规定。因此，C 项正确。

综上所述，本题答案为 AC 项。

6 `1501076`

【中等】答案：A，D。

解析：A 项：国家元首、政府首脑、外交部长、使馆馆长和一国派驻国际会议或国际组织的代表，谈判缔约时无须出具全权证书，除非另有约定。国务院总理属于政府首脑，无须出具全权证书。因此，A 项正确。

B 项：一般来说，签署只意味着缔约国的初步同意，并不表示受该条约的拘束。因此，B 项错误。

C 项：在民商事领域范围内，中国缔结或者参加的国际条约原则上在国内直接并优先适用，但知识产权条约除外。此外，WTO 协议规则在我国必须经过国内法"转化"才能适用。其他类型的条约在我国的地位和适用问题尚无定论。因此，C 项错误。

D 项：经全国人民代表大会常务委员会决定批准或者加入的条约和重要协定，由全国人民代表大会常务委员会公报公布。其他条约、协定的公布办法由国务院规定。因此，D 项正确。

综上所述，本题答案为 AD 项。

7 `1401076`

【较简单】答案：B，C，D。

解析：AB 项：先后就同一事项签订的两个条约的当事国部分相同、部分不同时，在同为两条约当事国之间，适用后约优于先约的原则。在同为两条约当事国与仅为其中一条约的当事国之间，适用两国均为当事国的条约。虽然乙丙丁三国签订了新公约，但是甲并非该公约的当事国，甲乙丙三国原公约并未失效，因此，A 项错误。乙丙两国同为先后两条约的当事国，则适用后约优先于先约原则，因此，B 项正确。

C 项：甲乙两国之间仅为前约的当事国，只能适用前约。甲国提出保留，乙国接受保留，则甲乙两国之间应适用保留修改后的原公约。因此，C 项正确。

D 项：在保留国与反对保留国之间，若反对保留国并不反对该条约在保留国与反对保留国之间生效，则保留所涉规定在两国之间视为不存在，但是条约关系依旧在甲丙之间存在。因此，D 项正确。

综上所述，本题答案为 BCD 项。

8 `1301074`

【较简单】答案：A，C，D。

解析：A 项：国家元首、政府首脑、外交部长、使馆馆长和一国派驻国际会议或国际组织的代表，谈判缔约时无须出具全权证书，除非另有约定。因此，A 项正确。

B 项：中国谈判代表作出待核准的签署只是初步同意，并不表明中国同意受条约拘束，是否同意受该条约拘束，还需要经过我国核准程序决定。因此，B 项错误。

C 项：条约和重要协定包括：①友好合作、和平等政治性条约；②有关领土划界条约；③司法协助、引渡条约；④同中国国内法规定不同的条约；⑤其他需要经过批准的条约。对于条约和重要协定需要由全国人大常委会决定是否批准，批准书由国家主席签署。因此，C 项正确。

D 项：国家用接受的方式表示最终同意受条约的约束，则由国务院决定，接受书由外交部长签署。因此，D 项正确。

综上所述，本题答案为 ACD 项。

二、模拟题

【单选】

9 `61807040`

【简单】答案：A。

解析：A 项：国家元首、政府首脑、外交部长、使馆馆长以及国家向国际会议或国际组织派遣的代表缔结国际条约，无须出具全权证书。因此，A 项正确。

B 项：除条约另有规定外，签署条约只能代表国家初步同意缔结该条约，尚未产生法律拘束力。因此，B 项错误。

C 项：条约的保留是指国家或国际组织在签署、批准、接受、核准或加入条约时所作的单方面声明，并不是所有缔约国必须接受的。因此，C 项错误。

D 项：在保留国和反对保留国之间，若反对保留国仅反对保留，并不反对该条约在保留国与反对保留国之间生效，则保留所涉及的规定在两国之间视为不存在。若反对保留国不仅反对保留，而且反对该条约在保留国与反对保留国之间生效，则该条约不在两国之间发生效力。题中甲国并未反对条约在甲丁国之间生效，故只是保留所涉条款视为不存在即可。因此，D 项错误。

综上所述，本题答案为 A 项。

⑩ 62207015

【较难】答案：C。

解析：A 项：根据《中华人民共和国缔结条约程序法》第 7 条规定："条约和重要协定的批准由全国人民代表大会常务委员会决定。前款规定的条约和重要协定是指：……（三）有关司法协助、引渡的条约、协定；……。"条约和重要协定的批准由全人常决定，国家主席签署。因此，A 项错误。

B 项：该条约属于民商事条约，民商事条约原则上在我国应直接适用、优先适用，但我国声明保留的条款不能直接适用，B 项说法过于绝对。因此，B 项错误。

CD 项：在保留国和接受保留国之间，适用保留后的条款；在保留国与反对保留国之间，保留所涉及的条款在两国之间视为不存在。乙国接受保留，我国和乙国之间适用保留后的条款。甲乙两国未提出保留，适用条约原来的规定，而不是视为不存在。因此，C 项正确，D 项错误。注意 D 选项问的是甲乙两国之间，而不是中国和甲国之间。

综上所述，本题答案为 C 项。

第七章
国际争端与战争

参考答案

[1] A	[2] A	[3] B	[4] A	[5] D
[6] A	[7] ACD	[8] A	[9] C	[10] B
[11] B	[12] B	[13] A	[14] C	[15] BC
[16] AC	[17]	[18] ABCD		

一、历年真题及仿真题

（一）国际争端的解决

【单选】

① 2301001

答案：A。

解析：AB 项：《联合国海洋法公约》强调和平解决争端的原则，并设定了两个层次的机制：①首先采取自行选择的任何和平方式来解决争端；②强制程序。目前有 4 个处于平等并列地位的机构可供当事方选择：海洋法法庭、国际法院、依附件七组成的仲裁法庭、依附件八组成的特别仲裁法庭；如果双方就争端解决的方式无法达成一致，则由依附件七组成的仲裁法庭审理。因此，A 项正确，B 项错误。

C 项：只要条约未对本国生效，均可以提出保留，至于条约本身是否生效并不影响保留的效力。《联合国海洋法公约》允许各成员国对争端强制程序提出保留，故甲在加入公约时提出保留，无需其他缔约国接受即可发生效力，可以排除仲裁法庭的强制管辖权。因此，C 项错误。

D 项：安理会是联合国在维持国际和平与安全方面负主要责任的机关，根据《联合国宪章》第 35 条第 2 款规定：非联合国会员国在预先声明就相关争端接受本宪章规定的和平解决争端的义务后，也可以提请大会或安理会注意。因此，D 项错误。

综上所述，本题答案为 A 项。

② 2201098

【较简单】答案：A。

解析：A 项：谈判是国际争端的一种解决方式，是国家主权的体现，甲乙两国可以自由选择谈判的时间、地点、方式，因此，A 项正确。

BD 项：斡旋和调停的根本区别在于第三方是否直接参与争端国之间的谈判。斡旋仅仅是促成谈判，不参与谈判，不提供实质性的意见，而调停需要第三方直接参与到争端国之间的谈判并提出实质性建议。丙国总统作为斡旋者，不能提出争端解决方案，也不能参加谈判，因此，BD 项错误。

C 项：平时封锁只有安理会作出决议并采取行动才是合法的。甲国派军舰封锁乙国海岸线违反了国际法中不使用武力或威胁原则，因此，C 项错误。

综上所述，本题答案为 A 项。

（二）国际法院

【单选】

③ 1701034

【中等】答案：B。

解析：A 项：对于海洋划界、领土争端、军事活动、涉及历史性海湾所有权的争端以及联合国安理会正在行使其管辖权的争端，缔约国可以通过书面声明来排除强制程序的适用。甲作为缔约国，其可通过书面声明排除公约强制程序的适用。因此，A 项错误。

B 项：只有争端各方都选择了海洋法法庭，法庭才有管辖权。甲、乙、丙三国对某海域的划界争端，只有丙国在加入公约时书面声明选择国际海洋法法庭的管辖，而甲国通过书面声明排除公约强制程序的适用，乙签署公约时口头声明（必须书面）选择国际海洋法法庭的管辖，故国际海洋法法庭对该争端没有管辖权。因此，B 项正确。

C 项：若争端当事国达成协议同意将争端提交给国际法院，国际法院才有管辖权。因此，C 项错误。

D 项：国际海洋法法庭的建立，不排除国际法院对海洋活动争端的管辖，争端当事国可以自愿选择将海洋争端交由哪个机构来审理。因此，D 项错误。

综上所述，本题答案为 B 项。

（三）战争法

【单选】

④ 2201099

【简单】答案：A。

解析：A 项：根据人道主义原则，乙国战俘携带的金钱和首饰属于私产，甲国只能限制使用，不得没收，因此，A 项正确。

B 项：战时唯一能够没收的只有敌国在本国境内除使馆财产以外的公产。对于甲国驻乙国大使馆财产，即使在规定的闭馆期间届满后，甲国也不得没收，因此，B 项错误。

C 项：战时中立国有不作为、防止和容忍的义务。丙国作为战时中立国，其若将领土借给甲国运送军用物资则会违反不作为和防止的义务。因此，C 项错误。

D 项：甲乙两国宣战以后，外交和领事关系断绝，但使领馆以及外交和领事官员的特权与豁免在合理期限内一般不受影响，因此，D 项错误。

综上所述，本题答案为 A 项。

⑤ 1201034

【简单】答案：D。

解析：A 项：战争开始后，交战国之间：①领土条约继续有效；②友好关系的政治条约，如互助条约、同盟条约等立即废止；③其他条约暂停适用。因此，A 项正确，不当选。

B 项：交战国对于其境内的敌国人民的私产可予以限制，如禁止转移、冻结或征用，但不得没收。因此，B 项正确，不当选。

C 项：中立国有不作为、防止和容忍义务，但有权与交战国的任一方保持正常的外交和商务关系。因此，C 项正确，不当选。

D 项：中立国有义务采取一切可能的措施，防止交战国在其领土或其管辖范围内的区域从事战争，或利用其资源准备从事战争敌对行动以及战争相关的行动。丙国违反了中立国的防止义务。因此，D 项错误，当选。

综上所述，本题为选非题，答案为 D 项。

⑥ 2301108

【较简单】答案：A。

解析：A项：国际法意义上的战争状态以交战各方是否存在"交战意思"为决定性因素，因此乙国和丙国的宣战，构成了战争开始的标志。因此，A项正确。

BC项：根据《日内瓦第三公约》和人道主义原则，应准许战俘与其家属通讯和收寄邮件，应尊重战俘的风俗习惯和宗教信仰，允许他们从事宗教、文化和体育活动。因此，BC项错误。

D项：安理会为制止破坏和平、威胁和平和侵略行为而作出的决定以及在其职能范围内作出的决定，对争端当事国和所有成员国都具有拘束力。因此，D项错误。

综上所述，本题答案为A项。

【多选】

7 `2101059`

【中等】答案：A,C,D。

解析：AB项：战争开始后，交战国之间：①领土条约继续有效；②友好关系的政治条约，如互助条约、同盟条约等立即废止；③其他条约暂停适用。因此，A项正确，B项错误。

C项：交战国对在海上遇到敌国公、私船舶及货物，可予以拿捕没收，但对从事探险、科学、宗教或慈善以及执行医院任务的船舶除外，乙国商船不属于例外情况，甲国军舰可以拿捕没收。因此，C项正确。

D项：战争开始后，交战国对其境内的敌国公民可以实行各种限制，如进行敌侨登记、强制集中居住等，但应尽可能减免对敌国公民人身、财产和尊严上的限制和强制。因此，D项正确。

综上所述，本题答案为ACD项。

(四) 综合知识点

【单选】

8 `2201097`

【较简单】答案：A。

解析：A项：国际法官不适用国籍回避制度，除非其在就任前曾参与过该案件，题干并未提及，约翰对涉及甲国的案件不需要申请回避。因此，A项正确。

BC项：国际法官选举对联合国大会而言属于重要问题，需大会成员 2/3 以上多数选举通过；对安理会而言属于程序性问题，获得 9 个同意票即可通过，常任理事国不享有一票否决权。因此，BC项错误。

D项：国际法官的候选人由常设仲裁法院的各国团体提名，而非驻联合国代表团。因此，D项错误。

综上所述，本题答案为A项。

9 `2101063`

【简单】答案：C。

解析：AC项：丙国作为第三方参与甲乙两国的洽谈，并且与甲乙两国共同发布停战协议，该行为属于调停。调停国提出的方案本身没有拘束力，调停国对于进行调停或调停成败不承担任何法律义务或后果。因此，A项错误，C项正确。

B项：战争开始后，交战国人民之间禁止贸易和商务往来，但对已履行的契约或已结算的债务并不废除。故甲国 A 公司与乙国 B 公司之间已经达成的商业合同并不自动废止。因此，B项错误。

D项：战争开始后，交战国之间的外交关系一般自动断绝，但接受国有义务尊重馆舍财产和档案安全，对使馆的财产不可没收。故甲国不可没收乙国驻甲国大使馆的财产。因此，D项错误。

综上所述，本题答案为C项。

10 `1801017`

【简单】答案：B。

解析：A项：国际法院法官对于涉及其国籍国的案件，不适用回避制度，除非其就任法官前曾参与该案件。乙国不得因国籍申请该法官回避。因此，A项错误。

B项：在法院受理案件中，如果双方当事国一国有本国籍的法官，他方当事国可以选派一人作为专案法官参加案件的审理。双方都没有本国国籍的法官，则双方都可以选派一名专案法官参与案件的审理。故甲国可以申请增加本国国籍的法官为专案法官。因此，B项正确。

C项：如乙国拒不履行国际法院判决，甲国应向安理会提出申诉，安理会可以作出有关建议或决定采取措施执行判决，而不是申请国际法院强制执行该判决。因此，C项错误。

D项：国际法渊源有且仅有3个：国际条约、国际习惯、一般法律原则。其他司法判例、专家学者学说等都不是国际法渊源。题中判决对本案及甲乙两国产生拘束力，但并非对所有联合国成员国都有约束力，不能成为国际法渊源。因此，D项错误。

综上所述，本题答案为B项。

11 `1701032`

【较简单】答案：B。

解析：ABC项：根据1963年《东京公约》、1970年《海牙公约》和1971年《蒙特利尔公约》的规定，下列国家均拥有对于危害民航安全罪行的管辖权：航空器登记国；航空器降落地国，当犯罪嫌疑人仍在航空器内；承租人的营业地国或常住地国，当航空器是不带机组的出租航空器；嫌疑人所在国；嫌疑人国籍国或永久居所国；犯罪行为发生地国；罪行后果涉及国，包括受害人国籍国或永久居所国、后果涉及领土国、罪行危及其安全的国家；根据本国法行使管辖权的其他国家。题中，甲国是犯罪嫌疑人国籍国，乙国是民用航空器的登记国，丙国是犯罪行为实施地国，甲乙丙三国对该劫机行为均有管辖权。因此，B项正确，AC项错误。

D项：国际刑事法院作为对各国国内司法制度的补充，其管辖范围限于灭绝种族罪、战争罪、危害人类罪、侵略罪等几大类，所管辖的犯罪行为限于发生在规约生效后。劫机犯罪不属于国际刑事法院管辖范围。因此，D项错误。

综上所述，本题答案为B项。

12 `1601034`

【较简单】答案：B。

解析：A项：安理会表决国际法官人选属于程序性决议，程序性决议的表决采取9个同意票即可通过，不要求"大国一致原则"，故常任理事国不存在一票否决权。因此，A项错误。

B项：国际法院为联合国主要司法机关。国际法院有诉讼管辖和咨询管辖两项职权。因此，B项正确。

C项：国际法院作为联合国的司法机关，联合国机构，包括联合国大会及大会临时委员会、安全理事会、经济及社会理事会、托管理事会、要求复核行政法庭所作判决的申请委员会，以及经大会授权的联合国专门机构和其他机构，可以就执行其职务中的任何法律问题请求国际法院发表咨询意见。其他任何国家、团体和个人（包括联合国秘书长），都无权请求国际法院发表咨询意见。因此，C项错误。

D项：国际法院的判决是终局性的。判决一经作出，即对本案及本案当事国产生拘束力。但当事国可以通过向法院申请解释或者复核的方式进行救济。因此，D项错误。

综上所述，本题答案为B项。

13 `1301034`

【较简单】答案：A。

解析：A项：安理会表决国际法官人选属于程序性决议，程序性决议的表决采取9个同意票即可通过，不要求"大国一致原则"，故常任理事国不存在否决权。因此，A项正确。

B项：国际法官对涉及其本国的案件，该法官有参加审理的权利，不适用回避制度，除非其就任国际法官前曾参与该案件。因此，B项错误。

C项：国际法的渊源包括国际习惯、国际条约和一般法律原则，司法判例、各国国际法权威学者的学说以及国际组织的决议不是国际法渊源。因此，C项错误。

D项：国际法院的咨询意见，仅是国际法院对某一问题发表的看法，并没有严格的庭审程序，对当事国只具有参考价值，而没有拘束力。因此，D项错误。

综上所述，本题答案为A项。

14 `1201033`

【较简单】答案：C。

解析：AC项：对于任何争端，当事国都可以在争端发生后，双方达成协议，将争端提交国际法院，法院根据当事国各方的同意进行管辖。当事国单方同意国际法院管辖的，法院无管辖权。故甲、乙两国可达成协议将争议提交联合国国际法院。因此，A项正确，不当选，C项错误，当选。

B项：国际海洋法法庭只管辖海洋争端，而不能处理陆地领土争端。本题中甲乙关于岛屿的争端属于陆地领土主权归属的领土争端。因此，B 项正确，不当选。

D 项：协商是解决国际争端传统方式中的非强制方法，对本题中的争端当事国可以协商解决，因此，D 项正确，不当选。

综上所述，本题为选非题，答案为 C 项。

【多选】

⑮ 1101076

【简单】答案：B,C。

解析：A 项：国际争端应当和平解决，第三国实施武装干涉违反了国际法原则。因此，A 项错误。

B 项：调停是指第三方以调停人的身份，就争端的解决提出方案，并直接参加或主持谈判，以协助争端解决。调停属于和平解决国际争端的政治方法之一。因此，B 项正确。

C 项：对任何争端，当事国都可以在争端发生后，达成协议，将争端提交国际法院，国际法院对此争端获得管辖权。因此，C 项正确。

D 项：国际法院可就国际争端解决提出咨询意见，但该意见没有法律拘束力。因此，D 项错误。

综上所述，本题答案为 BC 项。

【不定项】

⑯ 1401097

【较简单】答案：A,C。

解析：A 项：国际海洋法法庭专门解决海洋活动争端，但不排除国际法院对海洋活动争端的管辖，争端当事国可以自愿选择将海洋争端交由哪个机构来审理。因此，A 项正确。

B 项：海洋法法庭管辖海洋争端的前提是，争端各方都同意海洋法法庭管辖，法庭才有管辖权，只有甲国单方同意，法庭无管辖权。因此，B 项错误。

C 项：解决国际争端的政治方法有谈判与协商、斡旋与调停、调查与和解。实践中，谈判和协商可能会达成协议，也可能破裂或无限期进行或延期。除非特别约定，谈判或协商的当事国没有达成有拘束力协议的义务。因此，C 项正确。

D 项：调停国提出的方案本身没有拘束力，调停国对于进行调停或调停成败不承担任何法律义

务或后果。因此，D 项错误。

综上所述，本题答案为 AC 项。

二、模拟题

【单选】

⑰ 62207016

【中等】答案：D。

解析：A 项：国际法院的判决具有法律拘束力，如一方不履行判决，他方可向安理会提出申诉，安理会可以作出建议或决定采取措施执行判决。国际法院不能强制执行。因此，A 项错误。

B 项：只有联合国机构，包括联合国大会、安理会、经理会等才可以请求国际法院发表咨询意见，其他任何国家、团体和个人都无权请求国际法院发表咨询意见。因此，B 项错误。

C 项：战争开始后，领土条约继续有效，如边界条约；友好关系的政治条约自动废止，如同盟条约、互助条约；其他条约暂停适用。因此，C 项错误。

D 项：战争开始后，交战国对于其境内的敌国国家财产，除属于使馆的财产档案等外，可予以没收。因此，D 项正确。

综上所述，本题答案为 D 项。

【多选】

⑱ 61807035

【中等】答案：A,B,C,D。

解析：A 项：战争开始的后果主要在如下四方面：①交战国之间的关系由和平状态转为战争状态；②外交、领事关系断绝；③经贸往来禁止；④条约关系受到影响。战争开始后甲乙之间条约关系会受影响，并非终止一切条约关系，其中战争条约反而开始适用。因此，A 项错误，当选。

B 项：该行为属于背信弃义的行为，不符合国际法。因此，B 项错误，当选。

C 项：战争开始后，甲乙两国的条约：①凡以维持共同政治行动或友好关系为前提的条约，如同盟条约、互助条约或和平友好条约立即废止；②一般的政治和经济类条约，如引渡条约、商务条约等，除条约另有规定外，也停止效力；③关于

规定缔约国间固定或永久状态的条约，如边界条约、割让条约等一般应继续维持。因此，C项错误，当选。

D项：交战国在海上遇到敌国公、私船舶及货物，原则上可予以拿捕没收，但对从事探险、科学、宗教或慈善以及执行医院任务的船舶除外；对于在本国境内的敌国国家财产，除使馆的财产档案外，可予以没收。因此，D项错误，当选。

综上所述，本题为选非题，答案为ABCD项。

国际私法

第一章 国际私法基本理论

参考答案

[1]A　　[2]D　　[3]CD

一、历年真题及仿真题

（一）国际私法概述

【单选】

1 2002137

【较简单】答案：A。

解析：ABCD项：在我国，法人国籍以其登记设立地来确定。沃林公司的主要办事机构所在地（住所）有变化，但登记注册地始终是在甲国，沃林公司的国籍为甲国。因此，A项正确，BCD项错误。

综上所述，本题答案为A项。

2 1301037

【简单】答案：D。

解析：ABCD项：在涉外民事法律关系中，自然人连续居住一年以上且作为其生活中心的地方，人民法院可以认定为其经常居所地，但就医、劳务派遣、公务除外。张某在马来西亚和北京居住是由于劳务派遣和就医，受雇于香港某公司时，张

某周一到周五在香港上班，周五晚回深圳与家人团聚，香港并不构成张某的生活中心。因此都不改变张某的经常居所地，其经常居所地一直在深圳。因此，D项正确，ABC项错误。

综上所述，本题答案为D项。

（二）综合知识点

【多选】

3 1901055

【中等】答案：C,D。

解析：A项：对于外国人有未了结的民事案件，人民法院决定不准出境的，边检机关才可限制其出境，两个条件缺一不可。因此，A项错误。

B项：经常居住地是指自然人连续居住一年以上且作为其生活中心的地方，但就医、劳务派遣、公务除外。杰某因公务来华，不改变经常居住地的认定，其经常居住地仍是甲国。因此，B项错误。

C项：外国人超出工作许可限定范围在中国境内工作的，属于非法就业。杰某因公务来华，利用假期在语言学校兼职授课，属于超出工作许可限定范围在中国境内工作的情形，系非法就业。因此，C项正确。

D项：父母双方或一方为中国公民，本人出生在中国，具有中国国籍。王某为中国人，其与杰某在北京所生之子具有中国国籍。因此，D项正确。

综上所述，本题答案为CD项。

第二章
冲突规范和准据法

参考答案

[1] D　　[2] A

一、历年真题及仿真题

冲突规范和准据法

【单选】

1 `1101038`

【简单】答案：D。

解析：ABCD 项：单边冲突规范，是指直接规定适用某国法律的冲突规范。重叠适用的冲突规范，是指同时适用 2 种及以上法律的冲突规范。选择适用的冲突规范，是指有 2 种及以上的法律，但只能选择适用其中之一的冲突规范；在这 2 种及以上的法律中，有选择适用先后顺序限制的，叫做有条件选择适用的冲突规范，没有选择适用先后顺序限制的，就叫无条件选择适用的冲突规范。本题中，关于结婚条件的法律适用，有多种适用法律，并且存在适用先后顺序限制，因此属于有条件选择适用的冲突规范。因此，ABC 项错误，D 项正确。

综上所述，本题答案为 D 项。

2 `1001033`

【较简单】答案：A。

解析：A 项：冲突规范是一种间接规范，实体规范是一种直接规范，冲突规范与实体规范是不同的。实体规范直接规范了当事人的实体权利义务，而冲突规范指向准据法，所指向的准据法是实体规范。因此，A 项错误，当选。

BC 项：属人法是最常见的系属公式之一，即以当事人的国籍、住所或惯常居所作为连结点的系属。当事人的本国法就是指当事人的国籍国法。属人法除了本国法和住所地法外，还包括经常居住地法等。因此，BC 项正确，不当选。

D 项：所谓准据法，是指经冲突规范指定援用来

具体确定民商事法律关系当事人的权利与义务的特定的实体法律。因此，D 项正确，不当选。

综上所述，本题为选非题，答案为 A 项。

第三章
适用冲突规范的制度

参考答案

[1] A　　[2] D　　[3] B　　[4] BC　　[5] B

[6] C　　[7] A　　[8] C　　[9] AB　　[10] B

[11] ABD

一、历年真题及仿真题

（一）定性和反致

【单选】

1 `1902119`

【较简单】答案：A。

解析：ABCD 项：我国法院审理涉外民事案件，根据冲突规范指引所适用的外国法，仅指该外国的实体法，不包括法律适用法。题中，"依据中国法律应适用墨西哥法"当中的"墨西哥法"，仅指该国的实体法，而"依墨西哥法应适用中国法"当中的"墨西哥法"为该国的法律适用法，我国不予适用，故我国法院应直接适用墨西哥的实体法。另外注意题中"依中国法应适用墨西哥法，依墨西哥法应适用中国法"属于转致的规定，我国禁止反致与转致，所以只能适用墨西哥的实体法，不能适用中国的实体法。因此，A 项正确，BCD 项错误。

综上所述，本题答案为 A 项。

（二）外国法的查明

2 `2202039`

【较简单】答案：D。

解析：ABCD 项：外国法查明的义务主体取决于外国法被适用的原因：（1）如果外国法适用是当事人意思自治导致的，当事人负责查明；（2）若

是其他原因导致的，由审理案件的法院、仲裁机构或者行政机关查明。本案甲、乙公司协议选择适用 M 国法，应由当事人负责查明 M 国法。鉴定人、专家辅助人、证人的出庭都是对案件的事实提供鉴定意见、专家意见及证言，而外国法的查明是对法律内容提供意见，无需出庭。因此，ABC 项错误，D 项正确。

综上所述，本题答案为 D 项。

③ 1301036
【较简单】答案：B。
解析：AD 项：关于外国法查明，当事人选择适用外国法律的，由当事人负责查明；不是当事人选择适用外国法律的，由法院、仲裁机构或者行政机关查明。不能查明外国法律或者该国法律没有规定的，适用中国法。因此，AD 项错误。

B 项：人民法院应当听取各方当事人对应当适用的外国法律的内容及其理解与适用的意见，当事人对该外国法律的内容及其理解与适用均无异议的，人民法院可以予以确认；当事人有异议的，由人民法院审查认定。因此，B 项正确。

C 项：人民法院通过由当事人提供、已对中华人民共和国生效的国际条约规定的途径、中外法律专家提供等合理途径仍不能获得外国法律的，可以认定为不能查明外国法律。当事人负责查明外国法律的，其在人民法院指定的合理期限内无正当理由未提供该外国法律的，可以认定为不能查明外国法律。因此，仅无法通过中外法律专家提供的方式获得外国法律的，不能认定为不能查明，因此，C 项错误。

综上所述，本题答案为 B 项。

【多选】

④ 2102043
【中等】答案：B，C。
解析：A 项：关于外国法查明，当事人选择适用外国法律的，由当事人负责查明；不是当事人选择的，由人民法院、仲裁机构或者行政机关查明。本案由法院根据冲突规范确定应适用 A 国法律，故法院负有查明义务，当事人没有查明义务，也无须证明段教授的中立性。因此，A 项错误。

BD 项：提供外国法的专家并不属于证人，没有出庭义务，提供的也只是法律而不是证据，不能视为举证行为。因此，B 项正确，D 项错误。

C 项：若当事人对查明的外国法有异议，由法院进行审查认定，故法院可依职权另行委托其他专家查明 A 国法。因此，C 项正确。

综上所述，本题答案为 BC 项。

(三) 法律规避和直接适用的法

【单选】

⑤ 1501035
【简单】答案：B。
解析：ABCD 项：在涉外民事法律关系中，涉及劳动者权益保护、反垄断、反倾销、食品或公共卫生安全、环境安全、外汇管制等金融安全的，直接适用中国法。本案涉及劳动者权益保护，应当直接适用中国法。因此，B 项正确，ACD 项错误。

综上所述，本题答案为 B 项。

⑥ 1301035
【较简单】答案：C。
解析：AB 项：在涉外民事法律关系中，涉及劳动者权益保护、反垄断、反倾销、食品或公共卫生安全、环境安全、外汇管制等金融安全的，直接适用中国法。因此，AB 项正确，不当选。

C 项：涉外法律适用不只限于民事性质的实体法，商事性质的实体法同样适用。因此，C 项错误，当选。

D 项："直接适用的法"是强化某些强制性规定在我国涉外民商事纠纷中有直接适用的效力，即无需通过冲突规范的指引，直接适用中国法。因此，D 项正确，不当选。

综上所述，本题为选非题，答案为 C 项。

(四) 综合知识点

【单选】

⑦ 2402092
答案：A。
解析：A 项：根据《最高人民法院关于适用〈中华人民共和国涉外民事关系法律适用法〉若干问

题的解释（二）》（以下简称《法律适用法解释（二）》）第 3 条规定："当事人提供外国法律的，应当提交该国法律的具体规定并说明获得途径、效力情况、与案件争议的关联性等。外国法律为判例法的，还应当提交判例全文。"因此，A 项正确。

B 项：根据《法律适用法解释（二）》第 8 条第 1 项规定："人民法院对外国法律的内容及其理解与适用，根据以下情形分别作出处理：（一）当事人对外国法律的内容及其理解与适用均无异议的，人民法院可以予以确认；……"而不是应当确认。因此，B 项错误。

C 项：我国禁止反致和转致，经冲突规范指引确定的准据法，仅包含该国实体法。本案中约定适用英格兰法，仅包含英格兰实体法。因此，C 项错误。

D 项：根据《法律适用法解释（二）》第 7 条规定："人民法院认为有必要的，可以通知提供外国法律的法律查明服务机构或者法律专家出庭接受询问。当事人申请法律查明服务机构或者法律专家出庭，人民法院认为有必要的，可以准许。法律查明服务机构或者法律专家现场出庭确有困难的，可以在线接受询问，但法律查明服务机构或者法律专家所在国法律对跨国在线参与庭审有禁止性规定的除外。"该专家可出庭也可在线接受询问。因此，D 项错误。

综上所述，本题正确答案为 A 项。

⑧ 1101035

【简单】答案：C。

解析：ACD 项：关于外国法查明，由当事人选择适用的，当事人负责查明；不是当事人选择适用的，由人民法院、仲裁机构或者行政机关查明。当事人无法查明的，法院无补充查明义务，应适用中国法。因此，C 项正确，AD 项错误。

B 项：涉外民事关系适用的外国法律，仅包括该国的实体法，不包括法律适用法。因此，B 项错误。

综上所述，本题答案为 C 项。

【不定项】

⑨ 1401098

【较简单】答案：A,B。

解析：A 项：《中华人民共和国涉外民事关系法律适用法》（以下简称《涉外民事关系法律适用法》）第 10 条第 2 款规定："不能查明外国法律或者该国法律没有规定的，适用中华人民共和国法律。"因此，A 项正确。

B 项：《涉外民事关系法律适用法》第 4 条规定："中华人民共和国法律对涉外民事关系有强制性规定的，直接适用该强制性规定。"因此，B 项正确。

C 项：《涉外民事关系法律适用法》第 5 条规定："外国法律的适用将损害中华人民共和国社会公共利益的，适用中华人民共和国法律。"因此，C 项错误。

D 项：《涉外民事关系法律适用法》第 9 条规定："涉外民事关系适用的外国法律，不包括该国的法律适用法。"因此，D 项错误。

综上所述，本题答案为 AB 项。

二、模拟题

【单选】

⑩ 62107020

【较简单】答案：B。

解析：A 项：直接反致是指对某一案件，法院按照自己的冲突规范本应适用外国法，而该外国法的冲突规范却指定此种法律关系应适用法院地法，结果该法院适用了法院地法。转致最终结果为适用第三国法律，甲国法院最终适用本国法解决纠纷属于直接反致。因此，A 项错误。

B 项：当事人选择适用外国法律的，应当提供该国法律。当事人不能查明外国法律或者该国法律没有规定的，直接适用中国法，法院无补充查明义务。因此，B 项正确。

C 项：一方当事人故意制造涉外民事关系的连结点，规避中华人民共和国法律、行政法规的强制性规定的，人民法院应认定为不发生适用外国法律的效力。小毛夫妇和小佳的行为属于规避我国法律、行政法规的强制性规定，该规避行为不产生适用美国法律的效力，应直接适用中国法律。因此，C项错误。

D项：小佳和印度某公司之间的纠纷涉及劳动者权益保护问题，应直接适用我国法律。因此，D项错误。

综上所述，本题答案为B项。

【多选】

11 62407012

【中等】答案：A，B，D。

解析：本题考查外国法的查明。

A项：关于外国法查明，当事人选择适用外国法律的，由当事人负责查明，若无法查明则直接适用中国法。因此，A项正确。

B项：在没有禁止性规定的情况下，法律查明服务机构或者法律专家现场出庭确有困难的，可以在线接受询问。因此，B项正确。

C项：人民法院依法适用外国法律审理案件，应当在裁判文书中载明外国法律的查明过程及外国法律的内容。无论当事人是否有异议，裁判文书必须记载查明外国法律的过程。因此，C项错误。

D项：若当事人对外国法律的内容及其理解与适用有异议的，法院可以补充查明或者要求当事人补充提供材料。经过补充查明或者补充提供材料，当事人仍有异议的，由人民法院审查认定。故若甲公司对丙国法律理解有异议，法院可委托其他专家查明。因此，D项正确。

综上所述，本题答案为ABD项。

第四章
国际民商事法律适用——总则

参考答案

[1]B	[2]B	[3]A	[4]A	[5]A
[6]D	[7]ABD	[8]ABC	[9]C	[10]C
[11]D	[12]A	[13]AC	[14]AD	[15]AD
[16]D				

一、历年真题及仿真题

（一）法律适用的一般原则

【单选】

1 1101039

【较简单】答案：B。

解析：ABCD项：根据《涉外民事关系法律适用法》第6条规定："涉外民事关系适用外国法律，该国不同区域实施不同法律的，适用与该涉外民事关系有最密切联系区域的法律。"因此，B项正确，ACD项错误。

综上所述，本题答案为B项。

（二）民事主体的法律适用

【单选】

2 2102035

【简单】答案：B。

解析：ABCD项：根据《涉外民事关系法律适用法》第13条规定："宣告失踪或者宣告死亡，适用自然人经常居所地法律。"越南公民阮某和莱索托公民祁某的经常居所地均在中国，对其宣告死亡应直接适用中国法，并非不能查明时才适用中国法。因此，ACD项错误，B项正确。

综上所述，本题答案为B项。

3 1601035

【简单】答案：A。

解析：ABCD项：根据《涉外民事关系法律适用法》第13条规定："宣告失踪或者宣告死亡，适用自然人经常居所地法律。"本题中，越南公民阮某与中国公民李某的经常居所均在上海，故宣告两人失踪，均应适用中国法。因此，A 项正确，BCD 项错误。

综上所述，本题答案为 A 项。

④ 1401036

【简单】答案：A。

解析：ABCD 项：宣告失踪或者宣告死亡，适用自然人经常居所地法律。迈克的经常居所地在中国，宣告其死亡适用中国法。因此，A 项正确，BCD 项错误。

综上所述，本题答案为 A 项。

⑤ 1401035

【较简单】答案：A。

解析：ABCD 项：法人及其分支机构的民事权利能力、民事行为能力、组织机构、股东权利义务等事项，适用登记地法律。法人的主营业地与登记地不一致的，可以适用主营业地法律。本题中，合资公司的登记地在中国，因此应当适用中国法。因此，A 项正确，BCD 项错误。

综上所述，本题答案为 A 项。

⑥ 1201035

【简单】答案：D。

解析：ABC 项：自然人的民事权利能力和行为能力，适用经常居所地法律。琼斯的民事权利能力和行为能力应适用经常居所地乙国法。所以 ABC 项错误。

D 项：自然人从事民事活动，依照经常居所地法律为无民事行为能力，依照行为地法律为有民事行为能力的，适用行为地法律，但涉及婚姻家庭、继承的除外。琼斯的民事行为能力应适用行为地中国法。因此，D 项正确。

综上所述，本题答案为 D 项。

【多选】

⑦ 2302062

【中等】答案：A,B,D。

解析：A 项：我国依据法人的设立登记地来确定法人的国籍，A 公司在开曼群岛设立登记，其国籍

为开曼群岛籍。因此，A 项正确。

B 项：法人的经常居所地，为其主营业地。A 公司主营业地在上海，故其经常居所地在中国。因此，B 项正确。

CD 项：法人及其分支机构的民事权利能力、民事行为能力、组织机构、股东权利义务等事项，适用登记地法律。法人的主营业地与登记地不一致的，可以适用主营业地法律。故确认甲的股东权利可适用登记地开曼群岛的法律，也可以适用主营业地中国法，不允许意思自治。因此，C 项错误，D 项正确。

综上，本题答案为 ABD 项。

（三）时效、代理与信托的法律适用

【多选】

⑧ 1701077

【较简单】答案：A,B,C。

解析：ABCD 项：根据《涉外民事关系法律适用法》第 17 条规定："当事人可以协议选择信托适用的法律。当事人没有选择的，适用信托财产所在地法律或者信托关系发生地法律。"因此对于信托适用的法律，首先尊重当事人的意思自治，双方可以协议选择要适用的法律。因此，AB 项正确。如果双方未选择法律，题中信托财产与信托协议签订地都在中国，则应适用中国法。因此，C 项正确，D 项错误。

综上所述，本题答案为 ABC 项。

（四）综合知识点

【单选】

⑨ 2102028

【较简单】答案：C。

解析：A 项：我国以"最密切联系原则"解决存在区际法律冲突时准据法的确定问题。如果英国存在多个法域，应根据最密切联系原则确定准据法，不当然适用伦敦所在的英格兰法。因此，A 项错误。

C 项：当事人意思自治的最晚时间为一审法庭辩论终结前，所以双方可以在第一次开庭辩论时将适用法律更改为苏格兰法。因此，C 项正确。

BD项：时效的准据法应当与其所属的基础民商事法律关系的准据法一致。本题中，甲公司和乙公司约定适用英国法，则该纠纷的诉讼时效规定应适用英国法。因此，BD项错误。

综上所述，本题答案为C项。

⑩ 2002138

【较简单】答案：C。

解析：A项：合同之债在法律适用上首先尊重当事双方意思自治，并且可以选择适用尚未对中国生效的国际条约。因此，A项错误。

BD项：根据冲突规范指引确定适用的准据法，仅包含该国的实体法，不包括法律适用法，我国司法实践禁止反致和转致，本题中，合同约定适用英国法，仅指英国的实体法。因此，BD项错误。

C项：人民法院审理涉外民事案件的期间，不受《民事诉讼法》一审审限、二审审限规定的限制。因此，C项正确。

综上所述，本题答案为C项。

⑪ 2202040

【中等】答案：D。

解析：A项：通过网络或者采用其他方式侵害姓名权、肖像权、名誉权、隐私权等人格权的，适用被侵权人经常居所地法律，不允许当事人意思自治。被侵权人李某经常居所地为德国柏林，应当适用德国法。因此，A项错误。

B项：我国不接受反致，本案根据我国冲突规范应适用德国法，仅包含德国的实体法。因此，B项错误。

C项：诉讼时效的法律适用，应当与其所属的基础民商事法律关系适用的法律一致。本案中人格权侵权法律关系适用德国法，故诉讼时效也应适用德国法。因此，C项错误。

D项：外国法查明的义务主体取决于外国法被适用的原因：（1）如果外国法适用是当事人意思自治选择的，当事人负责查明；（2）若是其他原因导致的，由审理案件的法院、仲裁机构或者行政机关查明。本案适用德国法并非因当事人意思自治的选择，故而审理机关即法院负责查明。因此，D项正确。

综上所述，本题答案为D项。

⑫ 2402093

答案：A。

解析：A项：根据《法律适用法解释（二）》第6条规定："人民法院可以召集庭前会议或者以其他适当方式，确定需要查明的外国法律的范围。"因此，A项正确。

B项：根据《法律适用法解释（二）》第8条第2项规定："人民法院对外国法律的内容及其理解与适用，根据以下情形分别作出处理：（二）当事人对外国法律的内容及其理解与适用有异议的，应当说明理由。人民法院认为有必要的，可以补充查明或者要求当事人补充提供材料。经过补充查明或者补充提供材料，当事人仍有异议的，由人民法院审查认定；……"本题中，若双方仍对该法律有异议，应由法院审查认定，而不是认定为无法查明。因此，B项错误。

C项：根据《法律适用法解释（二）》第11条规定："对查明外国法律的费用负担，当事人有约定的，从其约定；没有约定的，人民法院可以根据当事人的诉讼请求和具体案情，在作出裁判时确定上述合理费用的负担。"因此，C项错误。

D项：涉外合同纠纷的法律适用，当事人可以协议选择适用任意法律，包括未对中国生效的国际条约，不受实际联系原则的限制。故甲公司和乙公司可以选择适用欧盟相关法律。因此，D项错误。

综上所述，本题正确答案为A项。

【多选】

⑬ 1501077

【较简单】答案：A,C。

解析：A项：在我国涉外民事诉讼中，当事人协议选择适用的外国法律仅指该国的实体法，既不包括其冲突法，也不包括其程序法。因此，A项正确。

B项：涉外民事关系适用外国法律，该国不同区域实施不同法律的，适用与该涉外民事关系有最密切联系区域的法律，而非适用该国首都所在地的法律。因此，B项错误。

C项：涉外合同纠纷中，当事双方可以协议选择适用任意法律，不受实际联系原则的限制。因此，C项正确。

D项：当事人意思自治的最晚时间为一审法庭辩

论终结前，当事人可以在一审法庭辩论即将结束时变更法律适用。因此，D 项错误。

综上所述，本题答案为 AC 项。

14 `1401077`

【中等】答案：A，D。

解析：A 项：对于普通涉外合同纠纷的法律适用，当事人可以协议选择合同适用的法律。当事人没有选择的，适用最密切联系原则确定法律。因此，A 项正确。

B 项：当事人意思自治的最晚时间是一审法庭辩论终结前，而不是必须在一审开庭前确定要适用的法律，B 选项缩短了意思自治的最晚时间。因此，B 项错误。

C 项：诉讼时效的法律适用与基础法律关系的法律适用一致。中国甲公司与巴西乙公司的合同争议并不一定适用中国法，故诉讼时效也不一定适用中国法。因此，C 项错误。

D 项：在涉外民事法律关系中，涉及劳动者权益保护、反垄断、反倾销、食品或公共卫生安全、环境安全、外汇管制等金融安全的，直接适用中国法。因此，D 项正确。

综上所述，本题答案为 AD 项。

15 `1601077`

【简单】答案：A，D。

解析：ABCD 项：法人及其分支机构的民事权利能力和行为能力、组织机构、股东权利义务等事项，适用登记地法律。法人的主营业地与登记地不一致的，可以适用主营业地法律。本题中，该公司在新加坡注册登记，因此该公司国籍为新加坡籍。因此，A 项正确，B 项错误。该公司主营业地在香港地区，因此该公司的民事权利能力和行为能力、股东权利义务事项可适用香港地区法或新加坡法，而非中国内地法。因此，D 项正确，C 项错误。

综上所述，本题答案为 AD 项。

二、模拟题

【单选】

16 `61907108`

【较简单】答案：D。

解析：ABCD 项：根据《涉外民事关系法律适用法》第 17 条规定："当事人可以协议选择信托适用的法律。当事人没有选择的，适用信托财产所在地法律或者信托关系发生地法律。"本案中，当事人未达成法律适用的协议，信托关系发生地是中国，信托财产位于美国，故可以适用中国法或者美国法。因此，D 项正确，ABC 项错误。

综上所述，本题答案为 D 项。

第五章
国际民商事法律适用
——物权

参考答案

[1]B	[2]A	[3]D	[4]CD	[5]BD
[6]C	[7]C			

一、历年真题及仿真题

（一）物权的法律适用

【单选】

1 `2102026`

【较简单】答案：B。

解析：ABCD 项：运输中动产物权的法律适用，当事人可以协议选择法律，当事人没有选择的，适用运输目的地法律。所以，如果双方协议约定适用瑞士法，应从其约定，如果双方没有约定，则适用运输目的地法律，即中国法。因此，B 项正确，ACD 错误。

综上所述，本题答案为 B 项。

2 `2002139`

【较简单】答案：A。

解析：ABCD 项：《涉外民事关系法律适用法》第 37 条规定：当事人可以协议选择动产物权适用的法律。当事人没有选择的，适用法律事实发生时动产所在地法律。这里所说的"法律事实"是指"被诉方"获得该动产的事实，本案琳达是在中国从王某处购买的欢欢。如果当事双方协议选择适用乙国法，则应用乙国法；没有选择适用法律时，才应用中国法。因此，A 项正确，BCD 项错误。

综上所述，本题答案为 A 项。

③ 1501036

【中等】答案：D。

解析：ABCD 项：涉外动产物权纠纷，当事人可以协议选择要适用的法律，当事人没有选择的，适用法律事实发生时动产所在地法律。因此李某和陈某可以协议选择涉案首饰所有权的法律适用，如果没有选择，应当适用法律事实发生时动产所在地法律，陈某在甲国购得该首饰，所以法律事实发生时动产所在地为甲国，则应适用甲国法。因此，D 项正确，ABC 项错误。

综上所述，本题答案为 D 项。

【多选】

④ 1203076

【中等】答案：C,D。

解析：AB 项：下列各项海事请求具有船舶优先权：（1）船长、船员和在船上工作的其他在编人员的工资、其他劳动报酬、船员遣返费用和社会保险费用的给付请求；（2）在船舶营运中发生的人身伤亡的赔偿请求；（3）船舶吨税、引航费、港务费和其他港口规费的缴付请求；（4）海难救助的救助款项的给付请求；（5）船舶在营运中因侵权行为产生的财产赔偿请求。但是注意，海难救助后于工资、人身伤亡、税费发生的应当先赔偿。如果海难救助先发生，则还是在第 4 顺位受偿。因此，AB 项错误。

C 项：《中华人民共和国海商法》（以下简称《海商法》）第 24 条规定："因行使船舶优先权产生的诉讼费用，保存、拍卖船舶和分配船舶价款产生的费用，以及为海事请求人的共同利益而支付的其他费用，应当从船舶拍卖所得价款中先行拨付。"C 项表述符合该条款规定。因此，C 项正确。

D 项：《海商法》第 25 条第 1 款规定："船舶优先权先于船舶留置权受偿，船舶抵押权后于船舶留置权受偿。"由此可知 D 项表述无误。因此，D 项正确。

综上所述，本题答案为 CD 项。

【不定项】

⑤ 1101098

【中等】答案：B,D。

解析：ABCD 项：《中华人民共和国涉外民事关系法律适用法》（以下简称《涉外民事关系法律适用法》）第 38 条规定："当事人可以协议选择运输中动产物权发生变更适用的法律。当事人没有选择的，适用运输目的地法律。"因此，对于当事人有约定的，适用约定的法律，若没有约定的，适用运输目的地即乙国法律。因此，AC 项错误，BD 项正确。

综上所述，本题答案为 BD 项。

（二）综合知识点

【单选】

⑥ 1802034

【较简单】答案：C。

解析：A 项：自然人的民事行为能力，适用经常居所地法律。自然人从事民事活动，依照经常居所地法律为无民事行为能力，依照行为地法律为有民事行为能力的，适用行为地法律，但涉及婚姻家庭、继承的除外。本案中，甲的经常居住地在中国，所以其诉讼行为能力应该适用中国法来判断。因此，A 项错误。

BCD 项：动产物权的法律适用顺序为：意思自治优先，未达成意思自治的，适用法律事实发生时动产所在地法律。该条冲突规范对意思自治选择法律的范围并无实际联系的限制，因此，B 项错误。本案中的物权问题指的是甲与乙的物权纠纷，乙取得名画物权的法律事实是在"韩国艺术品市场"发生。如果两者没有选择动产物权适用的法律，则适用法律事实发生时动产所在地法律，即韩国法。因此，C 项正确，D 项错误。

综上所述，本题答案为 C 项。

二、模拟题

【单选】

⑦ 62207023

【较简单】答案：C。

解析：ABCD 项：运输中动产物权的法律适用，当事人可以协议选择法律，当事人没有选择的，适用运输目的地法律。所以，如果双方协议约定适用新加坡法，应从其约定，如果双方没有约定，则适用运输目的地法律，即日本法。因此，ABD项错误，C项正确。

综上所述，本题答案为 C 项。

第六章
国际民商事法律适用
——债权

参考答案

[1] D	[2] D	[3] B	[4] D	[5] B
[6] ABD	[7] BCD	[8] B	[9] A	[10] D
[11] D	[12] B	[13] D	[14] A	[15] BC
[16] AD	[17] CD	[18] CD	[19] ABC	

一、历年真题及仿真题

（一）合同之债的法律适用

【单选】

1 `1902115`

【较简单】答案：D。

解析：ABCD项：《涉外民事关系法律适用法》第43条规定："劳动合同，适用劳动者工作地法律；难以确定劳动者工作地的，适用用人单位主营业地法律。劳务派遣，可以适用劳务派出地法律。"本题属于劳动合同纠纷，且能确定工作地为尼日利亚，则应该适用劳动者工作地法律，即尼日利亚法律。因此，ABC项错误，D项正确。

需要强调的是，劳务派遣是指派遣单位与劳动者签订合同，将劳动者派遣到其他单位工作的制度。本题中虽有"派遣"两个字，但只是用人单位正常的工作安排，应定性为涉外劳动合同纠纷，而非劳务派遣纠纷。

综上所述，本题答案为 D 项。

2 `1401038`

【简单】答案：D。

解析：ABCD项：涉外劳动合同纠纷，适用劳动者工作地法律；难以确定劳动者工作地的，适用用人单位主营业地法律。本题中，大卫工作内容为巡回于东亚地区进行产品售后服务，难以确定其工作地，所以，应当适用用人单位主营业地法律，即适用丙国法律。因此，ABC项错误，D项正确。

综上所述，本题答案为 D 项。

（二）侵权之债的法律适用

【单选】

3 `2002140`

【中等】答案：B。

解析：ABCD项：《涉外民事关系法律适用法》第46条规定："通过网络或者采用其他方式侵犯肖像权、名誉权、隐私权等人格权的，适用被侵权人经常居所地法律。"侵犯山口慧的肖像权纠纷案件，适用被侵权人山口慧经常居所地新加坡法。因此，ACD项错误，B项正确。

综上所述，本题答案为 B 项。

4 `1902116`

【中等】答案：D。

解析：ABD项：涉外人格权侵权纠纷，适用被侵权人经常居所地法律。甲对乙的侵权属于特殊侵权中的网络方式侵犯人格权，所以乙的诉求，应适用其经常居所地新加坡法，因此，D项正确，AB项错误。

C项：涉外一般侵权纠纷的法律适用，首先允许当事人双方意思自治；无法协商达成一致，但当事人有共同经常居所地的，适用共同经常居所地法律；没有共同经常居所地的，适用侵权行为地法律。甲的爱犬被乙打死，属于一般侵权纠纷。对于甲的诉求，甲乙双方当事人可以协议选择要适用的法律，而不是直接适用德国法。因此，C项错误。

综上所述，本题答案为 D 项。

5 `1701035`

【较简单】答案：B。

解析：ABCD项：根据《涉外民事关系法律适用法》第46条规定："通过网络或者采用其他方式

侵害姓名权、肖像权、名誉权、隐私权等人格权的，适用被侵权人经常居所地法律。"被诽谤的王某经常居所在新加坡，故该案应适用新加坡法律。因此，B项正确，ACD项错误。

综上所述，本题答案为B项。

【多选】

6 `1201079`

【中等】答案：A,B,D。

解析：ABCD项：侵权责任的法律适用规则为：①首先应当适用当事人协议选择的法律，②若无选择则适用当事人共同经常居所地法律，③若无共同经常居所地的，则适用侵权行为地法律。当事人协议选择法律可以书面，也可以口头。因此，AB项正确。如果当事人没有选择适用的法律，且双方共同经常居所地在中国，则应适用中国法。因此，C项错误，D项正确。

综上所述，本题答案为ABD项。

7 `1101078`

【较简单】答案：B,C,D。

解析：ABCD项：《涉外民事关系法律适用法》第46条规定："通过网络或者采用其他方式侵害姓名权、肖像权、名誉权、隐私权等人格权的，适用被侵权人经常居所地法律。"特里通过互联网发布不利于王某的消息，侵犯其人格权，应当适用被侵权人王某的经常居所地法律，即中国法。因此，A项正确，不当选；BCD项错误，当选。

综上所述，本题为选非题，答案为BCD项。

（三）不当得利和无因管理

【单选】

8 `2102027`

【较简单】答案：B。

解析：AB项：无因管理的法律适用，当事人可以协议选择要适用的法律；当事人没有选择的，适用当事人共同经常居所地法律；当事人没有共同经常居所地的，适用无因管理发生地法律。如果玛丽和李某达成协议选择适用德国法，法院应予支持；如果未选择适用的法律，因玛丽的经常居住地在法国，李某的经常居住地在中国，双方没

有共同经常居住地，则只能适用无因管理发生地法，即中国法。因此，A项错误，B项正确。

C项：玛丽和李某并不必然适用中国法，还要考虑双方是否有协议选择适用法律。因此，C项错误。

D项：当事人意思自治的范围不受实际联系原则的限制，玛丽和李某可以任意选择要适用的法律。因此，D项错误。

综上所述，本题答案为B项。

9 `1902117`

【简单】答案：A。

解析：ABCD项：日本人甲将王某送入医院并垫付了医药费，属于无因管理。根据《涉外民事关系法律适用法》第47条规定："不当得利、无因管理，适用当事人协议选择适用的法律。当事人没有选择的，适用当事人共同经常居所地法律；没有共同经常居所地的，适用不当得利、无因管理发生地法律。"本题中，双方没有选择法律，但王某和甲都定居上海，共同经常居所地是上海，故本案应适用中国法。因此，A项正确，BCD项错误。

综上所述，本题答案为A项。

10 `1601036`

【较简单】答案：B。

解析：ABCD项：《涉外民事关系法律适用法》第47条规定："不当得利、无因管理，适用当事人协议选择适用的法律。当事人没有选择的，适用当事人共同经常居所地法律；没有共同经常居所地的，适用不当得利、无因管理发生地法律。"本题中，英国公民苏珊请求旅店返还房费的行为属于不当得利纠纷，应首先根据意思自治原则，适用当事人选择适用的法律；当事人没有选择适用的，适用其共同经常居所地法律；当事人无共同经常居所地的，适用不当得利发生地法律。因此，B项正确，ACD项错误。

综上所述，本题答案为B项。

（四）综合知识点

【单选】

11 `1001035`

【较简单】答案：D。

解析：AD项:《海商法》第269条规定:"合同当事人可以选择合同适用的法律,法律另有规定的除外。合同当事人没有选择的,适用与合同有最密切联系的国家的法律。"因此,A项错误,D项正确。

B项:《海商法》第271条规定:"船舶抵押权适用船旗国法律。船舶在光船租赁以前或者光船租赁期间,设立船舶抵押权的,适用原船舶登记国的法律。"本题中,"德洋"号的船旗国是丙国,因此有关"德洋"号抵押权的受偿顺序应适用船旗国法丙国法。因此,B项错误。

C项:《海商法》第272条规定:"船舶优先权,适用受理案件的法院所在地法律。"本题中,有关"德洋"号的争议由中国法院审理,因此有关"德洋"号的船舶优先权争议应适用法院地法即中国法。因此,C项错误。

综上所述,本题答案为D项。

12 `1501037`

【较简单】答案:B。

解析：AD项:侵权责任的法律适用规则为:①首先应当适用当事人协议选择的法律,②若无选择则适用当事人共同经常居所地法律,③若无共同经常居所地的,则适用侵权行为地法律。因此,AD项错误。

B项:当事人在一审法庭辩论终结前协议选择或者变更选择适用的法律的,人民法院应予准许。当事人选择法律适用的,应当查明提供外国法律。当事人可以在开庭前协议选择适用乙国法,但应当提供乙国法内容。因此,B项正确。

C项:当事人协议选择法律并不要求有实际联系。因此,C项错误。

综上所述,本题答案为B项。

13 `1701037`

【中等】答案:D。

解析：ABC项:关于船舶碰撞的法律适用:①首先看船舶是否属于同一国籍,如果国籍相同,直接适用国籍国法;②如果国籍不同,再看碰撞发生在何地。碰撞如果发生在领海,则适用侵权行为地法;碰撞如果发生在公海,则适用受理案件

的法院地法。东方号的登记国由中国变更为巴拿马,其与另一艘巴拿马籍货轮在某海域相撞,船舶国籍相同,故该案应该适用巴拿马法。因此,ABC项错误。

D项:船舶在光船租赁以前或者光船租赁期间,设立船舶抵押权的,适用原船舶登记国的法律。东方号原船舶登记国是中国,该抵押权适用中国法。因此,D项正确。

综上所述,本题答案为D项。

14 `2102029`

【较简单】答案:A。

解析：A项:法人的经常居住地是主营业地。甲公司主营业地是波兰华沙。因此,A项正确。

B项:法人的国籍地是法人的登记设立地。甲公司在德国汉堡登记注册,是德国籍公司。因此,B项错误。

CD项:涉外合同纠纷,当事人可以协议选择适用的法律,当事人没有协议选择的,适用最密切联系地法。新加坡分公司与中国乙公司未选择法律,应适用最密切联系地法,该合同授权乙公司在中国独家经销,最密切联系地为中国,应适用中国法。因此,CD项错误。

综上所述,本题答案为A项。

【多选】

15 `1701079`

【较简单】答案:B,C。

解析：ABCD项:涉外合同纠纷,当事人可以协议选择适用的法律。当事人没有选择的,适用最密切联系地法律。题中,甲乙公司签订的商事合同约定英国法,故该合同的实体问题应适用英国法。诉讼时效,适用相关涉外民事关系应当适用的法律。本题"相关涉外民事关系"即为甲乙两公司签订的商事合同,既然该合同适用英国法,故该案的诉讼时效应适用英国法。因此,BC项正确,AD项错误。

综上所述,本题答案为BC项。

16 `2201102`

【较简单】答案:A,D。

解析：A项：根据我国刑法的保护性管辖规定，外国人在我国领域外对我国国家或者公民犯罪，我国法院有权管辖。因此，A项正确。

B项：国际海洋法法庭只能审理海洋争端，本案为国际刑事案件，不由国际海洋法法庭管辖。因此，B项错误。

CD项：船舶碰撞损害赔偿的法律适用，首先看碰撞主体是否为同一船旗，有共同船旗则适用共同船旗国法；若不为同一船旗，再看碰撞地点。碰撞于一国领海或内水，适用侵权行为地法；碰撞于公海，适用法院地法。本案两船舶非同一船旗，碰撞地为公海，则适用法院地法中国法。因此，C项错误，D项正确。

综上所述，本题答案为AD项。

⑰ 2001187

【简单】答案：C,D。

解析：A项：对于国籍冲突问题，如果是中国人，直接认定其中国国籍；如果是外国人，则适用其有经常居所地的国籍国法律，在所有国籍国都无经常居所地的，适用与其有最密切联系的国籍国法律。当自然人存在国籍冲突的情况下，其国籍状态可由法院确定而非要求当事人选择。因此，A项错误。

B项：约翰只有甲乙两个国籍，并不会因为定居中国上海而取得中国国籍。因此，B项错误。

C项：约翰定居在上海，在所有国籍国均无经常居所，法院应适用最密切联系原则认定其国籍。因此，C项正确。

D项：对于涉外侵权纠纷的法律适用顺序是：意思自治→共同经常居所地法→侵权行为发生地法。如果约翰和王某协议选择甲国法，则应当适用甲国法处理该侵权纠纷。因此，D项正确。

综上所述，本题答案为CD项。

二、模拟题

【多选】

⑱ 62107022

【较难】答案：C,D。

解析：A项：船舶碰撞的损害赔偿：①先看碰撞船舶之间的国籍，如果有共同国籍，则适用船旗国法；②没有共同国籍，则看碰撞地。碰撞地在领海的，适用侵权行为地法律；碰撞地在公海的，适用法院地法律。"登陆号"和"冲锋号"没有共同国籍，碰撞地在日本领海，则应适用侵权行为地法，即日本法。因此，A项错误。

B项：根据《海商法》第271条第2款的规定："船舶在光船租赁以前或者光船租赁期间，设立船舶抵押权的，适用原船舶登记国的法律。""登陆号"原登记国为英国，抵押权应适用英国法。因此，B项错误。

C项：在涉外民事法律关系中，对于涉及劳动者权益保护，反垄断、反倾销，金融安全、食品安全、环境安全的，直接适用中国法。船舶碰撞发生油污泄漏污染涉及中国环境安全问题，应直接适用中国法。因此，C项正确。

D项：根据《海商法》第272条的规定："船舶优先权，适用受理案件的法院所在地法律。"海难救助费用属于优先权范畴，应适用法院地法，即中国法。因此，D项正确。

综上所述，本题答案为CD项。

⑲ 62107024

【较难】答案：A,B,C。

解析：A项：不动产物权纠纷，适用不动产所在地法律。别墅位于北京，则应适用中国法。因此，A项错误，当选。

B项：不当得利、无因管理，当事人可以协议选择适用的法律。当事人没有选择的，适用当事人共同经常居所地法律；没有共同经常居所地的，适用不当得利、无因管理发生地法律。小美和桥本没有协议选择适用的法律，也没有共同经常居所地，则应适用无因管理发生地法，即日本法。因此，B项错误，当选。

C项：在涉外民事法律关系中，对于涉及劳动者权益保护，反垄断、反倾销，金融安全、食品安全、环境安全的，直接适用中国法。甲公司克扣加班费涉及劳动者权益保护，属于强制性规定，应直接适用中国法。因此，C项错误，当选。

D项：对于侵权责任：①首先看当事人是否协议选择适用法律，如果协议选择适用法律，按照其协议；②如果没有协议选择但有共同经常居所地的，适用共同经常居所地法律；③没有共同经常居所地的，适用侵权行为地法律。小美和桥本没有协议选择适用法律，但有共同经常居所地武汉，则应适用共同经常居所地法，即中国法。因此，D项正确，不当选。

综上所述，本题为选非题，答案为ABC项。

 第七章
国际民商事法律适用
——商事与知产

参考答案

[1] A	[2] D	[3] BC	[4] AD	[5] BC
[6] AD	[7] C	[8] AC	[9] AB	[10] A

一、历年真题及仿真题

（一）商事关系的法律适用

【单选】

1 1701036

【较简单】答案：A。

解析：A项：票据债务人的民事行为能力，适用其本国法律。但是依照其本国法律为无民事行为能力或者为限制民事行为能力，而依照行为地法律为完全民事行为能力的，应适用行为地法律。因此，A项正确。

B项：票据的背书、承兑、付款和保证行为，适用行为地法律。甲公司在德国柏林将支票背书转让给中国丙公司，应适用行为地德国法。因此，B项错误。

C项：票据追索权的行使期限，适用出票地法律。该支票签发地在德国，应适用德国法。因此，C项错误。

D项：票据丧失时，失票人请求保全票据权利的程序，适用付款地法律。该支票付款人为中国乙银行北京分行，付款地在中国，应适用中国法。因此，D项错误。

综上所述，本题答案为A项。

（二）知识产权的法律适用

【单选】

2 1902118

【较简单】答案：D。

解析：ABCD项：知识产权的侵权责任：①首先看当事人有没有协议选择法律，有的话只能选择适用法院地法律；②如果没有选择，则适用被请求保护地法律。挪威甲公司向中国某法院起诉乙公司侵犯其在"中国"的知识产权，则被请求保护地为中国，应适用中国法。因此，ABC项错误，D项正确。

综上所述，本题答案为D项。

【多选】

3 1902121

【中等】答案：B，C。

解析：AB项：对于知识产权转让和许可的法律适用：①当事人可以协议选择适用的法律；②当事人没有选择的，适用最密切联系原则确定法律。故该技术许可协议的违约问题应按其约定，适用日本法。因此，A项错误，B项正确。

CD项：知识产权的侵权责任：①首先看当事人有没有协议选择法律，有的话只能选择适用法院地法律；②如果没有选择，则适用被请求保护地法律。本题中双方可在一审法庭辩论终结前协议选择要适用的法律，且只能选择法院地法，即中国法。因此，C项正确。甲公司请求法院保护其在越南受保护的知识产权，若双方未达成约定，才能适用被请求保护地法，即越南法，不能直接适用。因此，D项错误。

综上所述，本题答案为BC项。

4 1601079

【中等】答案：A，D。

解析：ABCD项：知识产权的侵权责任：①首先看当事人有没有协议选择法律，有的话只能选择适用法院地法律；②如果没有选择，则适用被请求保护地法律。本题中，韩国甲公司在中韩两国均注册了商标，所以其请求保护地便在中韩两国。如果双方当事人达成协议选择适用法院地法即中国法，则可以适用中国法。如果双方没有达成协议，则应分别适用被请求保护地法，即中国法与韩国法。因此，AD 项正确，BC 项错误。

综上所述，本题答案为 AD 项。

5 `2302063`

【中等】答案：B,C。

解析：A 项：知识产权的内容和归属，适用被请求保护地法。瑞士乙公司诉中国甲公司的行为侵犯了其在越南和菲律宾的专利权，被请求保护地是在越南和菲律宾，故而应适用越南法或菲律宾法。因此，A 项错误。

B 项：知识产权侵权纠纷，双方可以在侵权行为发生后协议选择适用法院地法。本案法院地在中国，双方协议选择中国法的，应适用中国法。因此，B 项正确。

CD 项：涉外民事纠纷若涉及"一保护两反三安全"，应直接适用中国的强制性规定，其中"两反"指反垄断、反倾销。故关于专利许可价格过高是否构成垄断的争议，应适用中国法。因此，C 项正确，D 项错误。

综上，本题答案为 BC 项。

【不定项】

6 `1201098`

【较简单】答案：A,D。

解析：AB 项：知识产权的归属和内容，适用被请求保护地法律。本题原告诉请法院保护其在中国境内的商标权，被请求保护地在中国，该归属争议应适用中国法。因此，A 项正确，B 项错误。

CD 项：对于知识产权转让和许可的法律适用：①当事人可以协议选择适用的法律；②当事人没有选择的，适用最密切联系原则确定法律。因此，D 项正确，C 项错误。

综上所述，本题答案为 AD 项。

（三）综合知识点

【单选】

7 `1001038`

【简单】答案：C。

解析：ABC 项：票据债务人的民事行为能力，适用其本国法律。票据债务人的民事行为能力，依照其本国法律为无民事行为能力或者为限制民事行为能力而依照行为地法律为完全民事行为能力的，适用行为地法律。所以里斯行为能力原则上适用甲国法，但是如果里斯依照甲国法为无民事行为能力或者为限制民事行为能力，而依照行为地中国法为完全民事行为能力，则应适用行为地中国法。因此，C 项正确，AB 项错误。

D 项：中国法院审理涉外民商事纠纷，无法查明外国法的，应适用中国法。因此，D 项错误。

综上所述，本题答案为 C 项。

【多选】

8 `1401078`

【中等】答案：A,C。

解析：A 项：《涉外民事关系法律适用法》第 8 条规定："涉外民事关系的定性，适用法院地法律。"本案法院地位于中国，应适用中国法。因此，A 项正确。

BC 项：知识产权的归属和内容，适用被请求保护地法律。德国甲公司该项专利是在英国获批，故被请求保护地为英国，应适用英国法。因此，C 项正确，B 项错误。

D 项：知识产权的侵权责任：①首先看当事人有没有协议选择法律，有的话只能选择适用法院地法律；②如果没有选择，则适用被请求保护地法律。当事人如果不能达成协议，应适用被请求保护地法而不是最密切联系的法律。因此，D 项错误。

综上所述，本题答案为 AC 项。

9 `2202046`

【较难】答案：A,B。

解析：A 项：票据的背书行为，适用行为地法律。乙公司在河内将汇票背书转让给了丙公司，该背书行为适用越南法。因此，A 项正确。

B 项：票据追索的行使期限，适用出票地法律。甲公司在上海向乙公司出具汇票，因此出票地为上海，应适用中国法。因此，B 项正确。

C 项：票据丧失时，失票人请求保全票据权利的程序，适用付款地法律。汇票付款人为德国甲公司在上海的分支机构，付款地在中国，适用中国法。因此，C 项错误。

D 项：不当得利适用当事人协议选择的法律，当事人没有选择的，适用当事人共同经常居所地法律，没有共同经常居所地的，适用不当得利发生地法律。不当得利应先适用当事人选择的法律，不一定适用中国法。因此，D 项错误。

综上所述，本题答案为 AB 项。

二、模拟题

【单选】

⑩ `62107026`

【中等】答案：A。

解析：A 项：委托代理当事人可以协议选择要适用的法律；当事人没有选择的，对于代理内部关系（被代理人与代理人的民事关系），适用代理关系发生地法；代理外部关系（代理行为效力），适用代理行为地法。A 项属于委托代理，艾玛和小毛约定代理纠纷适用英国法，则应适用英国法。因此，A 项正确。

B 项：知识产权的侵权责任：①首先看当事人有没有协议选择法律，但只能选择适用法院地法律；②如果没有选择，则适用被请求保护地法律。法院地、被请求保护地均在中国，则只能适用中国法。因此，B 项错误。

C 项：票据债务人的民事行为能力，适用其本国法律。票据债务人的民事行为能力，依照其本国法律为无民事行为能力或者为限制民事行为能力，而依照行为地法律为完全民事行为能力的，则适用行为地法律。艾玛根据行为地法律即中国法为完全民事行为能力人，则适用中国法，汇票有效。因此，C 项错误。

D 项：当事人可以协议选择信托适用的法律。当事人没有选择的，适用信托财产所在地法律或者

信托关系发生地法律。张某和飞跃信托公司未选择法律，则可以适用财产所在地法日本法或者信托关系发生地法中国法。因此，D 项错误。

综上所述，本题答案为 A 项。

 第八章
国际民商事法律适用
——婚姻家庭继承

参考答案

[1] A	[2] ABCD	[3] BD	[4] BD	[5] BC
[6] C	[7] B	[8] A	[9] ABCD	[10] BD
[11] D	[12] D	[13] AD	[14] AD	[15] ABC
[16] AD	[17] AD	[18] BCD	[19] CD	[20] AC

一、历年真题及仿真题

（一）婚姻关系的法律适用

【单选】

① `1601037`

【中等】答案：A。

解析：AD 项：结婚条件，适用当事人共同经常居所地法律；没有共同经常居所地的，适用共同国籍国法律；没有共同国籍，在一方当事人经常居所地或者国籍国缔结婚姻的，适用婚姻缔结地法律。婚龄属于结婚条件，经常居所在汉堡的德国公民贝克与经常居所在上海的中国公民李某既无共同经常居所地，也无共同国籍国。但两人的婚姻缔结地在中国，属于李某的经常居所地和国籍国，故两人的婚龄应当适用中国法。因此，A 项正确，D 项错误。

BC 项：结婚手续符合婚姻缔结地法律、一方当事人经常居所地法律或者国籍国法律的，均为有效。本题中两人的结婚手续适用中国法或德国法均可，BC 项说法过于绝对。因此，BC 项错误。

综上所述，本题答案为 A 项。

【多选】

2 1501078

【中等】答案：A,B,C,D。

解析：A项：夫妻财产关系，当事人可以协议选择适用一方当事人经常居所地法律、国籍国法律或者主要财产所在地法律。当事人没有选择的，适用共同经常居所地法律；没有共同经常居所地的，适用共同国籍国法律。韩国属于金某国籍国，二人可约定适用韩国法。因此，A项正确。

B项：诉讼离婚，适用法院地法律。二人欲在上海解除婚姻关系，法院地为中国。因此，B项正确。

CD项：如果金某和汉森协议离婚，双方可以协议选择适用一方当事人经常居所地法律或者国籍国法律，即中国法、韩国法和德国法。因此，D项正确。如果二人没有选择法律，适用共同经常居所地法律；没有共同经常居所地的，适用共同国籍国法律；没有共同国籍的，适用办理离婚手续机构所在地法律。金某和汉森有共同经常居所地上海，则应适用中国法。因此，C项正确。

综上所述，本题答案为ABCD项。

3 1301077

【较简单】答案：B,D。

解析：AB项：夫妻人身关系，适用共同经常居所地法律；没有共同经常居所地的，适用共同国籍国法律。李某是否改随夫姓、双方是否应当同居，都属夫妻人身关系问题，李某与金某共同经常居住地为北京，故应适用中国法。因此，A项错误，B项正确。

CD项：夫妻财产关系，当事人可以协议选择适用一方当事人经常居所地法律、国籍国法律或者主要财产所在地法律。当事人没有选择的，适用共同经常居所地法律；没有共同经常居所地的，适用共同国籍国法律。婚前财产属于夫妻财产关系问题，李某与金某并无相关协议选择法律适用问题，因此应适用共同经常居住地法，即中国法。因此，C项错误。婚姻存续期间取得财产的处分问题，双方可从中国法、甲国法中选择适用。因此，D项正确。

综上所述，本题答案为BD项。

4 1201077

【较简单】答案：B,D。

解析：AB项：结婚手续，符合婚姻缔结地法律、一方当事人经常居所地法律或者国籍国法律的，均为有效。玛丽和王某的婚姻缔结地是乙国，双方经常居所地都是中国，玛丽是甲国人，王某是中国人，婚姻手续符合乙国法、中国法和甲国法中任意一个都有效。因此，A项错误，B项正确。

CD项：结婚条件，适用当事人共同经常居所地法律；没有共同经常居所地的，适用共同国籍国法律；没有共同国籍，在一方当事人经常居所地或者国籍国缔结婚姻的，适用婚姻缔结地法律。玛丽和王某的共同经常居所地为中国，则结婚条件应适用中国法。因此，C项错误，D项正确。

综上所述，本题答案为BD项。

(二) 父母子女、扶养、监护关系的法律适用

【多选】

5 1802078

【中等】答案：B,C。

解析：父母子女人身、财产关系，适用共同经常居所地法律；没有共同经常居所地的，适用一方当事人经常居所地法律或者国籍国法律中有利于保护弱者权益的法律。

AB项：丙的国籍和经常居所地均为中国，丁的经常居所地在法国。丙丁没有共同经常居所地，则二者之间的人身关系应适用中国法或法国法中有利于保护弱方利益的法律。因此，A项错误，B项正确。

CD项：戊与丁拥有共同经常居所地即法国，二者之间的母子关系应适用法国法。因此，C项正确，D项错误。

综上所述，本题答案为BC项。

(三) 收养关系的法律适用

【单选】

6 2102038

【简单】答案：C。

解析：AB项：收养的条件和手续，适用收养人和被收养人经常居所地法律。收养人洛克和玛丽、被

收养人小梅的经常居所地均为中国，故关于小梅的收养条件和手续应适用中国法。因此，AB 项错误。

C 项：收养关系的解除，适用收养时被收养人经常居所地法律或者法院地法律。收养时小梅的经常居所地和法院地均为中国，则应适用中国法。因此，C 项正确。

D 项：收养的效力，适用收养时收养人经常居所地法律。收养时洛克和玛丽的经常居所地为中国，则应适用中国法。因此，D 项错误。

综上所述，本题答案为 C 项。

7 `1401037`

【较简单】答案：B。

解析：A 项：外国人来华收养子女，应当亲自来华办理登记手续。夫妻共同收养的，应当共同来华办理收养手续；一方因故不能来华的，应当书面委托另一方。委托书应当经所在国公证和认证。故甲乙双方不是必须共同来华办理收养手续。因此，A 项错误。

B 项：外国人来华收养子女，应当与送养人订立书面收养协议。因此，B 项正确。

C 项：收养的条件和手续，适用收养人和被收养人经常居所地法律。本题中，收养人的经常居所地为英国，被收养人的经常居所地为中国，故收养的条件应重叠适用中国法和英国法。因此，C 项错误。

D 项：收养的效力，适用收养时收养人经常居所地法律。本题中，收养人经常居住于英国，即应适用英国法律。因此，D 项错误。

综上所述，本题答案为 B 项。

8 `1201036`

【简单】答案：A。

解析：AB 项：收养的条件和手续，适用收养人和被收养人经常居所地法律。收养人经常居所地在甲国，被收养人经常居所地在中国，则应当适用甲国法和中国法。因此，A 项正确，B 项错误。

C 项：收养的效力，适用收养时收养人经常居所地法，即甲国法。因此，C 项错误。

D 项：收养的解除，适用收养时被收养人经常居所地法或法院地法，收养关系解除的纠纷被诉至中国法院的，被收养人经常居所地和法院地都为

中国，则应适用中国法。因此，D 项错误。

综上所述，本题答案为 A 项。

（四）继承关系的法律适用

【多选】

9 `1601078`

【较简单】答案：A,B,C,D。

解析：ABCD 项：关于法定继承，不动产的法定继承，适用不动产所在地法律；动产的法定继承，适用被继承人死亡时经常居所地法律。瑞士公民怀特未留遗嘱死亡，其遗产应当适用法定继承。故怀特遗产的存款部分适用其死亡时经常居所地法律，即中国法。其两套房产分别适用房产所在地法，即中国法和法国法。因此，ABCD 项正确。

综上所述，本题答案为 ABCD 项。

10 `1001083`

【简单】答案：B,D。

解析：ABCD 项：关于法定继承，不动产法定继承，适用不动产所在地法律；动产的法定继承，适用被继承人死亡时经常居所地法律。李某未留有遗嘱，因此对李某遗产的继承应适用法定继承的规定。李某死亡时经常居住地在乙国，因此对李某动产的继承应适用乙国法；不动产即其所购房屋应适用房屋所在国法。因此，BD 项正确，AC 项错误。

综上所述，本题答案为 BD 项。

（五）综合知识点

【单选】

11 `2302001`

答案：D。

解析：AD 项：收养的解除适用收养时被收养人经常居所地法律或者法院地法。本案中被收养人阮灵在收养时的经常居所地为越南，法院地法为中国法。故孙情想解除收养应适用越南法或中国法。因此，A 项错误，D 项正确。

B 项：动产继承适用被继承人死亡时经常居所地法。本案中，汉森死亡时的经常居住地为中国且未做遗嘱，遗产为 100 万存款，故应适用中国法。

因此，B 项错误。

C 项：收养的条件和手续应同时满足收养人和被收养人的经常居住地法。本案中，收养人孙倩和汉森的经常居住地为中国，被收养人阮灵在收养时的经常居所地为越南。故收养手续应同时适用中国法和越南法。因此，C 项错误。

综上所述，本题答案为 D 项。

⑫ `2002141`

【较简单】答案：D。

解析：A 项：遗嘱方式，符合遗嘱人立遗嘱时或者死亡时经常居住地法律、国籍国法律或者遗嘱行为地法律的，遗嘱均为成立。可见遗嘱方式符合"多法"之一即成立。因此，A 项错误。

B 项：若当事人对查明的外国法有异议，法院应承担审查认定、确认无误方能适用的义务，而非认定无法查明。因此，B 项错误。

CD 项：遗嘱效力，适用遗嘱人立遗嘱时或者死亡时经常居所地法律或者国籍国法律。亨利立遗嘱时或死亡时经常居所地为中国，国籍为甲国，故其遗嘱效力应适用中国法或甲国法。哪怕中国法院适用甲国法，也不能因为甲国禁止本国人使用该公司的短视频产品，而简单得出遗嘱无效的结论。因此，C 项错误，D 项正确。

综上所述，本题答案为 D 项。

⑬ `2101065`

【中等】答案：A。

解析：A 项：父母双方或一方为中国公民，本人无论出生在国内还是国外，都具有中国国籍；父母无国籍或国籍不明，定居在中国，本人出生在中国，具有中国国籍。甲乙均不是中国公民，也不属于无国籍人或国籍不明人，故其子出生时不具有中国国籍。因此，A 项正确。

B 项：外国人有未了结的民事案件，人民法院决定不准出境的不能出境。离婚诉讼属于民事诉讼，除法院决定甲乙不准出境外，甲乙可以离境。因此，B 项错误。

CD 项：诉讼离婚，适用法院地法律。甲乙向上海某人民法院起诉离婚，则应适用中国法。夫妻财产关系的法律适用先后顺序为：意思自治（只能选一方当事人经常居所地法律、国籍国法律或者

主要财产所在地法律）共同经常居所地法律共同国籍国法律。由于甲乙的经常居所地和主要财产所在地均为中国，对财产分割事项，甲乙可协议选择适用中国法、印度法或埃及法，但不可选择新加坡法。因此，CD 项错误。

综上所述，本题答案为 A 项。

【多选】

⑭ `1802077`

【中等】答案：A，D。

解析：A 项：构成国际私法上的法律规避，应具备下列条件：①当事人主观上必须有规避法律的故意；②被当事人规避的法律必须是当事人本应适用的法律；③法律规避必须是通过人为地制造或改变一个或几个连结因素来实现的；④当事人的规避行为已经完成。本案中男性公民甲和乙到伦敦结婚的行为符合法律规避行为的构成要件。因此，A 项正确。

BD 项：结婚条件的法律适用顺序为：①当事人双方有共同经常居所地的，适用共同经常居所地法律；②没有共同经常居所地的，适用共同国籍国法律；③没有共同国籍国的，在一方当事人经常居所地或者国籍国缔结婚姻的，适用婚姻缔结地法律。本案双方当事人有共同经常居所地新疆，结婚条件应该适用共同居所地法，即中国法。因此，B 项错误，D 项正确。

C 项：夫妻财产关系的法律适用顺序为：①当事人双方意思自治优先，但只能选一方当事人经常居所地法律、国籍国法律或者主要财产所在地法；②未协商达成一致的，双方有共同经常居所地的，适用共同经常居所地法律；③没有共同经常居所地的，适用共同国籍国法律。但夫妻财产分割的前提在于婚姻关系的有效性，本案不发生适用英国法的效力，因为中国不承认同性婚姻，故甲和乙的婚姻无效。既然婚姻无效，也就直接导致夫妻财产分割无从谈起。因此，C 项错误。

综上所述，本题答案为 AD 项。

⑮ `1701078`

【较简单】答案：A，B，C。

解析：A 项：诉讼离婚，适用法院地法律。王某诉

至中国法院请求判决离婚，则应适用中国法。因此，A 项正确。

BD 项：夫妻财产关系，当事人可以协议选择适用一方当事人经常居所地法律、国籍国法律或者主要财产所在地法律。当事人没有选择的，适用共同经常居所地法律；没有共同经常居所地的，适用共同国籍国法律。中国法为王某的国籍国法，也是王某、米勒的共同经常居所地法和主要财产所在地法；甲国法，是米勒的国籍国法。所以关于夫妻财产分割，王某与米勒可选择适用中国法或甲国法。因此，B 项正确，D 项错误。

C 项：监护，适用一方当事人经常居所地法律或者国籍国法律中有利于保护被监护人权益的法律，即从中国法或甲国法中选择有利于保护幼子的法律。因此，C 项正确。

综上所述，本题答案为 ABC 项。

16 2202162

【中等】答案：A，D。

解析：双重反致是指如果根据 A 国的冲突规范应当适用某外国的法律，而该外国的冲突规范又规定应当适用 A 国的法律，A 国法院便应把自己置于外国法院的立场，并依该外国对待反致的态度来决定最后应适用的实体法。

ABCD 项：本案中，甲国法院依其本国冲突规范应当适用中国法（胡某国籍国法），依中国冲突规范应当适用甲国法（胡某死亡时经常居所地法）。由于我国不接受反致，甲国法院应按我国法院立场来确定最后适用的实体法，即被继承人死亡时经常居所地法（甲国法）。因此，AD 项正确，BC 项错误。

综上所述，本题答案为 AD 项。

17 2202047

【中等】答案：A，D。

解析：A 项：诉讼离婚适用法院地法。该案受理法院为深圳某法院，即应当适用中国内地法。因此，A 项正确。

B 项：夫妻财产关系的法律适用，首先看当事人是否有意思自治（只能选一方当事人经常居所地法、国籍国法或主要财产所在地法），没有意思自治的适用共同经常居所地法，没有共同经常居所

地的，适用共同国籍国法。本题中双方已约定财产分割适用香港地区法律（为李明经常居所地），约定有效，故而夫妻财产分割应当适用香港地区法律。因此，B 项错误。

C 项：对于内地和香港婚姻家事判决的认可和执行，在香港特别行政区应向区域法院提出，符合认可与执行条件的，由区域法院执行，而不是香港高等法院。因此，C 项错误。

D 项：由于深圳法院作出的判决是均分李明在香港的股票，该判决有拘束力，故而李明有义务向张丽转让其在香港一半的股票。因此，D 选项正确。

综上所述，本题答案为 AD 项。

18 2302064

【中等】答案：B，C，D。

解析：A 项：自动丧失中国国籍必须同时满足两个条件：①已经定居外国；②自愿加入或取得了外国国籍。张强虽然已经取得德国国籍，但未在外国定居，不满足自动丧失中国国籍的条件。故张强事实上拥有双重国籍，但对中国公民不承认双重国籍，法院不应认定张强为德国国籍。因此，A 项错误。

B 项：涉外民事关系的定性，适用法院地法律。王芳对死亡赔偿金的主张到底是何种纠纷，应适用法院地法即中国法。因此，B 项正确。

C 项：构成法律规避需要同时满足四个要件：①故意；②制造或变更连结点；③规避中国法律或行政法规的强制性规定；④目的是适用对其有利的外国法。本案张强和李艳在德国结婚满足法律规避的四个要件。因此，C 项正确。

D 项：夫妻财产关系，当事人可以协议选择适用一方当事人经常居所地法律、国籍国法律或者主要财产所在地法律。当事人没有选择的，适用共同经常居所地法律；没有共同经常居所地的，适用共同国籍国法律。本案纠纷发生时，张强已经死亡，双方没有意思自治的可能。二者没有共居地，但有共同国籍中国籍，故而法院应适用中国法来处理张强和王芳的夫妻财产关系。因此，D 项正确。

综上，本题答案为 BCD 项。

【多选】

19 `62107021`

【中等】答案：C,D。

解析：A项：结婚手续，符合婚姻缔结地法律、一方当事人经常居所地法律或者国籍国法律的，均为有效。杰克和小美婚姻缔结地为美国，经常居所地都在中国，杰克国籍国为美国，小美国籍国为中国，其结婚手续符合美国法、中国法均可。因此，A项错误。

B项：协议离婚，当事人可以协议选择适用一方当事人经常居所地法律或者国籍国法律。英国不属于小美、杰克的经常居住地，也不属于国籍国，故不可以选择适用英国法。因此，B项错误。

C项：夫妻财产关系，当事人可以协议选择适用一方当事人经常居所地法律、国籍国法律或者主要财产所在地法律。中国属于小美的国籍国，也是杰克和小美的经常居住地，故可以选择适用中国法。因此，C项正确。

D项：监护，适用一方当事人经常居所地法律或者国籍国法律中有利于保护被监护人权益的法律。中国是小美的国籍国，也是杰克和小美的经常居住地，美国是杰克的国籍国，关于小勇的监护权应适用中国法、美国法中有利于保护被监护人权益的法律。因此，D项正确。

综上所述，本题答案为CD项。

20 `62207029`

【中等】答案：A,C。

解析：A项：遗嘱方式，符合遗嘱人立遗嘱时或者死亡时经常居所地法律、国籍国法律或者遗嘱行为地法律的，遗嘱均为成立。汤姆立遗嘱时经常居所地在乙国，死亡时经常居所地在中国，国籍国为甲国，遗嘱行为地在丁国，该遗嘱方式只要符合甲国法、中国法、乙国法、丁国法其中一个即可成立。因此，A项正确。

BC项：遗嘱效力，适用遗嘱人立遗嘱时或者死亡时经常居所地法律或者国籍国法律。汤姆立遗嘱时经常居所地在乙国（在丁国就医不改变经常居所地），死亡时经常居所地在中国，国籍国一直为甲国，遗嘱效力只要符合乙国法、中国法、甲国法其中一个即有效。因此，B项错误，C项正确。

D项：动产法定继承，适用被继承人死亡时经常居所地法律；不动产法定继承，适用不动产所在地法律。遗嘱遗漏了丙国财产，则应通过法定继承解决，汤姆在丙国的房产应适用丙国法，在丙国的存款应适用中国法。因此，D项错误。

综上所述，本题答案为AC项。

第九章 国际民商事争议的解决

参考答案

[1] C	[2] AC	[3] ACD	[4] ABC	[5] BC
[6] A	[7] C	[8] C	[9] B	[10] B
[11] A	[12] A	[13] D	[14] A	[15] C
[16] C	[17] ABC	[18] D	[19] B	[20] C
[21] C	[22] B	[23] C	[24] D	[25] A
[26] D	[27] A	[28] BD	[29] AB	[30] ABC
[31] ABC	[32] BD	[33] CD	[34] B	[35] D
[36] C	[37] A	[38] D		

一、历年真题及仿真题

（一）国际商事仲裁机构与协议

【单选】

1 `2002149`

【较简单】答案：C。

解析：A项：当事双方可约定仲裁地，仲裁地可以是仲裁机构所在地，也可以是非仲裁机构所在地。因此，A项错误。

B项：当事人协议选择确认涉外仲裁协议效力适用的法律，应当作出明确的意思表示，仅约定合同适用的法律，不能作为确认合同中仲裁条款效力适用的法律。仅合同约定纠纷适用瑞士法，不能直接适用瑞士法来确认仲裁条款的效力。因此，B项错误。

C项：确认涉外仲裁协议效力适用的法律顺序为：意思自治→仲裁机构所在地法仲裁地法→中国法。

当适用仲裁机构所在地法或仲裁地法将对仲裁协议的效力作出不同认定时，人民法院应当适用确认仲裁协议有效的法律。本案仲裁协议没有约定适用的法律，但约定的仲裁机构所在地为中国，仲裁地为新加坡，若适用中国法仲裁条款无效，适用新加坡法仲裁条款有效，应适用新加坡法认定仲裁条款有效。因此，C 项正确。

D 项：本案仲裁协议具有涉外因素，只有当事人既没有选择涉外仲裁协议适用的法律，也没有约定仲裁机构或仲裁地，或约定不明时，才能适用中国法认定仲裁协议的效力。因此，D 项错误。

综上所述，本题答案为 C 项。

【多选】

2 `2202048`

【中等】答案：A,C。

解析：A 项：申请确认仲裁协议效力的案件，由仲裁协议约定的仲裁机构所在地、仲裁协议签订地、申请人住所地、被申请人住所地的中级人民法院或者专门人民法院管辖。本案约定的仲裁机构所在地在北京，北京市中院有权认定该仲裁条款的效力。因此，A 项正确。

B 项：专属管辖仅能约束当事人的诉权，不能约束当事人仲裁。所以仲裁条款并不会因为违反专属管辖的规定而无效，因此，B 项错误。

C 项：确认涉外仲裁协议效力的法律适用顺序：当事人意思自治→仲裁机构所在地法或仲裁地法律→中国法，适用仲裁机构所在地法与适用仲裁地法将对仲裁协议的效力作出不同认定的，人民法院应当适用确认仲裁协议有效的法律。本案中，仲裁机构所在地法为中国法，仲裁地法为新加坡法，若适用中国法仲裁条款无效，适用新加坡法仲裁条款有效，法院应适用新加坡法裁定仲裁条款有效。因此，C 项正确。

D 项：法院认定涉外或涉港澳台仲裁协议无效的，应当启动法院内部报告制度。而若认定该仲裁协议有效，则不需要启动。因此，D 项错误。

综上所述，本题答案为 AC 项。

3 `2102030`

【较难】答案：A,C,D。

解析：A 项：根据我国法律和司法实践，双方当事人可以约定仲裁机构和仲裁地。因此，A 项正确。

B 项：《涉外民事关系法律适用法》第 18 条规定："当事人可以协议选择仲裁协议适用的法律。当事人没有选择的，适用仲裁机构所在地法律或者仲裁地法律。"因此，B 项错误。

C 项：双方当事人可以分别约定合同的法律适用和合同仲裁条款的法律适用。因此，C 项正确。

D 项：如仲裁庭在日本仲裁，说明仲裁地在日本，故仲裁庭应适用日本冲突规范确定准据法。因此，D 项正确。

综上所述，本题答案为 ACD 项。

4 `1401079`

【中等】答案：A,B,C。

解析：A 项：无论是请求仲裁机构还是法院认定仲裁协议的效力，都应当在仲裁庭首次开庭前提出。如果仲裁机构是中国国际经济贸易仲裁委员会的，还应当采用书面形式。因此，A 项正确。

B 项：涉外仲裁协议效力争议问题，当事人可以协议选择仲裁协议适用的法律。当事人没有选择的，适用仲裁机构所在地法律或者仲裁地法律。当事人没有约定仲裁机构或者仲裁地或者约定不明的，应适用中国法。本案双方没有约定仲裁协议适用的法律，但仲裁机构和仲裁地都在中国内地，所以仲裁协议效力的争议应适用中国法。因此，B 项正确。

C 项：涉外仲裁中，当事人若约定选择适用仲裁规则应尊重当事人的约定，但没有约定的，应适用所选择仲裁机构的仲裁规则。因此，C 项正确。

D 项：申请人可以申请对其仲裁请求进行变更，被申请人也可以申请对其反请求进行变更；但是仲裁庭认为其提出变更的时间过迟而影响仲裁程序正常进行的，可以拒绝其变更请求。因此，D 项错误。

综上所述，本题答案为 ABC 项。

5 `1201078`

【简单】答案：B,C。

解析：AB 项：《仲裁法》第 20 条第 1 款规定："当事人对仲裁协议的效力有异议的，可以请求仲裁委员会作出决定或者请求人民法院作出裁定。一方请求仲裁委员会作出决定，另一方请求人民法院作出裁定的，由人民法院裁定。"因此，A项错误，B项正确。

CD项：《涉外民事关系法律适用法》第18条规定："当事人可以协议选择仲裁协议适用的法律。当事人没有选择的，适用仲裁机构所在地法律或者仲裁地法律。"本题仲裁机构和仲裁地都在中国，对本案仲裁条款效力的审查，应适用中国法。因此，C项正确，D项错误。

综上所述，本题答案为BC项。

（二）承认与执行外国仲裁裁决

【单选】

6 1701038

【较简单】答案：A。

解析：A项：《民事诉讼法解释》第546条第1款规定："承认和执行外国法院作出的发生法律效力的判决、裁定或者外国仲裁裁决的案件，人民法院应当组成合议庭进行审查。"因此，A项正确。

B项：在境外仲裁庭作出的临时仲裁裁决，也可以依《纽约公约》在我国获得承认与执行。因此，B项错误。

C项：法院在裁定拒绝承认与执行外国仲裁裁决之前，应报请本辖区所属高院进行审查；如果高院同意不予承认与执行的，应将其审查意见报最高人民法院。待最高人民法院审核后，方可依最高人民法院的审核意见作出裁定。因此，C项错误。

D项：当事人向中国法院申请承认与执行外国法院判决、外国仲裁裁决的期间，应适用中国法。因此，D项错误。

综上所述，本题答案为A项。

7 1501038

【较简单】答案：C。

解析：A项：《民事诉讼法》第304条规定："在中华人民共和国领域外作出的发生法律效力的仲裁裁决，需要人民法院承认和执行的，当事人可以直接向被执行人住所地或者其财产所在地的中级人民法院申请。"因此，A项错误。

B项：境外仲裁庭作出的临时仲裁裁决，也可以

依《承认与执行外国仲裁裁决公约》在我国获得承认与执行。因此，B项错误。

C项：《民事诉讼法解释》第542条第2款规定："承认和执行申请被裁定驳回的，当事人可以向人民法院起诉。"因此，C项正确。

D项：《民事诉讼法解释》第544条第2款规定："当事人仅申请承认而未同时申请执行的，人民法院仅对应否承认进行审查并作出裁定。"因此，D项错误。

综上所述，本题答案为C项。

（三）外国人在中国的民事诉讼地位

【单选】

8 1501039

【较简单】答案：C。

解析：A项：《民诉法解释》第525条第1款规定："当事人向人民法院提交的书面材料是外文的，应当同时向人民法院提交中文翻译件。"因此，A项错误。

B项：《民诉法解释》第526条规定："涉外民事诉讼中的外籍当事人，可以委托本国人为诉讼代理人，也可以委托本国律师以非律师身份担任诉讼代理人……"，《民事诉讼法》第61条的规定："当事人、法定代理人可以委托一至二人作为诉讼代理人。下列人员可以被委托为诉讼代理人：（一）律师、基层法律服务工作者；（二）当事人的近亲属或者工作人员；（三）当事人所在社区、单位以及有关社会团体推荐的公民。"B选项中"任意一位"表述过于绝对。因此，B项错误。

C项：外国驻华使领馆官员，在作为当事人的本国国民不在中国境内的情况下，可以以外交代表身份为其本国国民在中国聘请中国律师或者中国公民代理民事诉讼。因此，C项正确。

D项：《民诉法解释》第528条规定："涉外民事诉讼中，经调解双方达成协议，应当制发调解书。当事人要求发给判决书的，可以依协议的内容制作判决书送达当事人。"因此，D项错误。

综上所述，本题答案为C项。

（四）涉外民商事案件的管辖权

【单选】

⑨ 2002143

【较简单】答案：B。

解析：A项：人民法院审理涉外民事案件的期间，不受一审审限、二审审限规定的限制。因此，A项错误。

B项：国际商事法庭是最高人民法院的常设审判机构，其作出的判决、裁定，是发生法律效力的判决、裁定，当事人当然可以向国际商事法庭申请执行。因此，B项正确。

C项：国际商事法庭只是在证据材料上规定当事人提交的证据材料系英文且经对方当事人同意的，可以不提交中文翻译件，但在法庭审理、判决作出等方面仍然要求使用中文。因此，C项错误。

D项：国际商事法庭调查收集证据以及组织质证，可以采用视听传输技术及其他信息网络方式。因此，D项错误。

综上所述，本题答案为B项。

⑩ 1902112

【中等】答案：B。

解析：A项：调解需经当事人同意，不可直接委托国际商事专家委员会成员调解。因此，A项错误。

B项：国际商事法庭实行一审终审制，作出的判决、裁定是发生法律效力的判决、裁定。当事人对国际商事法庭作出的已经发生法律效力的判决、裁定和调解书，可以向最高人民法院本部申请再审，不能上诉。因此，B项正确。

C项：《民事诉讼法》第273条规定："人民法院审理涉外民事案件，应当使用中华人民共和国通用的语言、文字……"，国际商事法庭审理案件必须用汉语和汉字。因此，C项错误。

D项：国际商事法庭受理当事人协议选择最高人民法院管辖目标的额为人民币3亿元以上的第一审国际商事案件。本案标的额为1亿美元，超过3亿人民币，可以选择国际商事法庭管辖。因此，D项错误。

综上所述，本题答案为B项。

⑪ 1902111

【较简单】答案：A。

解析：A项：国际商事法庭实行一审终审制，作出的判决、裁定是发生法律效力的判决、裁定。当事人对国际商事法庭作出的已经发生法律效力的判决、裁定和调解书，可以向最高人民法院本部申请再审。因此，A项正确。

B项：担任国际商事法庭法官必须具有中国国籍。希腊法学家西蒙是不能被国际商事法庭遴选为法官的。因此，B项错误。

C项：当事人提交的证据材料系英文且经对方当事人同意的，可以不提交中文翻译件。此处"希腊文字"的证据材料是不满足该项条件的。因此，C项错误。

D项：当事人向国际商事法庭提交的证据材料系在中华人民共和国领域外形成的，不论是否已办理公证、认证或者其他证明手续，均应当在法庭上质证。在希腊获得的证据，应当在法庭上质证。因此，D项错误。

综上所述，本题答案为A项。

⑫ 2302067

【中等】答案：A。

解析：A项：中国法院和外国法院都有管辖权的案件，一方当事人向外国法院起诉，而另一方当事人向中国法院起诉的，人民法院可予受理。故即使意大利法院已经受理了该纠纷，中国法院仍有权受理刘某的起诉。因此，A项正确。

B项：我国法院若要以不方便法院原则驳回原告的起诉，必须同时满足《民事诉讼法》第282条的五项条件。因此，B项错误。

C项：外交途径只是域外文书送达的途径之一，法院并不一定通过外交途径送达起诉状副本。因此，C项错误。

D项：消费者合同纠纷只允许消费者选择法律，且只能选择商品或服务提供地法。因此，D项错误。

综上所述，本题答案为A项。

（五）域外文书送达

【单选】

⑬ 1301039

【中等】答案：D。

解析：A项：要适用海牙《送达公约》进行送达，

前提是该外国也是公约的缔约国，且除了公告送达途径以外，其他送达方式并无顺序限制。因此，A项错误。

B项：只要受送达对象所在国的法律允许邮寄送达，我国法院的司法文书就可以通过邮寄途径送达。因此，B项错误。

C项：通过使领馆代为送达，受送达对象只能是本国国民，该案件的涉外送达对象为外国某公司，不符合使领馆送达的条件。因此，C项错误。

D项：人民法院也可以通过传真、电子邮件等能够确认收悉的其他适当方式向受送达人送达。因此，D项正确。

综上所述，本题答案为D项。

（六）域外调查取证

【单选】

14 `1401039`

【较简单】答案：A。

解析：AB项：通过代为取证方式调取证据的，请求书通过我国司法部转递，并且仅限调取司法程序相关的证据，中国可以以该请求书不属于司法机关职权范围为由拒绝执行。因此，A项正确，B项错误。

C项：外国驻中华人民共和国的使领馆可以向该国公民送达文书和调查取证，但不得违反中华人民共和国的法律，并不得采取强制措施。因此，C项错误。

D项：在我国境内只允许代为取证和使领馆取证两种取证方式。因此，D项错误。

综上所述，本题答案为A项。

（七）外国法院判决的承认与执行

【单选】

15 `1902113`

【较简单】答案：B。

解析：A项：外国法院作出的离婚判决在我国申请承认与执行时，可以突破司法协助协议或互惠关系基础的限制。杨某向人民法院申请承认的是外国法院作出的发生法律效力的离婚判决，法院不得以两国既无双边协议也无互惠关系为由拒绝承

认。因此，A项错误。

B项：如果外国法院的离婚判决是在被告缺席且未得到合法传唤情况下作出的，法院应不予承认。因此，B项正确。

C项：人民法院受理承认外国法院离婚判决的申请后，对方当事人向人民法院起诉离婚的，人民法院不予受理。法院已经受理了杨某的申请，则不应该受理朴某的离婚诉讼。因此，C项错误。

D项：申请人的申请为人民法院受理后，申请人可以撤回申请，人民法院可以裁定准予撤回。申请人撤回申请后，不得再提出申请，但可以另向人民法院起诉离婚。杨某可以撤回其申请，但撤回之后不得再次申请。因此，D项错误。

综上所述，本题答案为B项。

16 `1201039`

【简单】答案：C。

解析：ABC项：《民事诉讼法》第298条规定："外国法院作出的发生法律效力的判决、裁定，需要人民法院承认和执行的，可以由当事人直接向有管辖权的中级人民法院申请承认和执行，也可以由外国法院依照该国与中华人民共和国缔结或者参加的国际条约的规定，或者按照互惠原则，请求人民法院承认和执行。"本题中，承认与执行的申请人包括当事人和外国法院，因此，C项错误，当选；AB项正确，不当选。

D项：《民事诉讼法》第300条规定："对申请或者请求承认和执行的外国法院作出的发生法律效力的判决、裁定，人民法院经审查，有下列情形之一的，裁定不予承认和执行：……（五）违反中华人民共和国法律的基本原则或者损害国家主权、安全、社会公共利益。"因此，D项正确，不当选。

综上所述，本题为选非题，答案为C项。

【多选】

17 `1902122`

【中等】答案：A，B，C。

解析：A项：外国法院作出的发生法律效力的判决、裁定，需要中华人民共和国人民法院承认和执行的，可以由当事人直接向中华人民共和国有管辖权的中级人民法院申请承认和执行。被执行

人 D 公司住所地在中国 C 区，所以中国 C 区中院对本案有管辖权。因此，A 项正确。

B 项：申请人向人民法院申请承认和执行外国法院作出的发生法律效力的判决、裁定，应当提交申请书，并附外国法院作出的发生法律效力的判决、裁定正本或者经证明无误的副本以及中文译本。因此，B 项正确。

C 项：申请人请求承认和执行的外国法院判决，原判决国法院须有管辖权，题中属于在中国履行的中外合资经营合同产生的纠纷，我国具有专属管辖权，原判决国法院没有管辖权，则我国法院可以拒绝承认和执行该判决。因此，C 项正确。

D 项：申请人向人民法院申请承认和执行外国法院作出的发生法律效力的判决、裁定，若为缺席判决、裁定的，申请人应当同时提交该外国法院已经合法传唤的证明文件，但判决、裁定已经对此予以明确说明的除外。因此，D 项错误。

综上所述，本题答案为 ABC 项。

（八）综合知识点

【单选】

18 2202043

【中等】答案：D。

解析：A 项：中国法院不予承认和执行外国仲裁裁决的，应当启动内部报告程序，不得直接作出不予承认裁定。因此，A 项错误。

B 项：无论基于何种理由，中国法院都不得对外国仲裁裁决作出撤销裁定。因此，B 项错误。

C 项：认定涉外仲裁协议效力的法律适用，应当遵循如下顺序：当事人协议选择的法律→仲裁机构所在地法或仲裁地法→中国法。在认定涉外仲裁条款是否有效时，不能直接适用中国法。因此，C 项错误。

D 项：法院决定拒绝承认与执行外国仲裁裁决的，应当启动法院内部报告程序。中国法院承认与执行该仲裁裁决的，不适用内部报告程序。因此，D 项正确。

综上所述，本题答案为 D 项。

19 1001034

【较简单】答案：B。

解析：ABC 项：当事人可以协议选择合同适用的法律，并且该选择可以突破实际联系原则的限制。如果当事人在一审法庭辩论终结前协议选择或者变更选择适用的法律的，人民法院应予准许。因此，AC 项正确，不当选，B 项错误，当选。

D 项：对该认购增资合同纠纷，双方当事人可以选择外国仲裁机构仲裁，我国法律对认购增资合同纠纷的仲裁机构选择没有强制性规定。因此，D 项正确，不当选。

综上所述，本题为选非题，答案为 B 项。

20 2202042

【较简单】答案：C。

解析：AC 项：劳务派遣合同，能确定劳动者工作地的，适用劳动者工作地法或劳务派出地法，不能确定劳动者工作地的，适用用人单位主营业地法或劳务派出地法。本案能够确定约翰工作地在莫桑比克，劳务派出地为上海，即可以适用莫桑比克法或中国法。因此，A 项错误，C 项正确。

B 项：劳动合同和劳务派遣合同中涉及劳动者权益保护的争点，应当适用中国法律的强制性规定。因此，B 项错误。

D 项：外国驻华使、领馆官员，受本国公民的委托，可以以个人名义担任诉讼代理人，而非领事身份。因此，D 项错误。

综上所述，本题答案为 C 项。

21 2102034

【中等】答案：C。

解析：A 项：因在中国境内履行的中外合资经营企业合同、中外合作经营企业合同、中外合作勘探开发自然资源合同发生纠纷提起的诉讼，由中国法院专属管辖，当事人不得协议选择外国法院管辖，但协议选择仲裁解决纠纷可突破专属管辖，所以该纠纷并非只能通过诉讼解决。因此，A 项错误。

B 项：在中国境内履行的中外合资经营企业合同、中外合作经营企业合同、中外合作勘探开发自然资源合同，只能适用中国法，不应适用《联合国海洋法公约》。因此，B 项错误。

C 项：若甲乙约定以仲裁方式解决争端，可以选择中国仲裁机构，也可以选择外国仲裁机构。因此，C 项正确。

D 项：若甲乙采用诉讼的争端解决方式，只能由中国法院管辖，不可协议选择由英国法院审理此案。因此，D 项错误。

综上所述，本题答案为 C 项。

㉒ 1902114

【较简单】答案：B。

解析：AB 项：《民事诉讼法》第 280 条规定："当事人之间的同一纠纷，一方当事人向外国法院起诉，另一方当事人向人民法院起诉，或者一方当事人既向外国法院起诉，又向人民法院起诉，人民法院依照本法有管辖权的，可以受理……"，甲与乙的房屋买卖合同纠纷，越南法院已经受理，中国法院亦可以受理。并未违反"一事不再理"原则。因此，A 项错误，B 项正确。

C 项：《民事诉讼法》第 279 条："下列民事案件，由人民法院专属管辖：（一）因在中华人民共和国领域内设立的法人或者其他组织的设立、解散、清算，以及该法人或者其他组织作出的决议的效力等纠纷提起的诉讼；（二）因与在中华人民共和国领域内审查授予的知识产权的有效性有关的纠纷提起的诉讼；（三）因在中华人民共和国领域内履行中外合资经营企业合同、中外合作经营企业合同、中外合作勘探开发自然资源合同发生纠纷提起的诉讼。"本题为商品房买卖合同纠纷，不属于人民法院专属管辖的情形。因此，C 项错误。

D 项：《民事诉讼法解释》第 531 条第 2 款规定："外国法院判决、裁定已经被人民法院承认，当事人就同一争议向人民法院起诉的，人民法院不予受理。"因此，D 项错误。

综上所述，本题答案为 B 项。

㉓ 1802033

【中等】答案：C。

解析：ABC 项：在中华人民共和国境内履行的中外合资经营企业合同、中外合作经营企业合同、中外合作勘探开发自然资源合同，由中华人民共和国人民法院适用中华人民共和国法律管辖。但如果当事人选择以仲裁的方式解决争议，则其达成的有效仲裁协议具有排除我国法院专属管辖权的法律效力。德国甲公司和杭州乙公司签订的中

外合作经营企业合同是在中国境内履行，该合同纠纷只能由中国法院适用中国法管辖，但是双方可约定该案件在瑞典的斯德哥尔摩仲裁院进行仲裁。因此，AB 项错误，C 项正确。

D 项：海牙常设仲裁院受理范围包括来自国家间的申请，同时也接受国家与私人团体或者个人之间的冲突解决申请，但不处理私人团体或者个人之间的商事争议。德国甲公司和中国乙公司的纠纷属于私人团体之间的商事争议，不属于荷兰海牙国际仲裁院的受理范围。因此，D 项错误。

综上所述，本题答案为 C 项。

㉔ 1601038

【简单】答案：B。

解析：ABC 项：《民事诉讼法》第 276 条第 1 款规定："因涉外民事纠纷，对在中华人民共和国领域内没有住所的被告提起除身份关系以外的诉讼，如果合同签订地、合同履行地、诉讼标的物所在地、可供扣押财产所在地、侵权行为地、代表机构住所地位于中华人民共和国领域内的，可以由合同签订地、合同履行地、诉讼标的物所在地、可供扣押财产所在地、侵权行为地、代表机构住所地人民法院管辖。"俄罗斯公民萨沙和韩某在中国签订设备买卖合同，且该套设备位于中国境内，故韩某可以在设备所在地或合同签订地即中国法院起诉。因此，B 项正确，AC 项错误。

D 项：当事人可以协议选择合同适用的法律。当事人没有选择的，适用最密切联系地法律。法律适用中的意思自治原则不受实际联系原则的限制，萨沙与韩某可以选择中国法或俄罗斯法以外的其他法律。因此，D 项错误。

综上所述，本题答案为 B 项。

㉕ 1601039

【简单】答案：A。

解析：ABD 项：《民事诉讼法》第 294 条第 2 款规定："外国驻中华人民共和国的使领馆可以向该国公民送达文书和调查取证，但不得违反中华人民共和国的法律，并不得采取强制措施。"因此，A 项正确，BD 项错误。

C 项：通过使领馆途径送达司法文书的，应直接送交司法部，由司法部转递给最高人民法院，再

由最高人民法院交有关人民法院送达给当事人，无需经过中国外交部同意。因此，C 项错误。

综上所述，本题答案为 A 项。

㉖ 2202041

【中等】答案：D。

解析：A 项：代理内部关系（被代理人与代理人的民事关系）的法律适用，先看当事人有没有协议选择适用的法律，当事人没有选择的，适用代理关系发生地法律。本题中，各方当事人没有就法律适用达成协议，甲公司与丙律所驻北京代表处签订代理协议，代理协议签订地在北京，适用中国法。因此，A 项错误。

B 项：代理外部关系（代理行为的效力）的法律适用，先看当事人有没有协议选择适用的法律，当事人没有选择的，适用代理行为地法律。本题中，各方当事人没有就法律适用达成协议，M 国律所在当地核实乙公司信息，代理行为发生在 M 国，适用 M 国法律。因此，B 项错误。

C 项：我国法院司法文书域外送达有十一种途径，向中国境内的代表机构送达仅为其中一种。因此，C 项错误。

D 项：法人及其分支机构的民事权利能力、民事行为能力等事项，适用登记地法律。丙律所驻北京代表处登记地在北京，适用中国法。因此，D 项正确。

综上所述，本题答案为 D 项。

㉗ 1802032

【较简单】答案：A。

解析：A 项：外国人在中国工作必须要有工作许可和工作类居留证件，如果金某是韩国来中国的留学生，则属于非法就业，应由县级以上地方人民政府公安机关或者出入境边防检查机关对法国公司进行罚款处理。因此，A 项正确。

BC 项：涉外劳动合同纠纷，适用劳动者工作地法律；难以确定劳动者工作地的，适用用人单位主营业地法律。金某的工作内容为巡回于东亚从事产品售后服务工作，属于难以确定劳动者工作地的情况，应适用用人单位主营业地法律，即中国法。涉外劳动合同纠纷，当事人不能选择适用法律。因此，BC 项错误。

D 项：《民事诉讼法》第 276 条第 1 款规定："因涉外民事纠纷，对在中华人民共和国领域内没有住所的被告提起除身份关系以外的诉讼，如果合同签订地、合同履行地、诉讼标的物所在地、可供扣押财产所在地、侵权行为地、代表机构住所地位于中华人民共和国领域内的，可以由合同签订地、合同履行地、诉讼标的物所在地、可供扣押财产所在地、侵权行为地、代表机构住所地人民法院管辖。"本案法国公司主营业地在广州，劳动合同是在中国领域签订或者履行的，故我国法院可以行使管辖权。因此，D 项错误。

综上所述，本题答案为 A 项。

【多选】

㉘ 2202045

【中等】答案：B,D。

解析：A 项：因除身份关系以外的涉外民事纠纷，对在中国领域内没有住所的被告提起的诉讼，只要"沾边"，中国法院就能管。本案诉讼标的物在中国，我国法院有管辖权。因此，A 项错误。

B 项：外国人在中国参与诉讼需要委托律师的，只能委托中国律师。对于非律师身份的诉讼代理人则没有国籍限制。因此，B 项正确。

C 项：当事人以行为方式达成意思自治应当同时具备两个条件：①各方当事人援引相同法律且②未对援引的法律提出法律适用异议。双方均援引中国法，仅满足第一个条件。因此，C 项错误。

D 项：动产物权适用当事人协议选择的法律，当事人没有选择的，适用法律事实发生时物之所在地法律。本案汉斯在德国柏林获得花瓶，德国柏林是法律事实发生时物之所在地，则应适用德国法。因此，D 项正确。

综上所述，本题答案为 BD 项。

㉙ 2102037

【较简单】答案：A,B。

解析：AD 项：《民事诉讼法》第 276 条第 1 款规定："因涉外民事纠纷，对在中华人民共和国领域内没有住所的被告提起除身份关系以外的诉讼，如果合同签订地、合同履行地、诉讼标的物所在地、可供扣押财产所在地、侵权行为地、代表机构住所地位于中华人民共和国领域内的，可以由合同签订地、合同履行地、诉讼标的物所在地、可供扣押财产所在地、侵权行为地、代表机构住所地人民法院管辖。"本案属于合同纠纷，被告金达公司在大连有可供扣押的房产，故大连法院可以管辖，与金达公司的意思表示无关。因此，A项正确，D项错误。

BC项：对于消费者合同纠纷，如果消费者有选择，只能选择商品、服务提供地法；如果消费者没有选择但经营者在消费者经常居所地有相关经营活动，则适用消费者经常居所地法；如果消费者没有选择且经营者在消费者经常居所地没有相关经营活动，则适用商品、服务提供地法。消费者张某可以选择商品提供地法即韩国法；在张某没有选择时，因经营者金达公司在张某的经常居所地中国未从事过相关经营活动，只能适用商品提供地法即韩国法，所以该纠纷应适用韩国法。因此，B项正确，C项错误。

综上所述，本题答案为 AB 项。

30　1902120

【中等】答案：A,B,C。

解析：A项：关于外国法查明，当事人选择适用外国法律的，由当事人负责查明；不是当事人选择的，由人民法院、仲裁机构或者行政机关查明。本案当事人双方约定适用波兰法，故甲乙两公司应查明并提供波兰法。因此，A项正确。

B项：法院应当听取各方当事人对应当适用的外国法律的内容及其理解与适用的意见，当事人对该外国法律的内容及其理解与适用均无异议的，人民法院可以予以确认；当事人有异议的，由人民法院审查认定。因此，B项正确。

C项：当事人意思自治的最晚时间在一审法庭辩论终结前，故双方可以在开庭审理前变更适用德国法。因此，C项正确。

D项：根据《民诉法》第282条第1款规定："人民法院受理的涉外民事案件，被告提出管辖异议，且同时有下列情形的，可以裁定驳回起诉，告知原告向更为方便的外国法院提起诉讼：（一）案件争议的基本事实不是发生在中华人民共和国领域内，人民法院审理案件和当事人参加诉讼均明显

不方便；（二）当事人之间不存在选择人民法院管辖的协议；（三）案件不属于人民法院专属管辖；（四）案件不涉及中华人民共和国主权、安全或者社会公共利益；（五）外国法院审理案件更为方便。"需要强调的是，以上5个条件必须同时具备，才可拒绝管辖。"波兰甲公司仅认为本案由波兰法院管辖更为方便"不满足条件。

综上所述，本题答案为 ABC 项。

31　1301078

【较简单】答案：A,B,C。

解析：A项：《民事诉讼法》第276条第1款规定："因涉外民事纠纷，对在中华人民共和国领域内没有住所的被告提起除身份关系以外的诉讼，如果合同签订地、合同履行地、诉讼标的物所在地、可供扣押财产所在地、侵权行为地、代表机构住所地位于中华人民共和国领域内的，可以由合同签订地、合同履行地、诉讼标的物所在地、可供扣押财产所在地、侵权行为地、代表机构住所地人民法院管辖。"被告甲国航空公司在中国设有代表处，所以中国法院对该侵权纠纷有管辖权。因此，A项正确。

B项：《民事诉讼法》第279条规定："下列民事案件，由人民法院专属管辖：（一）因在中华人民共和国领域内设立的法人或者其他组织的设立、解散、清算，以及该法人或者其他组织作出的决议的效力等纠纷提起的诉讼；（二）因与在中华人民共和国领域内审查授予的知识产权的有效性有关的纠纷提起的诉讼；（三）因在中华人民共和国领域内履行中外合资经营企业合同、中外合作经营企业合同、中外合作勘探开发自然资源合同发生纠纷提起的诉讼。"该案件不属于我国法院专属管辖的范围，而且该侵权发生在乙国境内，乙国法院有权管辖。因此，B项正确。

C项：《民事诉讼法》第280条规定："当事人之间的同一纠纷，一方当事人向外国法院起诉，另一方当事人向人民法院起诉，或者一方当事人既向外国法院起诉，又向人民法院起诉，人民法院依照本法有管辖权的，可以受理。"只要中国法院有权管辖该案件，就不得因外国法院已经管辖而排除我国法院的管辖。因此，C项正确。

D 项：侵权责任的法律适用规则为：①首先应当适用当事人协议选择的法律；②若无选择则适用当事人共同经常居所地法律；③若无共同经常居所地的，则适用侵权行为地法律。赔偿限额属于侵权责任的一部分，如果双方未达成协议，且无共同经常居所地，则应适用侵权行为地法，而不是受害人本国法。因此，D 项错误。

综上所述，本题答案为 ABC 项。

32 `2302066`

【较难】答案：B,D。

解析：A 项：根据《最高人民法院关于涉外民商事案件管辖若干问题的规定》，在浙江省，标的额在人民币 4000 万元以下的涉外民商事案件由基层法院管辖，故本案应由基层法院而非宁波市中院管辖。因此，A 项错误。

B 项：夫妻财产关系，当事人可以协议选择适用一方当事人经常居所地法律、国籍国法律或者主要财产所在地法律。当事人没有选择的，适用共同经常居所地法律；没有共同经常居所地的，适用共同国籍国法律。凯尔拥有德国国籍，故双方可以约定夫妻财产分割问题适用德国法。因此，B 项正确。

C 项：诉讼离婚，适用法院地法，不允许意思自治。因此，C 项错误。

D 项：涉外民事诉讼中，经调解双方达成协议，应当制发调解书。当事人要求发给判决书的，可以依协议的内容制作判决书送达当事人。因此，D 项正确。

综上，本题答案为 BD 项。

33 `2402090`

答案：C,D。

解析：AD 项：根据《法律适用法》第 18 条规定："当事人可以协议选择仲裁协议适用的法律。当事人没有选择的，适用仲裁机构所在地法律或者仲裁地法律。"根据《法律适用法解释（一）》第 12 条规定："当事人没有选择涉外仲裁协议适用的法律，也没有约定仲裁机构或者仲裁地，或者约定不明的，人民法院可以适用中华人民共和国法律认定该仲裁协议的效力。"当事人协议选择确认涉外仲裁协议效力适用的法律，应当作出明确的意

思表示，仅约定合同适用的法律，不能作为确认合同中仲裁条款效力适用的法律。本案双方当事人仅约定合同适用瑞士法，不能作为确认仲裁条款效力适用的法律。因此，A 项错误，D 项正确。

BC 项：根据《外国国家豁免法》第 7 条规定："外国国家与包括中华人民共和国在内的其他国家的组织或者个人进行的商业活动，在中华人民共和国领域内发生，或者虽然发生在中华人民共和国领域外但在中华人民共和国领域内产生直接影响的，对于该商业活动引起的诉讼，该外国国家在中华人民共和国的法院不享有管辖豁免。"本题中甲公司与乙国政府签订工程承包合同属于商业活动，我国法院有管辖权，有权确认仲裁协议的效力。因此，B 项错误，C 项正确。

综上所述，本题正确答案为 CD 项。

【不定项】

34 `2102044`

【较难】答案：B。

解析：AB 项：《民诉法解释》第 529 条规定："涉外合同或者其他财产权益纠纷的当事人，可以书面协议选择被告住所地、合同履行地、合同签订地、原告住所地、标的物所在地、侵权行为地等与争议有实际联系地点的外国法院管辖。"本题中，天意公司与易鑫公司达成书面管辖协议，约定由 H 国 S 市法院管辖的内容有效，H 国 S 市法院有管辖权。但若 H 国 S 市法院管辖，只能适用 H 国民事诉讼规则解决，而不能适用双方选择的中国民事诉讼法。因此，A 项错误，B 项正确。

CD 项：双方达成的补充协议属于涉外仲裁协议，关于涉外仲裁协议的效力认定，首先当事人可以协议选择仲裁协议适用的法律；当事人没有选择的，适用仲裁机构所在地法律或者仲裁地法律。本案天意公司与易鑫公司没有选择仲裁协议适用的法律，也没有选择仲裁地，则应适用仲裁机构所在地法，即中国法。根据中国《仲裁法解释》第 7 条的规定："当事人约定争议可以向仲裁机构申请仲裁也可以向人民法院起诉的，仲裁协议无效。"所以天意公司与易鑫公司达成的补充协议无效，中国 A 市仲裁委员会无权管辖。因此，CD 项错误。

综上所述，本题答案为 B 项。

二、模拟题

【单选】

35 62107028

【较简单】答案：D。

解析：A项：涉外仲裁协议效力的认定：①首先当事人可以协议选择仲裁协议适用的法律；②当事人没有选择的，适用仲裁机构所在地法律或者仲裁地法律；③仲裁机构所在地或仲裁地无法认定的，适用中国法。本题双方当事人没有约定仲裁协议适用法律，仲裁机构所在地为中国，仲裁地在日本，因此可以适用中国法或日本法。因此，A项错误。

B项：《民事诉讼法》第279条第3项规定："下列民事案件，由人民法院专属管辖：（三）因在中华人民共和国领域内履行中外合资经营企业合同、中外合作经营企业合同、中外合作勘探开发自然资源合同发生纠纷提起的诉讼。"本案的合同履行地在日本，不属于我国专属管辖的案件。因此，B项错误。

C项：《民事诉讼法》第304条规定："在中华人民共和国领域外作出的发生法律效力的仲裁裁决，需要人民法院承认和执行的，当事人可以直接向被执行人住所地或者其财产所在地的中级人民法院申请。……"美国人艾玛可向被执行人住所地或其财产所在地的中级法院提出申请，而不是基层法院。因此，C项错误。

D项：受送达人在中华人民共和国领域内有分支机构或者业务代办人的，经该受送达人授权，人民法院可以向其分支机构或者业务代办人送达。该中国分支机构已由美凯公司授权，法院可以向其送达。因此，D项正确。

综上所述，本题答案为D项。

36 62107030

【中等】答案：C。

解析：A项：受送达人所在国允许邮寄送达的，人民法院可以邮寄送达。自邮寄之日起满三个月，如果未能收到送达与否的证明文件，但根据各种情况足以认定已经送达的，比如受送达人向人民法院提及了所送达司法文书的内容，则期间届满

之日视为送达。因此，A项错误。

B项：除公告送达方式外，人民法院可以同时采取多种方式向受送达人进行送达，但应根据最先实现送达的方式确定送达日期。公告送达只能作为兜底性的送达方式。因此，B项错误。

C项：人民法院委托外国送达民商事案件司法文书和进行民商事案件调查取证，需要提供译文的，应当委托中华人民共和国领域内的翻译机构进行翻译。翻译件不加盖人民法院印章，法院不对翻译件负责。因此，C项正确。

D项：我国只允许代为取证和使领馆取证，不允许自行取证与特派员取证。因此，D项错误。

综上所述，本题答案为C项。

37 62407014

【较简单】答案：A。

解析：AC项：侵权责任的法律适用规则为：①首先应当适用当事人协议选择的法律，②若无选择则适用当事人共同经常居所地法律，③若无共同经常居所地的，则适用侵权行为地法律。本案属于一般的侵权纠纷，当事人意思自治优先，故张三和山野可以协议选择适用韩国法。因此，A项正确，C项错误。

B项：我国法院依法受理案件后，当事人以外国法院已经先于我国法院受理为由，书面申请我国法院中止诉讼的，我国法院可以裁定中止诉讼，但是存在下列情形之一的除外：（一）当事人协议选择我国法院管辖，或者纠纷属于我国法院专属管辖；（二）由我国法院审理明显更为方便。由此可知，法院可以裁定中止诉讼的条件为外国法院已经先于我国法院受理且【书面申请】我国法院中止诉讼。因此，B项错误。

D项：在涉外民事诉讼中，如果委托律师在中国以律师身份参与诉讼，必须委托中国律师，外国律师可以非律师身份担任诉讼代理人。故宫本可以非律师身份担任诉讼代理人。因此，D项错误。

综上所述，本题答案为A项。

【不定项】

38 62207034

【中等】答案：D。

解析：AB项：在中国境内履行的三种中外合同，强制适用中国法并且由中国法院专属管辖：①中外合资经营企业合同；②中外合作经营企业合同；③中外合作勘探开发自然资源合同。即应当同时满足两个条件：①合同一方为中国当事人；②在中国境内履行。而本题中，为两个外国公司在中国设立合资经营合同，并不满足①要件，不属于中国专属管辖的范围，也不能直接适用中国法。因此，AB项错误。

C项：国际商事法庭审理的案件，当事人提交的证据材料系英文且经对方当事人同意的，可以不提交中文翻译件。但本题甲公司提交的是德语证据材料，不符合英文的条件。因此，C项错误。

D项：国际商事法庭是最高院的常设审判机构，所作判决、裁定为发生法律效力的判决、裁定。当事人不服的，可以向最高人民法院本部申请再审。因此，D项正确。

综上所述，本题答案为D项。

第十章 区际司法协助

参考答案

| [1]D | [2]B | [3]A | [4]D | [5]C |
| [6]AD | [7]C | [8]AD | | |

一、历年真题及仿真题

（一）区际文书送达

【单选】

1　1201037

【较简单】答案：D。

解析：A项：台湾地区当事人在人民法院参与民事诉讼，与大陆当事人有同等的诉讼权利义务，其合法权益受法律平等保护。因此，A项正确，不当选。

B项：根据法律和司法解释中选择适用法律的规则，确定适用台湾地区民事法律的，人民法院予

以适用。因此，B项正确。不当选。

C项：作为受送达人的自然人或企业、其他组织的法定代表人、主要负责人出现在内地时，法院可以向其直接送达。因此，C项正确，不当选。

D项：采用邮寄送达的，应当附有送达回证。受送达人未在送达回证上签收但在邮件回执上签收的，视为送达，签收日期为送达日期。因此张某可以不在送达回证上签收。因此，D项错误，当选。

综上所述，本题为选非题，答案为D项。

（二）区际判决认可与执行

【单选】

2　1701039

【较简单】答案：B。

解析：A项：书面管辖协议中的"书面形式"是指合同书、信件和数据电文（包括电报、电传、传真、电子数据交换和电子邮件）等可以有形地表现所载内容、可以调取以备日后查用的形式。电子邮件符合"书面"管辖协议的要求。因此，A项错误。

BC项：被申请人住所地、经常居住地或者财产所在地在内地不同的中级人民法院辖区的，申请人应当选择向其中一个人民法院提出认可和执行的申请，不得分别向两个或者两个以上人民法院提出申请。被申请人的住所地、经常居住地或者财产所在地，既在内地又在香港特别行政区的，申请人可以同时分别向两地法院提出申请。因此，B项正确，C项错误。

D项：当事人对认可和执行与否的裁定不服的，在内地可以向上一级人民法院申请复议，在香港特别行政区可以提出上诉。甲公司不能直接向最高人民法院申请复议。因此，D项错误。

综上所述，本题答案为B项。

3　1101037

【较简单】答案：A。

解析：A项：申请认可台湾地区法院民事判决的案件，由申请人住所地、经常居住地或者被申请人住所地、经常居住地、财产所在地中级人民法院或者专门人民法院受理。申请人向两个以上有管辖权的人民法院申请认可的，由最先立案的人民

法院管辖。乙公司在上海和北京均有财产，上海和北京的中级人民法院均有管辖权，由最先立案的中级人民法院管辖。因此，A项正确。

B项：经人民法院认可的判决书，其法律效力等同于人民法院的生效判决。因此，B项错误。

C项：人民法院受理认可台湾地区法院民事判决的申请之前或之后，可以按照民事诉讼法及相关司法解释的规定，根据申请人的申请，裁定采取保全措施。而《民事诉讼法》第103条第2款规定："人民法院采取保全措施，可以责令申请人提供担保，申请人不提供担保的，裁定驳回申请。"因此，C项错误。

D项：申请人申请认可和执行台湾地区法院民事判决的期间为二年，但申请认可台湾地区法院有关身份关系的判决除外。因此，D项错误。

综上所述，本题答案为A项。

④ 1001037

【较简单】答案：D。

解析：A项：向内地人民法院提交的文件没有中文文本的，申请人应当提交证明无误的中文译本。但向香港法院提交的文件，并没有提交中文译本的要求。因此，A项错误。

B项：内地人民法院和香港特别行政区法院在具有书面管辖协议的民商事案件中，作出的须支付款项的具有执行力的终审判决，当事人可以向内地人民法院或者香港特别行政区法院申请认可和执行。只有须支付款项的具有执行力的终审判决，才可以申请认可和执行。因此，B项错误。

C项：合同中的管辖协议条款独立存在，合同的变更、解除、终止或者无效，不影响管辖协议条款的效力。因此，C项错误。

D项：当事人对认可和执行与否的裁定不服的，在内地可以向上一级人民法院申请复议，在香港特别行政区可以提出上诉。因此，D项正确。

综上所述，本题答案为D项。

（三）区际仲裁裁决的认可与执行

【单选】

⑤ 2202044

【较简单】答案：C。

解析：A项：依据《中华人民共和国仲裁法》，向内地仲裁机构提起仲裁的当事人，在仲裁裁决作出前，可以根据澳门法律规定，向澳门初级法院申请保全。甲应当向澳门初级法院提出保全申请。因此，A项错误。

B项：澳门对内地作出的仲裁裁决，有权受理认可和执行仲裁裁决申请的法院为中级法院。因此，B项错误。

C项：被申请人的住所地、经常居住地或者财产所在地分别在内地和澳门特别行政区的，申请人可以同时向两地法院提出申请。因此，C项正确。

D项：内地的诉讼不影响澳门仲裁裁决的执行。因此，D项错误。

综上所述，本题答案为C项。

（四）综合知识点

【多选】

⑥ 1301079

【中等】答案：A,D。

解析：AC项：关于涉澳司法协助，内地高院以及经最高法授权的中级、基层法院可以和澳门终审法院之间相互委托送达文书和调查取证。此题并未提到该中院是否有授权，应按照一般情况处理，即通过中院所属的高院与澳门终审法院相互委托送达文书和调取证据。因此，A项正确，C项错误。

B项：委托书应当以中文文本提出。所附司法文书及其他相关文件没有中文文本的，应当提供中文译本。澳门特别行政区终审法院无权要求提供葡萄牙语译本。因此，B项错误。

D项：受委托方法院在执行委托调取证据时，根据委托方法院的请求，可以允许委托方法院派司法人员出席。必要时，经受委托方允许，委托方法院的司法人员可以向证人、鉴定人等发问。因此，D项正确。

综上所述，本题答案为AD项。

二、模拟题

【单选】

⑦ 62107029

【较简单】答案：C。

解析：A 项：内地与香港双方相互委托提取证据，须通过各自指定的联络机关进行。内地联络机关为各高级人民法院，香港联络机关为香港政府行政署。因此，A 项错误。

B 项：被申请人在内地和香港特区均有住所地或者可供执行财产的，申请人可以分别向两地法院申请执行。因此，B 项错误。

C 项：当事人对认可和执行与否的裁定不服的，在内地可以向上一级人民法院申请复议，在香港特别行政区可以根据其法律规定提出上诉。故小王在内地可向上一级法院申请复议。因此，C 项正确。

D 项：香港和澳门都可以采取委托送达的方式。因此，D 项错误。

综上所述，本题答案为 C 项。

【多选】

8 `62207001`

【中等】答案：A,D。

解析：A 项：《仲裁法》第 20 条第 2 款规定："当事人对仲裁协议的效力有异议，应当在仲裁庭首次开庭前提出。"因此，A 项正确。

B 项：《仲裁法》第 20 条第 1 款规定："当事人对仲裁协议的效力有异议的，可以请求仲裁委员会作出决定或者请求人民法院作出裁定。一方请求仲裁委员会作出决定，另一方请求人民法院作出裁定的，由人民法院裁定。"故不是由最先受理异议的机构决定，而是由人民法院裁定。因此，B 项错误。

C 项：在内地仲裁机构提起仲裁的当事人，在仲裁裁决作出前，可以向澳门初级法院申请保全，而不是中级法院。因此，C 项错误。

D 项：内地与澳门仲裁程序相互协助保全的程序、方式和救济，依据被请求方所在地相关法律规定。本题中，被请求保全方当事人住所地位于澳门，应按照澳门相关法律规定请求救济。因此，D 项正确。

综上所述，本题答案为 AD 项。

国际经济法

第一章
国际货物买卖

参考答案

[1] C	[2] D	[3] B	[4] B	[5] C
[6] C	[7] B	[8] AC	[9] AD	[10] BD
[11] BCD	[12] A	[13] D	[14] D	[15] CD
[16] D	[17] BC			

一、历年真题及仿真题

（一）国际贸易术语

【单选】

1 `2002144`

【较简单】答案：C。

解析：A 项：CIP 术语适用任何运输方式，在 CIP 术语下货物风险自货交第一承运人时发生转移。因此，A 项错误。

B 项：CIP 术语下，卖方"包运也包险"，运输由卖方即法国埃尔斯公司负责安排。因此，B 项错误。

CD 项：《2020 年国际贸易术语解释通则》下 CIP 术语的变化是，如无约定，卖方应投保一切险，但贸易术语性质上属于国际惯例，具有任意性特点，因此若当事双方约定投保平安险，则约定优先。因此，C 项正确，D 项错误。

综上所述，本题答案为 C 项。

2 `1902126`

【较简单】答案：D。

解析：AC 项：在 CIF 术语下，风险自卖方在装运港将货物装运上船时转移给买方。题中瓷器是"运到该国附近时因遭遇战争而部分损毁"，属于风险转移以后造成的损失，该风险应该由买方即乙公司承担，瓷器毁损并不影响买方承担支付价款的义务。因此，AC 项错误。

BD 项：在 CIF 术语下，卖方既包运也包险，如无特别约定，卖方投保最低险别平安险即可。如买方需要更高保险的话，则需双方达成协议。因此，B项错误，D项正确。

综上所述，本题答案为D项。

3 `1802037`

【较简单】答案：B。

解析：FCA术语下，卖方货交承运人（指定地点），并办理了出口清关手续，即完成交货，卖方不包运不保险。

AB项：FCA术语适用于各种运输方式，包括多式联运。因此，A项正确，不当选，B项错误，当选。

CD项：FCA术语下，卖方货交第一承运人时完成交货义务，货物的风险在交货时转移。因此，CD项正确，不当选。

综上所述，本题为选非题，答案为B项。

注意：考生记忆的时候不要混淆，可以做对比记忆，与FCA相对应的FOB术语同样是不包运不包险，但只适用于海运，货物风险自装运港装运上船时转移。

(二) 国际货物销售合同公约

【单选】

4 `1601040`

【较简单】答案：B。

解析：A项：《联合国国际货物销售合同公约》内容上不涉及以下问题：①合同的效力，但规定了合同的成立；②所有权的转移，但规定了所有权担保；③产品责任问题，但要求卖方承担对买方的质量担保责任。进口设备在使用中引起人身伤亡，属于产品责任问题，不适用《联合国国际货物销售合同公约》的规定。因此，A项错误。

BCD项：根据《联合国国际货物销售合同公约》规定，一方中止履行义务的适用条件包括：①被中止方履行合同的能力或信用方面有严重缺陷；②被中止方在准备履行合同或履行合同中的行为显示其将不履行合同中的主要义务。中止履行合同的一方当事人，必须立即通知对方，但对方若对履行合同提供了充分保证，中止方仍应继续履行合同。因此，B项正确，CD项错误。

综上所述，本题答案为B。

5 `1401040`

【简单】答案：C。

解析：A项：《1980年公约》的适用具有任意性，当事人可以通过选择其他法律而排除公约的适用，也可以在买卖合同中约定部分适用公约，或对公约的内容进行改变。因此，A项错误。

BC项：格式合同不是法律，其具有任意性的特点，由当事人选择适用，不具有强制性约束力，当事人在选用时还可以进行修改和补充。因此，B项错误，C项正确。

D项：当事人约定贸易术语不意味着公约整体不再适用，其可以部分排除公约的适用；对于贸易术语未涉及的内容，仍可适用公约的规定。因此，D项错误。

综上所述，本题答案为C项。

6 `1001040`

【简单】答案：C。

解析：A项：对第一份合同，甲公司同意付款方式由付款交单变更为货到后30天付款，因此，乙公司应以货到后30天付款的方式支付货款。因此，A项错误。

B项：预期违反合同是指在合同订立后、履行期到来前，一方明示拒绝履行合同，或通过其行为推断其将不履行，另一方可以根据具体情况中止履行或宣告合同无效。对第一份合同，乙公司在变更付款方式后未依约付款，并以资金紧张为由再次要求延期付款。虽然这是两份合同，但第一份合同的履行情况已表明乙公司在履行合同的能力或信用方面存在严重缺陷，其将不能履行合同中买方的付款义务。对第二份合同，乙公司的行为构成预期违反合同，甲公司可以中止履行义务，不构成违约。因此，B项错误。

CD项：中止履行的一方当事人应及时通知对方，如对方对履行义务提供了充分保证，则中止履行的一方必须继续履行义务。因此，C项正确，D项错误。

综上所述，本题答案为C项。

7 `2302071`

【中等】答案：B。

解析：A项：无论是约定管辖法院还是使用中文文

本，都不意味着对合同准据法作出选择。因此，A 项错误。

B 项：《1980 年公约》的适用具有任意性，双方对准据法明确选择将完全排除《1980 年公约》的适用，若双方选择适用新加坡法，则应当适用新加坡法。因此，B 项正确。

C 项：本案合同双方的营业地为中国和新加坡，满足营业地在不同缔约国的条件。若双方没有意思自治，则合同纠纷应适用《1980 年公约》。因此，C 项错误。

D 项：《1980 年公约》不解决合同效力、所有权转移和产品责任问题。因此，D 项错误。

综上，本题答案为 B 项。

【多选】

8 `1201080`

【较简单】答案：A,C。

解析：AB 项：《联合国国际货物销售合同公约》下，卖方只需要在买方营业地和货物预期使用地或转售地承担知识产权担保义务。本题中，中国为买方营业地。因此，A 项正确，B 项错误。

CD 项：对于在运输中销售的货物的风险，自买卖合同成立时起转移给买方。因此，C 项正确，D 项错误。

综上所述，本题答案为 AC 项。

9 `1001087`

【较简单】答案：A,D。

解析：ABD 项：一方在遭遇不可抗力时可以解除合同，但必须将障碍及其他履行义务能力的影响通知另一方，否则将对由于对方未收到通知而造成的损害承担赔偿责任。故乙公司可以解除合同，但它有通知甲公司的义务，否则将对甲公司的损失承担赔偿责任。因此，AD 项正确，B 项错误。

C 项：若是由于对方原因导致乙公司不交货，则不属于违约，C 项说法过于绝对。因此，C 项错误。

综上所述，本题答案为 AD 项。

【不定项】

10 `1301099`

【较简单】答案：B,D。

解析：A 项：买方必须在按情况实际可行的最短时间内检验货物或由他人检验货物。因此，A 项错误。

B 项：如果合同涉及到货物的运输，检验可推迟到货物到达目的地后进行；如果货物在运输途中改运或买方须再发运货物，没有合理机会加以检验，而卖方在订立合同时已知或应知货物须转运，检验可推迟到货物到达新目的地后进行。因此，B 项正确。

C 项：买方对货物不符合同，必须在发现或理应发现不符情形后一段合理时间内通知卖方，除非合同另有约定，否则买方声明货物不符的最长时间为 2 年。因此，C 项错误。

D 项：卖方应按照合同和《联合国国际货物销售合同公约》的规定，对风险移转到买方时所存在的任何不符合同情形，负有责任，即使这种不符合同情形在该时间后方始明显。所以如果货物不符合同情形在风险转移时就已经存在的，则卖方应当承担责任。因此，D 项正确。

综上所述，本题答案为 BD 项。

11 `1101100`

【中等】答案：B,C,D。

解析：ABCD 项：根据《联合国国际货物销售合同公约》规定，卖方需对货物承担知识产权担保义务，但在 3 种情况下可以免责：①买方在订立合同时已知道或不可能不知道此项权利或要求；②此项权利或要求的发生，是由于卖方要遵照买方所提供的技术图样、图案、款式等供货；③买方已知或应知第三方的权利要求，但未在合理时间内通知卖方。因此，A 项错误，BCD 项正确。

综上所述，本题答案为 BCD 项。

（三）综合知识点

【单选】

12 `2002146`

【较简单】答案：A。

解析：AB 项：除双方在合同中另有约定，卖方交付的货物质量应与卖方提交的样品或样式相符。本案中，虽然卖方艾尔公司提供了货物样品，但双方在合同中约定了设备规格，且买方仙林公司明确要求按照合同履行，故卖方艾尔公司所交货物不符合合同约定即构成违约。因此，A项正确，B项错误。

CD项：DPU术语下卖方承担"运到并卸下"的义务，故货物风险应在卖方运到目的地并卸下后才转移给买方，交货地点也应是约定的目的地，而非装运地。因此，CD项错误。

综上所述，本题答案为A项。

⑬ 2002145

【中等】答案：D。

解析：AB项：在CIF术语下，卖方既包运也包险，所以由卖方鸿鹄医疗公司负责购买保险，买卖双方的风险自货物在装运港装运上船时转移。因此，AB项错误。

CD项：《联合国国际货物销售合同公约》规定运输途中货物风险原则上自买卖双方合同成立时转移，在西班牙奥尔特公司和意大利诺雅迦公司签订买卖合同时，风险已转移给诺雅迦公司。因此，C项错误，D项正确。

综上所述，本题答案为D项。

⑭ 1501040

【较简单】答案：D。

解析：A项：当事人选择适用贸易术语的，只是部分地排除了《公约》的适用。但对于贸易术语不涉及的内容，仍然可以适用《公约》的规定。因此，A项错误。

B项：CIF贸易术语下，卖方包运又包险，即由卖方法国乙公司负责安排运输和投保，货物毁损灭失的风险在货物装运上船时由卖方转移到买方。故运输途中货物损失的风险由买方甲公司承担。因此，B项错误。

C项：接收货物是买方的一项义务，买方必须提取货物，因未按时提取货物而扩大的损失或产生的费用由买方承担。因甲公司拒收货物导致被雨淋湿的损失，应由买方甲公司承担。因此，C项错误。

D项：卖方有义务将货物按照同类货物通用的方式装箱或包装，如果没有此种通用方式，则按照足以保全和保护货物的方式装箱或包装。故而，卖方乙公司应承担因包装不当造成的货物损失。因此，D项正确。

综上所述，本题答案为D项。

【多选】

⑮ 2002151

【较难】答案：C，D。

解析：AC项：DPU的基本含义是卖方须承担"运到并卸下"的义务，故货物的运输应由卖方安排，且运输过程中的风险也由卖方承担，投保并非卖方义务，卖方可以选择投保将运输中的风险转嫁给保险公司，也可以选择不投保而自行承担运输中的风险。因此，A项错误，C项正确。

B项：在《2020年通则》下，将DAT更改为DPU，更加明确了卖方需要将货物运到约定目的地并卸下的义务，这里的目的地不再限于运输终端，也可以是其他能够卸货的任何地点。因此，B项错误。

D项：买方受声明货物不符的时间限制，对货物不符合同，必须在发现或理应发现不符情形后一段合理时间内通知卖方，说明不符情形的性质，否则就丧失声称货物不符的权利。因此，D项正确。

综上所述，本题答案为CD项。

二、模拟题

【单选】

⑯ 62107032

【中等】答案：D。

解析：A项：买方有接收货物的义务，否则应承担扩大的损失或由此产生的费用，除非卖方提前交货或多交货，所以开心公司不能因质量问题拒绝接收货物。因此，A项错误。

B项：卖方在买方营业地和合同预期的货物转售或使用地承担知识产权担保义务。风范公司事先不知道货物将转售到法国，对大开公司的侵权行为不承担责任。因此，B项错误。

C项：《联合国国际货物销售合同公约》的适用具有任意性，对于贸易术语未涉及的事项，仍然可以适用《联合国国际货物销售合同公约》。因此，C项错误。

D项：《联合国国际货物销售合同公约》适用于营业地在不同国家，且这些国家都是公约缔约国的当事人之间订立的货物销售合同。因此，D项正确。

综上所述，本题答案为 D 项。

【多选】

17 62107048

【较难】答案：B,C。

解析：A 项：CIP 贸易术语适用于一切运输方式，包括多式联运。故货物并非必须使用海运方式，货物一定是送往马里奥，但是不一定送往马里奥港口。因此，A 项错误。

B 项：CIP 贸易术语下，卖方负责办理出口手续，买方负责办理进口手续，友莱公司属于卖方，有义务办理出口手续。因此，B 项正确。

C 项：CIP 贸易术语下，货物风险自货交承运人时发生转移。友莱公司 8 月 25 日将货物交给国内某承运公司，风险已转移给威易公司。因此，C 项正确。

D 项：根据《贸易术语通则 2020》，CIP 贸易术语下，如果双方没有约定，卖方有义务投保一切险，而非平安险，注意与 CIF 相区分。因此，D 项错误。

综上所述，本题答案为 BC 项。

第二章
国际货物运输与保险

一、历年真题及仿真题

（一）提单

【单选】

1 1101040

【较简单】答案：C。

解析：A 项：正本提单收货人一栏写明"凭指示"，

说明该提单属于指示提单，转让需要经过背书。因此，A 项错误。

BC 项：正本提单持有人可以要求无正本提单交付货物的承运人与无正本提单提取货物的人承担连带赔偿责任。本题中，丙公司以副本提单加保函提取了货物，承运人乙公司的行为属于无正本提单交付货物。虽然甲公司与丙公司达成了货款支付协议，但随后丙公司破产，对于协议款项甲公司无法获赔。此时，不影响甲公司作为正本提单持有人就其遭受的损失，要求承运人乙公司承担无正本提单交付货物的民事责任。因此，C 项正确，B 项错误。

D 项：承运人因无正本提单交付货物承担民事责任的，不适用限制赔偿责任的规定。因此，D 项错误。

综上所述，本题答案为 C 项。

2 2302070

【中等】答案：B。

解析：A 项：买卖双方在合同中仅约定签发清洁提单，并未要求该提单必须是记名提单。因此，A 项错误。

B 项：11 个常用贸易术语中，除了 FAS、FOB、CFR 和 CIF 只能适用于船运，其他 7 个术语（包括 FCA）适用于任何运输方式。因此，B 项正确。

C 项：FCA 贸易术语下，货物风险自卖方货交第一承运人时转移给买方，运输中的风险由买方奥奇公司承担。因此，C 项错误。

D 项：本题并未说明买卖的网络设备涉及国家安全、网络安全、个人数据信息等问题，故无法得出必须经过国家网络安全审查的结论。因此，D 项错误。

综上，本题答案为 B 项。

【多选】

3 1301081

【中等】答案：A,C,D。

解析：A 项：承运人签发一式数份正本提单，向最先提交正本提单的人交付货物后，其他持有相同正本提单的人要求承运人承担无正本提单交付货物民事责任的，法院不予支持。因此，在甲公司提货前，货物已被同样持有正本提单的某公司提走，乙公司可以免责。因此，A项正确。

B项：承运人只有按照记名提单托运人的要求中止运输、返还货物、变更到达地或者将货物交给其他收货人，才可以免责。本题属于指示提单，乙公司不能免责。因此，B项错误。

C项：承运人依照提单载明的卸货港所在地法律规定，必须将承运到港的货物交付给当地海关或者港口当局的，不承担无正本提单交付货物的民事责任。因此，C项正确。

D项：承运到港的货物超过法律规定期限无人向海关申报，被海关提取并依法变卖处理，或者法院依法裁定拍卖承运人留置的货物，可免除承运人交货责任。因此，D项正确。

综上所述，本题答案为ACD项。

（二）国际海上货物运输保险法律制度

【多选】

④ 1101080

【较简单】答案：B，D。

解析：A项：水渍险的承保范围包括海上风险造成的全部损失和部分损失。茶叶串味属于一般外来风险，所造成的货损不属于水渍险的赔偿范围。因此，A项错误。

B项：与轮船相撞造成的货损，属于意外事故致损，属于水渍险的赔偿范围。因此，B项正确。

C项：运输延迟造成货损属于海上运输保险除外责任，任何险别下保险人均不赔偿。因此，C项错误。

D项：运输中因遭遇台风造成部分货损属于自然灾害造成的部分损失，属于水渍险赔偿范围。因此，D项正确。

综上所述，本题答案为BD项。

（三）综合知识点

【单选】

⑤ 1701041

【较简单】答案：C。

解析：A项：指示提单是正面载明"凭指示"字样的提单，指示提单的转让必须经过背书。因此，A

项错误。

B项：根据《海牙规则》，船方过失导致船舶碰撞进而造成仪器损失，属于承运人航行过失免责情形，承运人不承担赔偿责任。因此，B项错误。

C项：由于航行过失与他船相撞造成部分仪器受损，属于意外事故造成的货物部分损失，属于水渍险的承保范围，保险人应当承担赔偿责任。因此，C项正确。

D项：根据《海牙规则》，承运人的货物运输责任期间为从货物装上船起至卸完船为止。因此，D项错误。

综上所述，本题答案为C项。

⑥ 1501041

【简单】答案：D。

解析：AD项：啤酒花变质是因为生产过程中水份过大，属于托运人的不当行为以及货物本身缺陷所致，承运人可以免责。因此，A项错误，D项正确。

B项：本案货物损失属于保险标的物本身缺陷所致，属于保险除外责任，保险公司不承担赔偿责任。因此，B项错误。

C项：提单上的收货人一栏写明"凭指示"，说明该提单为指示提单，应当通过背书转让。因此，C项错误。

综上所述，本题答案为D项。

⑦ 1001045

【较简单】答案：C。

解析：A项：在《海牙规则》下，承运人无过失可免责。甲公司对雷击造成的货损不存在过失，不需要承担赔偿责任。因此，A项错误。

B项：承运人因无正本提单交付货物承担民事责任的，不适用海事赔偿责任的限制。因此，B项错误。

C项：正本提单持有人可以要求无正本提单交付货物的承运人与无正本提单取货人承担连带赔偿责任。因此，C项正确。

D项：承运人因无正本提单交付货物造成正本提单持有人损失的赔偿额，按照货物装船时的价值加运费和保险费（CIF价格）计算，不包含利润。因此，D项错误。

综上所述，本题答案为 C 项。

⑧ 1902128

【较简单】答案：B。

解析：A 项：乙公司和航空货运代理公司之间的关系属于内部关系，首先应由双方当事人协商选择要适用的法律；若双方未选择则适用代理关系发生地法。而不能直接适用意大利法。因此，A 项错误。

B 项：在目前的运输单证中，只有提单具有物权凭证的效力，其他航空运单、海运单、铁路运单都不是物权凭证。因此，B 项正确。

CD 项：承运人应对货物在航空运输期间发生的因毁灭、遗失或损坏而产生的损失负责。航空运输期间包括货物在承运人保管下的整个期间，不论在航空站内、在航空器上或在航空站外降停的任何地点。因此，CD 项错误。

综上所述，本题答案为 B 项。

⑨ 2102031

【简单】答案：C。

解析：A 项：CIF 术语下，原则上投保平安险。本题中，双方有特殊规定投保水渍险，则甲公司投保水渍险即可，无需投保一切险。因此，A 项错误。

B 项：根据《海牙规则》的相关规定，承运人对货物损失的发生无过失，则不承担赔偿责任。因此，B 项错误。

C 项：海运途中，因恶劣天气造成货物部分毁损属于自然灾害造成的单独海损，属于水渍险的承保范围，保险公司应赔偿货物损失。因此，C 项正确。

D 项：CIF 术语下，货物风险自装运上船时发生转移。海运途中的货物毁损灭失的风险已经转移至买方中国三泰公司，中国三泰公司无权要求减价。因此，D 项错误。

综上所述，本题答案为 C 项。

⑩ 2102039

【较简单】答案：D。

解析：《公约》关于"解除合同"的英文表达直译为"宣告合同无效"，所以在《公约》中，"解除

合同"和"宣告合同无效"是一个意思。

A 项：对于分批交付的货物，在一方当事人不履行任何一批货物的义务构成对该批货物的根本违约时，另一方当事人只能宣告合同对该批货物无效，除非各批货物之间是相互依存关系。本题中后两批货物无法交付将导致合同的目的无法实现，构成对这两批货物的根本违约，但并不对第一批货物和合同效力产生影响，甲国瑞尼尔公司不能宣告整个合同无效。因此，A 项错误。

B 项：台风确实属于不可抗力，但它只有可能影响合同的如期履行，并不一定导致合同目的不能实现，故乙国绿地公司无权解除合同。因此，B 项错误。

C 项：保险人的责任期间自被保险货物运离保险单所载明的起运地仓库开始，到货物到达保险单载明的目的地收货人最后仓库时止，即"仓至仓"，本案中两批粮食因不可抗力不能发货，保险责任期间尚未开始，保险人对此不承担赔偿责任。因此，C 项错误。

D 项：遭遇不可抗力，不履行义务的一方必须将障碍及其对他履行义务能力的影响通知另一方。因此，D 项正确。

综上所述，本题答案为 D 项。

⑪ 1701040

【较简单】答案：A。

解析：A 项：《1980 年公约》中卖方需承担知识产权权利担保义务，但该知识产权担保有相应的地域限制：①买方营业地；②货物使用地或预期转售地。本题中，买方利德公司在收货后自行将该批货物转卖到乙国，已突破地域限制，卖方伟业公司不承担该批货物在乙国的知识产权担保义务，因此，A 项正确。

B 项：国际货物买卖风险转移的一般规则是如果有约定则合同约定优先（包括明示约定或通过选择贸易术语等默示约定）；无约定，交货时转移。本案不属于运输途中销售的货物，买卖合同中对风险转移无特殊约定，风险应在伟业公司完成交货后转移给利德公司，因此，B 项错误。

C 项：在国际铁路货物运输中，承运人的责任期间为从签发运单时起至终点交付货物时止。在此

期间，承运人对货物因全部或部分灭失、毁损或逾期造成的损失负赔偿责任。而非"从货物装上火车时起至卸下时止"，因此，C项错误。

D项：按运单承运货物的铁路部门应对货物负连带责任，而非分别承担责任，因此，D项错误。

综上所述，本题答案为A项。

【多选】

⑫ 1401081

【中等】答案：A,B。

解析：A项：在《海牙规则》下，承运人无过失可免责，航行过失、火灾过失也免责。第一批货物受损是由"清田"号航行过失所致，承运人可免责。因此，A项正确。

B项：第一批货物由于船舶碰撞导致部分货物受损，属于意外事故造成的损失，在平安险的赔偿范围内。因此，B项正确。

C项：承运人因无正本提单交付货物承担民事责任的，不适用海事赔偿责任的限制。因此，C项错误。

D项：承运人因无正本提单交付货物造成正本提单持有人损失的赔偿额，按照货物装船时的价值加运费和保险费（CIF价）计算。大洋公司对第二批货物的赔偿范围还应包括保险费。因此，D项错误。

综上所述，本题答案为AB项。

⑬ 1301082

【中等】答案：A,B,D。

解析：AB项：平安险承保海上风险造成的全损和部分损失，但是自然灾害下造成的单独海损不赔。装卸过程中的货物损失和驾船过失导致的部分货物损失，都属于意外事故下的部分损失，属于平安险的承保范围，保险人应当承担赔偿责任。因此，AB项正确。

C项：保险人的除外责任包括：被保险货物的自然损耗、本质缺陷、特性以及市价跌落、运输延迟引起的损失和费用。所以，运输延迟属于保险除外责任，保险人不承担赔偿责任。因此，C项错误。

D项：《海牙规则》下，航行过失导致的货物损失，

承运人可以免责。因此，D项正确。

综上所述，本题答案为ABD项。

⑭ 1601080

【较简单】答案：C,D。

解析：AD项：国际铁路货物运输中，铁路（承运人）的责任期间为运输全程，且各区段铁路（承运人）对货物的损失承担连带责任。因此，D项正确，A项错误。

C项：DAP即目的地交货，是指卖方已经用运输工具把货物运送到达买方指定的目的地后，将装在运输工具上的货物（不用卸载）交由买方处置，即完成交货。因此，C项正确。

B项：铁路运单只是运输合同的证明和交货凭证，不是物权凭证，故乙公司不可以通过转让运单转让货物。因此，B项错误。

综上所述，本题答案为CD项。

【不定项】

⑮ 1201100

【较简单】答案：A,B。

解析：AB项：构成共同海损需要同时满足三个条件：①船舶、货物遭遇共同危险；②损失必须是有意采取措施导致的；③损失必须在合理范围内。共同海损以外的货物部分损失，属于单独海损。为起浮抛弃货物同时满足以上三个条件，构成共同海损。因恶劣天气部分货物被打入海中的损失，不满足上述三个条件，属于单独海损。因此，AB项正确。

C项：平安险项下单独海损不赔偿。因此，C项错误。

D项：《海牙规则》下，承运人无过失可免责。对于保险货物的自然损耗、本质缺陷、特性以及市价跌落、运输延迟引起的损失和费用，保险人不承担赔偿责任。因此，D项错误。

综上所述，本题答案为AB项。

二、模拟题

【单选】

⑯ 62207043

【中等】答案：D。

解析：A 项：货物遭雨淋不属于海运环境相对固有的风险，属于外来风险，因外来风险造成的损失不属于平安险的赔偿范围。因此，A 项错误。

B 项：保险人的除外责任包括：被保险货物的自然损耗、本质缺陷、特性以及市价跌落、运输延迟引起的损失和费用。运输延迟属于保险除外责任，保险人不承担赔偿责任。因此，B 项错误。

C 项：《海牙规则》下，航行过失导致的货物损失，承运人可以免责。因此，C 项错误。

D 项：平安险承保海上风险造成的全损和部分损失，但是由自然灾害造成的单独海损除外。海啸属于海运环境相对固有的风险，属于海上风险。部分玉米受损并不是人为有意采取措施导致的，属于单独海损，不在平安险的赔偿范围内，保险公司无需承担责任。因此，D 项正确。

综上所述，本题答案为 D 项。

17 62207041

【中等】答案：C,D。

解析：A 项：《海牙规则》下，承运人的责任期间为货物装上船起至货物卸完船为止，故卸货过程依然属于承运人的责任期间，卸货脱钩承运人存在过失，需要承担责任。因此，A 项错误。

B 项：《海牙规则》下，仅限过失引起的火灾承运人可免责，船舶电路老化意味着船舶在开航前不适航，违背了最低限度义务中的适航义务，由此造成的损失承运人需要承担责任。因此，B 项错误。

C 项：《海牙规则》下，发货人包装不当系承运人的无过失免责事由。因此，C 项正确。

D 项：《海牙规则》下，疫情防控下的货物检验属于政府行为，承运人对此无过失可免责。因此，D 项正确。

综上所述，本题答案为 CD 项。

第三章
国际贸易支付

参考答案

[1] A	[2] AC	[3] CD	[4] B	[5] C
[6] D	[7] C	[8] B	[9] A	[10] AD
[11] AC	[12] ABC	[13] BD		

一、历年真题及仿真题

（一）信用证

【单选】

1 1501042

【简单】答案：A。

解析："通过司法手段干预信用证项下的付款行为"，即指当信用证存在欺诈的情况下，法院是否能够发出止付令反欺诈的行为。

A 项：发布止付令需要同时满足 4 个条件：①有管辖权的法院才能发布；②有证据证明信用证存在欺诈；③提供充分的担保；④信用证下任意一家关联银行均未善意付款或承兑。若开证行已对信用证项下票据善意作出承兑，法院则不能再发布止付令。因此，A 项正确。

BCD 项：信用证欺诈的情形包括：①受益人伪造单据或者提交记载内容虚假的单据；②受益人恶意不交付货物或者交付的货物无价值；③受益人和开证申请人或者其他第三方串通提交假单据，而没有真实的基础交易。B 项属于信用证欺诈的第二种情形，C 项属于信用证欺诈的第三种情形，D 项属于信用证欺诈的第一种情形，开证申请人、开证行或者其他利害关系人可以向有管辖权的人民法院申请发布止付令。因此，BCD 项错误。

综上所述，本题答案为 A 项。

【多选】

2 2002154

【中等】答案：A,C。

解析：ABD 项：申请法院发布止付令必须同时满足 4 个条件：①法院有管辖权；②有证据证明存

在信用证欺诈；③申请人提供了充分的担保；④信用证下任何关联银行均未善意付款或承兑。A公司应当向人民法院而不是开证行申请中止支付信用证项下的款项。因此，A项正确，B项错误。如果C银行已作出承兑，法院则不得判决终止支付信用证项下款项。因此，D项错误。

C项：人民法院在审理信用证欺诈案件过程中，必要时可以将信用证纠纷与基础交易纠纷一并审理。因此，C项正确。

综上所述，本题答案为AC项。

③ 1902129

【中等】答案：C,D。

解析：信用证中的"软条款"指信用证中规定一些银行付款的限制性条款，目的是使开证申请人控制整笔交易，使受益人处于受制他人的被动地位。

A项：保兑是指一家银行开出信用证由另一家银行加以保证兑付，如果开证行倒闭，保兑行也应承担兑付责任，因此保兑信用证对受益人更为有利，但不属于"软条款"信用证。因此，A项错误。

B项：根据货物是否已装船，可将提单分为已装船提单和收货待运提单，因为"装船"一般即意味着交货，签发已装船提单，说明买卖合同中卖方已经完成交货义务，因此为了保护买方利益，银行一般只接受已装船提单，不接受收货待运提单。故信用证要求提单为已装船提单不属于"软条款"信用证。因此，B项错误。

C项：信用证规定"开证行须在货物经检验合格后方可支付"，这是信用证限制银行正常付款的条款，属于软条款。因此，C项正确。

D项：信用证规定"禁止转船"，但实际上装运港至目的港无直达船只，这是在信用证中加列对受益人的交货装运进行各种限制的条款，使受益人处于被动地位，属于软条款。因此，D项正确。

综上所述，本题答案为CD项。

【不定项】

④ 1301100

【中等】答案：B。

解析：AD项：开证行发现信用证项下存在不符点

后，可以自行决定是否联系开证申请人接受不符点；开证申请人接受不符点的，开证行可以释放单据，这对开证行而言是权利而非义务。因此，AD项错误。

B项：信用证欺诈的情形包括：①受益人伪造单据或者提交记载内容虚假的单据；②受益人恶意不交付货物或者交付的货物无价值；③受益人和开证申请人或者其他第三方串通提交假单据，而没有真实的基础交易。本题中，乙公司所发货物无价值属于信用证欺诈的第二种情形。因此，B项正确。

C项：颁发止付令需要同时满足4个条件：①只能由有管辖权的法院发出；②有证明信用证欺诈的确凿证据；③提供充分的担保；④信用证下任意一家关联银行均未善意付款或承兑。若丁银行已善意付款，法院则不能裁定丙银行中止支付。因此，C项错误。

综上所述，本题答案为B项。

（二）综合知识点

【单选】

⑤ 1802122

【较简单】答案：C。

解析：A项：本案提单上的装船时间虽然是假的，但签发提单时货物实际已装船，属于倒签提单而非预借提单。因此，A项错误。

B项：信用证下银行付款的条件是"单证、单单表面相符"，买方是否接收货物与银行是否付款没有实际联系。因此，B项错误。

C项：不管是倒签提单还是预借提单，都属于信用证欺诈，买方作为利害关系人，有权在信用证欺诈的情况下向法院申请止付令。因此，C项正确。

D项：法院颁发止付令的条件之一是任何一家关联银行均未善意付款或承兑票据，如果开证行已付款，法院不得颁发止付令。因此，D项错误。

综上所述，本题答案为C项。

⑥ 1701042

【简单】答案：D。

解析：A项：承运人因无正本提单交付货物造成正

本提单持有人损失的赔偿额，按照货物装船时的价值加运费和保险费（CIF 价格）计算，不包括利润。因此，A 项错误。

B 项：一切险赔偿被保险货物在运输途中因海上风险和一般外来风险造成的损失。题中无单放货是在货物到港之后发生的，不在保险责任期间内。因此，B 项错误。

C 项：承运人无正本提单放货，收货人可以要求承运人和无正本提单取货人承担连带责任，但不能因此拒绝向卖方支付信用证项下的货款。因此，C 项错误。

D 项：选用信用证付款方式的，只有交单人提交的单据单证、单单表面相符，银行即应付款，对买卖合同的实际履行情况免责。因此，D 项正确。

综上所述，本题答案为 D 项。

⑦ 1601041

【简单】答案：C。

解析：A 项：《海牙规则》下承运人无过失可免责，本题中，货物在途中遇台风全损，属于天灾引起的灭失或损坏，承运人无过失，故对甲公司的货损不应承担赔偿责任。因此，A 项错误。

B 项：开证行只有在两种情况下可以拒绝付款：①单证、单单表面不符；②法院发出止付令。信用证下的银行付款与货物实际情况无关，开证行不得拒付。因此，B 项错误。

C 项：平安险不赔自然灾害导致的单独海损。本题中，货物由于台风全损，不属于自然灾害造成的单独海损，故属于平安险的承保范围，保险公司应当赔偿甲公司的货物损失。因此，C 项正确。

D 项：保兑行承担的是第一性的、独立的付款责任，不受开证行或者议付行行为的影响。丙银行不可因开证行拒付而撤销其保兑。因此，D 项错误。

综上所述，本题答案为 C 项。

⑧ 2202049

【较简单】答案：B。

解析：A 项：指示提单背书转让，因此，A 项错误。

B 项：银行审单发现单单或单证不符时，可以自行决定是否联系申请人接受不符点。因此，B 项正确。

C 项：CIF 术语下买方负责办理进口清关手续，买

方甲公司向中国海关额外支付 25% 的关税应自行承担，无权向乙公司索赔。因此，C 项错误。

D 项：保兑行自对信用证加具保兑时，承担的责任就相当于其本身是开证行。保兑行丁银行与开证行丙银行承担的是连带责任，丁银行不能因丙银行破产而撤销其保兑。因此，D 项错误。

综上所述，本题答案为 B 项。

⑨ 2402091

答案：A。

解析：A 项：CIP 贸易术语下，由卖方负责运费和保险费（一切险），风险自货交第一承运人时发生转移。货物钩损属于一般外来风险，在一切险的赔偿范围内。因此，A 项正确。

B 项：信用证支付方式下，银行只在两种情形可以拒付：①单证、单单表面不符；②法院颁发止付令。本题不存在以上两种情形，乙公司不能要求银行拒付。因此，B 项错误。

C 项：《1980 年公约》下买方具有接收义务，只有在两种情形下买方可以拒收：①卖方提前发货；②卖方多发货，买方可以拒收多发部分。本题不存在以上两种情形，乙公司不能拒绝收货。因此，C 项错误。

D 项：国际商事法庭主要受理以下案件：①当事人协议选择最高院管辖目标的额为 3 亿人民币以上的第一审国际商事案件；②高院对其所管辖的第一审国际商事案件，认为需要由最高院审理并获准许的；③在全国范围内有重大影响的第一审国际商事案件。本案属于第一种情形，国际商事法庭可以作为一审法院。因此，D 项错误。

综上所述，本题正确答案为 A 项。

【多选】

⑩ 2202052

【中等】答案：A,D。

解析：A 项：《海牙规则》下承运人对货物损失无过失即可免责。海上遭遇恶劣天气导致第一批货物部分湿损，承运人无过失可免责。因此，A 项正确。

B 项：海上遭遇恶劣天气导致第一批货物部分湿损，属于自然灾害下的单独海损，不属于平安险

的赔偿范围，保险公司不承担赔偿责任。因此，B项错误。

C项：信用证下，银行拒绝付款的只有两种情况：①单单、单证表面不符；②法院颁发止付令。本题莱茵公司第二批货物全损不影响银行付款，因此，C项错误。

D项：保险标的发生推定全损，被保险人要求保险人按照全部损失赔偿的，应当向保险人委付保险标的。保险人可以接受委付，也可以不接受委付，但是应当在合理的时间内将接受委付或者不接受委付的决定通知被保险人。因此，D项正确。

综上所述，本题答案为AD项。

11 `1401080`

【简单】答案：A,C。

解析：A项：除双方在合同中另有约定，卖方交付的货物质量应与卖方提交的样品或样式相符，否则，卖方应当承担交货不符的责任。本案中，卖方甲公司自行改装一级红枣，与约定品质的二级不符，故甲公司应承担交货不符的责任。因此，A项正确。

BD项：银行对买卖合同的实际履行状况和单据所代表的货物免责。因此，银行对于货物的真实等级与发货人是否诚信都不负责。因此，BD项错误。

C项：信用证下，单证、单单表面不符的，银行可以拒绝付款。故银行可以发票与信用证不符为由拒绝收单付款。因此，C项正确。

综上所述，本题答案为AC项。

【不定项】

12 `1802126`

【较难】答案：A,B,C。

解析：AB项：DAT（DPU）贸易术语下，货物风险自货物运到约定的目的地并且卸下时转移给买方。故投保工作应由卖方B公司承担，然而DAT（DPU）术语下投保并非卖方的义务，卖方可以投保也可以不投保，运输途中货物的毁损灭失由卖方承担，若货物在途中全部毁损，买方有权不再支付货款。因此，AB项错误，当选。

C项：银行只在2种情况下可以拒绝付款：①单证、单单表面不相符；②法院颁发了止付令。货物的毁损灭失与银行付款义务无关。因此，C项错误，当选。

D项：因货物在运输途中的损失为恶劣天气所致，承运人无过失，任何运输规则下均可免责。因此，D项正确，不当选。

综上所述，本题为选非题，答案为ABC项。

二、模拟题

【多选】

13 `61907132`

【较难】答案：B,D。

解析：A项：当开证行发现单证、单单表面不符时，可以自行决定是否联系开证申请人，而不是应当。这是开证行的权利而不是义务。因此，A项错误。

B项：受益人恶意不交付货物或者交付的货物无价值属于信用证欺诈，故A公司可以申请颁发止付令。因此，B项正确。

C项：颁发止付令必须要同时满足4个条件：①法院有管辖权；②有确凿的证据；③提供充分的担保；④任何一家关联银行均未善意付款或承兑。本题开证行已经付款，法院不能再发出止付令。因此，C项错误。

D项：在卖方违反合同约定时适用买方的救济方式可以是：要求实际履行；交付替代物；修理；减价；解除合同。因此，D项正确。

综上所述，本题答案为BD项。

第四章
对外贸易管理制度

参考答案

[1] B	[2] C	[3] A	[4] B	[5] A
[6] A	[7] C	[8] AB	[9] B	[10] ACD
[11] BCD	[12] D	[13] D	[14] B	[15] A
[16] B	[17] C	[18] CD	[19] D	[20] C
[21] BCD				

一、历年真题及仿真题

（一）反倾销措施

【单选】

1 2002150

【较简单】答案：B。

解析：A 项：反倾销税的纳税人为倾销进口产品的进口经营者。因此，A 项错误。

B 项：对于临时反倾销税实行"多退少不补"政策，倾销进口产品的进口经营者有证据证明其已经缴纳的反倾销税税额超过倾销幅度的，可以向商务部提出退税申请。因此，B 项正确。

C 项：反倾销调查程序中，复审不是行政诉讼的必经程序。因此，C 项错误。

D 项：对商务部反倾销终局裁定或复审决定，利害关系人可以依法申请行政复议，也可以依法向人民法院提起诉讼。因此，D 项错误。

综上所述，本题答案为 B 项。

2 1902125

【简单】答案：C。

解析：A 项：商务部进行反倾销调查时，若利害关系方不如实反映情况，商务部可以根据已经获得的事实和可获得的最佳信息作出裁定。商务部不予处理做法错误。因此，A 项错误。

B 项：司法协助途径的主体是司法机关，商务部是行政机关，不能使用该途径。因此，B 项错误。

C 项：商务部可以向出口经营者提出价格承诺的建议，但不得强迫出口经营者作出价格承诺。因此，C 项正确。

D 项：对实施临时反倾销措施的期间追溯征收的，采取多退少不补的原则，差额部分不予征收。因此，D 项错误。

综上所述，本题答案为 C 项。

3 1701043

【较简单】答案：A。

解析：A 项：表示支持申请的国内生产者的产量不足国内同类产品总产量的 25% 的，不得启动反倾销调查。因此，A 项正确。

B 项：出口经营者不作出价格承诺或者不接受价格承诺的建议的，不妨碍对反倾销案件的调查和确定。因此，B 项错误。

C 项：反倾销税的征收期限和价格承诺的履行期限一般不超过 5 年，但是，经复审确定终止征收反倾销税有可能导致倾销和损害的继续或者再度发生的，反倾销税的征收期限可以适当延长。因此，C 项错误。

D 项：对实施临时反倾销措施的期间追溯征收的，采取多退少不补的原则，差额部分不予征收。因此，D 项错误。

综上所述，本题答案为 A 项。

4 1601042

【简单】答案：B。

解析：A 项：商务部认为必要时，可以派出工作人员赴有关国家（地区）进行调查；但是，有关国家（地区）提出异议的除外。商务部的调查不只限于中国境内。因此，A 项错误。

B 项：反倾销税税额不超过终裁决定确定的倾销幅度。因此，B 项正确。

C 项：倾销进口产品的出口经营者在反倾销调查期间，可以向商务部作出价格承诺。商务部可以向出口经营者提出价格承诺的建议，但不得强迫。因此，C 项错误。

D 项：反倾销税的征收期限和价格承诺的履行期限不超过 5 年；但是，经复审确定终止征收反倾销税有可能导致倾销和损害的继续或者再度发生的，反倾销税的征收期限可以适当延长。因此，D 项错误。

综上所述，本题答案为 B 项。

5 **1401042**

【简单】答案：A。

解析：A项：《反倾销条例》第42条规定："反倾销税税额不超过终裁决定确定的倾销幅度。"因此，A项正确。

B项：《反倾销条例》第40条规定："反倾销税的纳税人为倾销进口产品的进口经营者。"甲乙丙三国企业为出口者。因此，B项错误。

C项：《反倾销条例》第31条规定："倾销进口产品的出口经营者在反倾销调查期间，可以向商务部作出改变价格或者停止以倾销价格出口的价格承诺。商务部可以向出口经营者提出价格承诺的建议。商务部不得强迫出口经营者作出价格承诺。"因此，C项错误。

D项：《反倾销条例》第9条第1款规定："倾销进口产品来自两个以上国家（地区），并且同时满足下列条件的，可以就倾销进口产品对国内产业造成的影响进行累积评估：（一）来自每一国家（地区）的倾销进口产品的倾销幅度不小于2%，并且其进口量不属于可忽略不计的；（二）根据倾销进口产品之间以及倾销进口产品与国内同类产品之间的竞争条件，进行累积评估是适当的。"因此，D项错误。

综上所述，本题答案为A项。

6 **1201041**

【较简单】答案：A。

解析：A项：进口产品以低于该产品在出口国的国内市场的销售价格出口到另外一国，并对已经建立的国内产业造成实质损害或者产生实质损害威胁，或者对建立国内产业造成实质阻碍的，成立倾销。因此，A项正确。

B项：反倾销税应当根据不同出口经营者的倾销幅度，分别确定。因此，B项错误。

C项：征收反倾销税，由商务部提出建议，国务院关税税则委员会根据商务部的建议作出决定，由商务部予以公告。海关自公告规定实施之日起执行。因此，C项错误。

D项：商务部负责与反倾销有关的对外磋商、通知和争端解决事宜。因此，D项错误。

综上所述，本题答案为A项。

7 **1101042**

【较简单】答案：C。

解析：A项：反倾销税的纳税人为进口经营者，而不是出口经营者。因此，A项错误。

B项：商务部可以向出口经营者提出价格承诺的建议。价格承诺对应的是出口经营者，而不是进口经营者。因此，B项错误。

CD项：对实施临时反倾销措施的期间追溯征收的，采取多退少不补的原则，差额部分不予征收。因此，C项正确，D项错误。

综上所述，本题答案为C项。

【多选】

8 **2002152**

【中等】答案：A,B。

解析：A项：依据《反倾销条例》第36条的规定，出口经营者违反其价格承诺的，商务部可以立即决定恢复反倾销调查。因此，A项正确。

B项：《反倾销条例》第33条第2款规定："商务部不接受价格承诺的，应当向有关出口经营者说明理由。"因此，B项正确。

C项：依据我国《行政诉讼法》，行政诉讼中被告对作出的行政行为负有举证责任，应当提供作出该行政行为的证据和所依据的规范性文件，甲国艾尔公司是原告，不承担举证责任。因此，C项错误。

D项：依据《反倾销条例》第53条的规定，利害关系人对商务部的终局裁定或复审决定不服的，可以依法申请行政复议，也可以依法向人民法院提起行政诉讼。因此，D项错误。

综上所述，本题答案为AB项。

（二）反补贴措施

【单选】

9 **2402094**

答案：B。

解析：ACD项：根据《反补贴条例》第4条第2款规定："具有下列情形之一的补贴，具有专向性：（一）由出口国（地区）政府明确确定的某些企业、产业获得的补贴；（二）由出口国（地区）

法律、法规明确规定的某些企业、产业获得的补贴；（三）指定特定区域内的企业、产业获得的补贴；（四）以出口实绩为条件获得的补贴，包括本条例所附出口补贴清单列举的各项补贴；（五）以使用本国（地区）产品替代进口产品为条件获得的补贴。"A 项属于第（三）项，C 项属于第（一）项，D 项属于第（四）项，构成专向性补贴。因此，ACD 项错误。

B 项：根据《反补贴条例》第 3 条第 1 款规定："补贴，是指出口国（地区）政府或者其任何公共机构提供的并为接受者带来利益的财政资助以及任何形式的收入或者价格支持。"第 3 款第 3 项规定："本条第一款所称财政资助，包括：（三）出口国（地区）政府提供除一般基础设施以外的货物、服务，或者由出口国（地区）政府购买货物；"乙国政府出资修建高速公路属于基础设施建设，不属于《反补贴条例》所调整的补贴。因此，B 项正确。

综上所述，本题正确答案为 B 项。

【多选】

10 `2202054`

【中等】答案：A,C,D。

解析：A 项：《反补贴条例》第 13 条规定："国内产业或者代表国内产业的自然人、法人或者有关组织（以下统称申请人），可以向商务部提出反补贴调查的书面申请。"在支持或者反对申请的生产者中，支持者的产量不得低于国内同类产品总产量的 25%。因此，A 项正确。

B 项：在一定条件下，对来自两个以上国家的补贴进口产品，可以进行累积评估。其条件主要包括：不属于微量补贴，进口量不可忽略不计；根据补贴进口产品间的竞争条件及补贴进口产品与国内同类产品间的竞争条件，累积评估适当。因此，B 项错误。

C 项：对商务部作出的追溯征收反补贴税的决定不服的，可以依法申请行政复议，或依法向人民法院提起行政诉讼。因此，C 项正确。

D 项：人民法院可以依照《行政诉讼法》的相关规定，以违反法定程序为由撤销行政部门的决定。因此，D 项正确。

综上所述，本题答案为 ACD 项。

11 `1401082`

【较简单】答案：B,C,D。

解析：补贴的形式包括：①出口国（地区）政府以拨款、贷款、资本注入等形式直接提供资金，或者以贷款担保等形式潜在地直接转让资金或者债务；②出口国（地区）政府放弃或者不收缴应收收入；③出口国（地区）政府提供除一般基础设施以外的货物、服务，或者由出口国（地区）政府购买货物；④出口国（地区）政府通过向筹资机构付款，或者委托、指令私营机构履行上述职能。

A 项：出口国政府出资兴建通向口岸的高速公路属于一般基础设施，不属于补贴。因此，A 项错误。

BCD 项：B 项符合上述第二种情形，C 项符合上述第一种情形，D 项上述第四种情形。因此，BCD 项正确。

综上所述，本题答案为 BCD 项。

（三）保障措施

【单选】

12 `1301044`

【较简单】答案：D。

解析：A 项：进口产品数量增加，并对生产同类产品或者直接竞争产品的国内产业造成严重损害或者严重损害威胁的，可以采取保障措施。因此，A 项正确，不当选。

B 项：进口产品数量增加，是指进口产品数量的绝对增加或者与国内生产相比的相对增加。因此，B 项正确，不当选。

C 项：终裁决定确定不采取保障措施的，已征收的临时关税应当予以退还。因此，C 项正确，不当选。

D 项：有明确证据表明进口产品数量增加，在不采取临时保障措施将对国内产业造成难以补救的损害的紧急情况下，保障措施可以追溯至初裁决定后，终裁决定前。因此，D 项错误，当选。

综上所述，本题为选非题，答案为 D 项。

13 1101041

【较简单】答案：D。

解析：A项：商务部采取保障措施可以依职权主动启动，也可以依申请启动。因此，A项错误。

B项：保障措施应当针对正在进口的产品实施，不区分产品来源国（地区）。因此，B项错误。

C项：保障措施中没有"价格承诺"相关规定。因此，C项错误。

D项：保障措施的调查针对所有来源的进口产品，其适用范围应与调查范围保持一致。因此，D项正确。

综上所述，本题答案为D项。

（四）综合知识点

【单选】

14 1501043

【较简单】答案：B。

解析：ABC项：进口产品数量增加，包括进口产品数量绝对增加和相对增加，对生产同类产品或者直接竞争产品的国内产业造成严重损害或者严重损害威胁的，受损害的产业可向商务部申请采取保障措施。本题属于进口产品数量的相对增加，相关产业可以向商务部提出采取保障措施的书面申请，而不能申请反倾销调查。因此，AC项错误，B项正确。

D项：在反倾销和反补贴调查过程中，出口经营者可以提出价格承诺，但在决定是否采取保障措施的调查过程中不存在"价格承诺"的问题，有关部门可以决定采取提高关税的临时保障措施，也可以决定采取数量限制或者提高关税的保障措施。因此，D项错误。

综上所述，本题答案为B项。

15 2302002

【中等】答案：A。

解析：A项：《联合国国际货物销售合同公约》关于违约救济的规定基本与我国《民法典》合同编相同，如有充分理由断定今后各批货物将会发生根本违反合同，则可在一段合理时间内宣告合同今后无效。但若违约方提供充分保证，则应继续

履行义务。故若科德公司提供充分保证，则前锋公司应继续履行第二批货物的交付义务。因此，A项正确。

B项：CIP术语下的交货地点为第一承运人所在地，注意这里是装运地而不一定是装运港，因为CIP适用于所有运输方式。故前锋公司应在装运港完成交货的说法错误。因此，B项错误。

C项：《出口管制法》第16条第1款规定："管制物项的最终用户应当承诺，未经国家出口管制管理部门允许，不得擅自改变相关管制物项的最终用途或者向任何第三方转让。"本案中，精密仪器属于出口管制物项，甲国科德公司未经国家出口管制管理部门允许不得向第三方转卖。因此，C项错误。

D项：在《2020通则》下，CIP要求投保一切险。（注意区分CIF：一般投平安险，除非买方有特殊要求）。故前锋公司在CIP术语下应投保一切险。因此，D项错误。

综上所述，本题答案为A项。

16 2202050

【较简单】答案：B。

解析：A项：CFR贸易术语下，交货地点为装运港，即上海港，而非仓库。因此，A项错误。

B项：国家对管制物项的出口实行许可制度。出口管制清单所列管制物项或者临时管制物项，出口经营者应当向国家出口管制管理部门申请许可。两用物项属于管制物项，甲公司应当向国家出口管制管理部门申请出口许可。因此，B项正确。

C项：CFR贸易术语下，卖方包运不包险，卖方完成交货时通知买方投保即可。于买方而言，是否买保险、买何种保险买方可自行决定，乙公司无义务投保平安险。因此，C项错误。

D项：未经国家出口管制管理部门允许，管制物项的最终用户不得擅自改变相关管制物项的最终用途或者向任何第三方转让。乙公司作为最终用户，未经允许不能再向第三方转卖。因此，D项错误。

综上所述，本题答案为B项。

17 2102041

【较简单】答案：C。

解析：A项：CIF术语下如果双方没有特别约定，卖方只有义务投保最低级别的保险即平安险。由于双方并没有特别约定，云海公司没有义务投保最高险种。因此，A项错误。

B项：信用证"软条款"属于信用证欺诈，指信用证中的一些限制性条款，可使开证申请人控制整笔交易，而受益人处于受制他人的被动地位。信用证中注明"暂不生效，待进口许可证签发后生效"属于信用证中暂不生效条款，是常见的"软条款"，在该条款下，如果哈瑞公司无法获得进口许可证或故意不申请、无故延期申请进口许可证，致使信用证不生效，该信用证将无法为云海公司提供任何结汇保证。因此，B项错误。

C项：未经国家出口管制管理部门允许，最终用户不得擅自改变相关管制物项的最终用途或者向任何第三方转让。因此，C项正确。

D项：出口管制清单以外两用物项并非都可以直接出口，国家出口管制管理部门可以依法对其实施临时管制。因此，D项错误。

综上所述，本题答案为C项。

【多选】

18　**2102032**

【中等】答案：C,D。

解析：A项：对外贸易经营者主体包括法人、其他组织或者个人。杨某作为个人可以从事对外贸易活动。因此，A项错误。

B项：2004年《对外贸易法》取消了对货物和技术进出口经营权的审批，2022年《对外贸易法》进一步取消了要求对外贸易经营者备案登记的限制。故甲公司既不需要有关部门审批，也不需要备案登记即可从事对外贸易活动。因此，B项错误。

C项：出口管制清单所列管制物项或者临时管制物项，出口经营者应当向国家出口管制管理部门申请许可。甲公司出口管制清单所列的商品，应当申请许可。因此，C项正确。

D项：管制物项的最终用户应当承诺，未经国家出口管制管理部门允许，不得擅自改变相关管制物项的最终用途或者向任何第三方转让。外国进口商不能擅自改变管制清单的进口商品的最终用途。因此，D项正确。

综上所述，本题答案为CD项。

二、模拟题

【单选】

19　**62107037**

【较简单】答案：D。

解析：A项：《反补贴条例》第4条第1款规定："依照本条例进行调查、采取反补贴措施的补贴，必须具有专向性。"因此，A项错误。

B项：《保障措施条例》第27条规定："保障措施实施期限超过1年的，应当在实施期间内按固定时间间隔逐步放宽。"因此，B项错误。

C项：《出口管制法》第2条第1款规定："国家对两用物项、军品、核以及其他与维护国家安全和利益、履行防扩散等国际义务相关的货物、技术、服务等物项（以下统称管制物项）的出口管制，适用本法。"出口管制的对象不限于有形的货物、无形的技术和服务，还包括物项相关的技术资料等数据。因此，C项错误。

D项：《反补贴条例》第43条规定："反补贴税税额不得超过终裁决定确定的补贴金额。"因此，D项正确。

综上所述，本题答案为D项。

20　**62207047**

【较难】答案：C。

解析：A项：《保障措施条例》中所指的"进口产品数量增加"包括产品数量的"绝对增加"或者"相对增加"。题干中市场份额的增加已经满足"相对增加"，且给国内同类产品产业造成严重损害，故可以采取保障措施。因此，A项错误。

B项：临时保障措施仅限提高关税，不包括数量限制。因此，B项错误。

C项：保障措施的实施期限不超过4年，符合条件的可以延长，但是一项保障措施的实施期限及其延长期限，最长不超过10年。因此，C项正确。

D项：保障措施的实施期限超过1年的，应在实施期间内按固定时间间隔逐步放宽。不是2年。因此，D项错误。

综上所述，本题答案为C项。

【多选】

21 `62107049`

【困难】答案：B,C,D。

解析：A项：根据《2020年通则》，FCA、DAP、DPU以及DDP允许买方或卖方使用自己的运输工具，不再要求是第三方承运人。因此，A项错误。

B项：《1980年公约》的适用具有任意性，当事人可以通过选择其他法律而排除公约的适用，也可以在买卖合同中约定部分地适用公约，或对公约的内容进行改变。故选择适用中国法解决纠纷，将完全排除公约的适用。因此，B项正确。

C项：国家实行军品出口专营制度。从事军品出口的经营者，应当同时获得军品出口专营资格和军品出口许可证。在FCA贸易术语下，卖方甲企业有义务办理出口手续，即依法取得军品出口专营资格和军品出口许可证。因此，C项正确。

D项：根据《2020年通则》，运输义务和费用中加入与安全有关的要求，费用由安排运输的一方承担。在FCA贸易术语下，买方负责安排运输，故该费用由买方乙企业承担。因此，D项正确。

综上所述，本题答案为BCD项。

第五章
WTO 法律制度

参考答案

[1] D	[2] A	[3] D	[4] D	[5] ABD
[6] ABC	[7] A	[8] C	[9] D	[10] B
[11] AC	[12] CD	[13] AC	[14] BC	[15] ABD
[16] ABCD	[17] C			

一、历年真题及仿真题

（一）WTO 基本原则

【不定项】

1 `1401100`

【中等】答案：D。

解析：ABD项：只有原产于其他成员的同类产品，

才能享有最惠国待遇。中央空调和立式空调是不同产品，甲国给予不同的关税未违反最惠国待遇。因此，A项不违反，不当选；丁国并非世贸组织成员国，故对之不用给予最惠国待遇。因此，B项不违反，不当选。乙丙两国都是世界贸易组织成员，对乙丙两国的立式空调以不同的关税则属违反最惠国待遇。因此，D项违反，当选。

C项：关税与贸易总协定中最惠国待遇义务的例外主要包括：边境贸易、区域经济安排、反倾销税或反补贴税等。甲国实施的反倾销措施导致从乙国进口的立式空调关税高于从丙国进口的，没有违反最惠国待遇。因此，C项不违反，不当选。

综上所述，本题答案为D项。

（二）WTO 重要协议

【单选】

2 `1501044`

【较简单】答案：A。

解析：ABCD项：《与贸易有关的投资措施协议》（TRIMs）要求成员取消下列四种投资措施：①当地成分要求，要求企业购买或使用当地生产的或来自于当地的产品；②贸易平衡要求，限制企业购买或使用进口产品的数量，并把这一数量与该企业出口当地产品的数量或价值相联系；③进口用汇要求，限制企业进口所需外汇的使用；④国内销售要求，要求企业的产品必须有一部分在国内销售。本题中，甲国鼓励本国汽车产业使用国产零部件，属于当地成分要求，违反了国民待遇原则，属于禁止使用的与贸易有关的投资措施。因此，A项正确，BCD项错误。

综上所述，本题答案为A项。

3 `1301042`

【较简单】答案：D。

解析：A项：政府采购由《政府采购协议》调整，而未被纳入《服务贸易总协定》。协定不适用于政府服务采购。因此，A项错误。

B项：国外某银行在中国设立分支机构并提供服务的，属于商业存在，而不是境外消费。故B项错误。

C项：《服务贸易总协定》项下的最惠国待遇适用

于服务和服务提供者。因此，C 项错误。

D 项：《服务贸易总协定》不要求完全的国民待遇，国民待遇义务受各成员承诺表的限制。因此，D 项正确。

综上所述，本题答案为 D 项。

4 1201040

【简单】答案：D。

解析：ABCD 项：《服务贸易总协定》规定国际服务贸易具体包括四种方式：（1）跨境提供，指从一成员境内向任何其他成员境内提供服务；（2）境外消费，指在一成员境内向任何其他成员的服务消费者提供服务；（3）商业存在，指一成员的服务提供者在任何其他成员境内以商业存在提供服务；（4）自然人流动，是指成员的服务提供者在任何其他成员境内以自然的存在提供服务。A 项属于自然人流动，B 项为境外消费，C 项为商业存在，D 项不属于服务贸易的方式。因此，ABC 项正确，不当选，D 项错误，当选。

综上所述，本题为选非题，答案为 D 项。

【多选】

5 2402095

答案：A,B,D。

解析：ABCD 项：《与贸易有关的投资措施协议》要求成员取消下列四种投资措施：①当地成分要求，即要求企业购买或使用东道国产品作为生产投入；②贸易平衡要求，即将企业购买或使用的进口产品限制在与其出口的当地产品的数量或价值相关的水平；③进口用汇限制，即企业进行生产所需的进口被限制在属于该企业流入的外汇的一定数量内，间接限制了企业的进口数量；④国内销售要求，即限制企业产品的出口数量，要求必须有一部分产品在国内销售。A 项属于第 3 种，B 项属于第 1 种，D 项属于第 2 种，C 项不涉及货物贸易，不属于禁止性投资措施。因此，ABD 项正确，C 项错误。

综上所述，本题正确答案为 ABD 项。

6 1902131

【较简单】答案：A,B,C。

解析：ABC 项：《与贸易有关的投资措施协议》要求成员禁止采用以下四种投资措施：①当地成分要求，即要求企业购买或使用东道国产品作为生产投入；②贸易平衡要求，即要求企业购买或使用的进口产品限制在与其出口的当地产品的数量或价值相关水平；③进口用汇限制，即限制企业进口所需外汇的使用；④国内销售要求，即要求企业的产品必须有一部分在国内销售。A 项属于贸易平衡要求，B 项属于进口用汇限制，C 项属于当地成分要求。因此，ABC 项正确。

D 项：《与贸易有关的投资措施协议》（简称 TRIMs 协议）适用于与货物贸易有关的投资措施，而将与服务贸易和知识产权有关的投资措施排除在外。因此，D 项错误。

综上所述，本题答案为 ABC 项。

（三）WTO 争端解决机制

【单选】

7 1902124

【简单】答案：A。

解析：A 项：磋商是申请设立专家组的前提条件。因此，A 项正确。

B 项：专家组的权限范围仅限于申请设立专家组的申请中所指明的具体争议措施和申诉的法律依据概要。对争端方没有提出的主张，即使相关专家提出了这样的主张，专家组也不能作出裁决。因此，B 项错误。

C 项：专家组是解决争端的非常设机构，上诉机构可以推翻、修改或撤销专家组的调查结果和结论，但不能发回专家组重审。因此，C 项错误。

D 项：争端解决机构在通过争端解决报告上采用的是"反向一致"原则，除非争端解决机构一致不同意通过相关争端解决报告，该报告即得以通过。因此，D 项错误。

综上所述，本题答案为 A 项。

8 1301043

【较简单】答案：C。

解析：本题考查 WTO 争端解决机制。

A 项：磋商是为了更好的解决争议，只有经过磋商未达成一致意见时，才能申请成立专家组。故磋商是争端解决的必经程序。因此，A项正确，不当选。

B项：上诉机构是WTO争端解决机制中的常设机构。因此，B项正确，不当选。

C项：申诉方不能自行采取中止减让或中止其他义务，必须申请争端解决机构的授权才能实施。因此，C项错误，当选。

D项：申诉方在实施报复时，仲裁员应确定已中止的减让或其他义务的程度是否和取消或损害的程度相等。因此，D项正确，不当选。

综上所述，本题为选非题，答案为C项。

9 `1201042`

【较简单】答案：D。

解析：A项：磋商若达成谅解协议，双方承担保密义务，这种保密也针对后续的专家小组和上诉机构，故磋商达成的谅解协议当然就不能用于后续争端审查的对象。同时，磋商的事项及磋商的充分性与否，与设立专家组的申请及专家组将作出的裁定没有关系。因此，A项错误。

B项：对争端方没有提出的主张，专家组无权进行审理并作出裁决。因此，B项错误。

C项：上诉机构是争端解决机构中的常设机构，它负责对被提起上诉的专家组报告中的法律问题和专家组进行的法律解释进行审查，可以推翻、修改或撤销专家组的调查结果和结论，但是无权将案件发回重审。因此，C项错误。

D项：上诉机构是常设机构，上诉案件由上诉机构7名成员中的3人组成合议庭审理。因此，D项正确。

综上所述，本题答案为D项。

(四) 综合知识点

【单选】

10 `1802038`

【较简单】答案：B。

解析：A项：与反倾销行政行为具有法律上的利害关系的个人或组织，可以依法向法院提起行政诉讼。所以甲国出口企业可以在中国提起对中国政府的反倾销行政诉讼。因此，A项正确，不当选。

B项：国家行使外交保护需要满足三个条件：①

侵害行为归因于国家；②国籍继续原则；③用尽当地司法救济。本案情况不满足外交保护的条件，甲国政府不能直接向中国政府提起外交保护。因此，B项错误，当选。

C项：WTO争端解决机制适用于任何成员间因WTO任何协议产生的争端，甲国和中国都是WTO成员方，甲国政府可以在WTO起诉中国政府违反其应承担的WTO相关义务。因此，C项正确，不当选。

D项：甲国证明中国违反WTO协议属于违反性申诉，被诉方需要废除或修改有关措施，否则申诉方可获权交叉报复。因此，D项正确，不当选。

综上所述，本题为选非题，答案为B项。

【多选】

11 `1501080`

【较简单】答案：A,C。

解析：A项：甲国对进口的某类药品征收8%的国内税，高于同类国产药品的国内税，违反了WTO的国民待遇原则。因此，A项正确。

BCD项：争端解决机构作出裁决后，若被诉方在合理期限内不履行，原申诉方可经争端解决机构授权交叉报复。报复不局限于同种产品，WTO争端解决机制中也没有强制执行程序。因此，C项正确，BD项错误。

综上所述，本题答案为AC项。

12 `1701080`

【较难】答案：C,D。

解析：A项：甲国给予乙国进口丝束的配额，但没有给予丙国配额，违反了最惠国待遇原则。但是，WTO只处理其成员之间的争议，其成员是各国政府和单独关税区政府（如港澳台），丙国生产丝束的企业不是WTO成员，无权诉至WTO争端解决机构。因此，A项错误。

B项：磋商是申请设立专家组的前提条件，以60天为期限，磋商的充分性与否与设立专家组的申请及专家组将作出的裁定没有关系。因此，B项错误。

C项：争端解决机构在通过争端解决报告上采用的是"反向一致"原则，即只要有一票赞成该报告，报告即得通过。因此，C 项正确。

D 项：若被诉方在合理期限内没有履行裁决和建议，原申诉方可以经争端解决机构授权交叉报复，报复水平应与受到的损害相当。因此，D 项正确。

综上所述，本题答案为 CD 项。

⑬ 2202053

【中等】答案：A,C。

解析：A 项：来自甲乙两个不同国家的产品，倾销幅度、倾销量及对国内产业的影响不同，因果关系、损害结果也并不相同，故而可以就倾销进口产品对国内产业造成的影响分别调查评估。因此，A 项正确。

B 项：不同出口经营者的倾销幅度、倾销量以及对国内产业的影响不同，不应该征收同一标准的反倾销税税额。因此，B 项错误。

C 项：对于商务部征收反倾销税的终局裁定不服的，进口经营者既可进行复议，也可以提起行政诉讼。因此，C 项正确。

D 项：WTO 争端解决只受理国家之间的争端，本案当事人为甲乙国企业和中国政府，故不能诉诸于 WTO。因此，D 项错误。

综上所述，本题答案为 AC 项。

⑭ 2102033

【较简单】答案：B,C。

解析：A 项：反倾销措施是针对进口产品出口价格低于正常价格时采取的贸易救济措施。因此，A 项错误。

B 项：WTO 专家组审理内容须与争端方主张一致。争端方没有提出的主张，专家组无权进行审理并作出裁决。因此，B 项正确。

C 项：WTO 争端解决机制具有统一性的特点，WTO 成员之间就任何协议产生的任何争端统一适用 WTO 相关规则。因此，C 项正确。

D 项：申诉方认为被诉方违反了有关协议的条款，属于违反性申诉。如果争端解决机构支持申诉方，被诉方有义务废除或修改有关措施。争端解决机构不能直接进行撤销被诉方乙国的措施。因此，D 项错误。

综上所述，本题答案为 BC 项。

⑮ 2102042

【中等】答案：A,B,D。

解析：A 项：《反补贴条例》第 4 条第 1 款规定："依照本条例进行调查、采取反补贴措施的补贴，必须具有专向性。"因此，A 项正确。

B 项：《最高人民法院关于审理反补贴行政案件应用法律若干问题的规定》第 8 条第 3 款规定："被告在反补贴行政调查程序中依照法定程序要求原告提供证据，原告无正当理由拒不提供、不如实提供或者以其他方式严重妨碍调查，而在诉讼程序中提供的证据，人民法院不予采纳。"因此，B 项正确。

C 项：WTO 争端解决机制适用于任何成员间因 WTO 任何协议产生的争端，而 WTO 的成员为各国政府和单独关税区政府，甲国出口商并非 WTO 成员方，无权直接将该争端提交 WTO 争端解决机构。因此，C 项错误。

D 项：对反补贴调查终裁决定不服的，可以依法申请行政复议，也可以依法向人民法院提起诉讼。因此，D 项正确。

综上所述，本题答案为 ABD 项。

二、模拟题

【多选】

⑯ 61907152

【较难】答案：A,B,C,D。

解析：A 项：WTO 争端解决机制中争端解决程序中的磋商仅仅是一种程序性要求，是必经程序。因此，A 项正确。

B 项：专家组是非常设性机构，提出磋商请求日起 60 天内没有解决争端时，申诉方才可以申请成立专家组；上诉机构是常设机构，上诉案件由上诉机构 7 名成员中的 3 人组成合议庭审理。因此，B 项正确。

C 项：上诉机构只审查专家组报告中的法律问题和专家组作出的法律解释。因此，C 项正确。

D 项：如败诉方不遵守争端解决机构的裁决，争端他方将获权进行与受损害程度相等的交叉报复。因此，D 项正确。

综上所述，本题答案为 ABCD 项。

【不定项】

⑰ `62207048`

【较难】答案：C。

解析：A 项：国民待遇原则要求对来自其他成员的产品所提供的待遇不低于本国同类产品享有的待遇，丙国是对甲、乙两国的水产品区别对待，不涉及丙国自身的同类产品，与国民待遇无关。因此，A 项错误。

B 项：只要经过磋商即可设立专家组，无须经过充分性磋商。因此，B 项错误。

C 项：专家组报告发布 60 天内争端方可上诉。因此，C 项正确。

D 项：上诉机构是常设机构。因此，D 项错误。

综上所述，本题答案为 C 项。

第六章
国际经济法其他领域

参考答案

[1] D	[2] B	[3] B	[4] A	[5] C
[6] A	[7] BC	[8] ABC	[9] BC	[10] D
[11] A	[12] BCD	[13] BCD	[14] D	[15] C
[16] AC	[17] AD	[18] CD	[19] CD	[20] CD
[21] D	[22] B	[23] BC	[24] BD	[25] C
[26] ACD	[27] AB	[28] BD	[29] AB	[30] B
[31] CD	[32] ABCD	[33] BCD		

一、历年真题及仿真题

（一）国际知识产权法

【单选】

① `2002148`

【中等】答案：D。

解析：AB 项：由于甲国 A 公司的专利只在甲国获权，依据专利权保护的地域性，BC 两公司在乙国的制造、销售行为不侵犯 A 公司的专利权。因此，AB 项错误。

C 项：依据《保护工业产权巴黎公约》第五条之

三的规定，陆上车辆暂时或偶然地进入缔约国时，在陆上车辆的构造或操纵中使用构成专利主题的装置设备的，不应认为是侵犯专利权人的权利，故 D 公司的行为没有侵犯 A 公司的专利权。因此，C 项错误。

D 项：《与贸易有关的知识产权协议》增加了对专利进口权的保护，E 公司未经专利权人许可进口专利产权的行为侵犯了 A 公司的专利权。因此，D 项正确。

综上所述，本题答案为 D 项。

② `2002147`

【较简单】答案：B。

解析：AC 项：由于专利权具有地域性特点，阿尔斯公司的发明只在甲国申请了专利保护，因此该发明在中国并不受专利保护，仙林公司在中国就同一发明申请专利的权利不受影响，一旦仙林公司获得专利授权，其在中国的制造销售行为也无须阿尔斯公司授权。因此，AC 项错误。

B 项：若仙林公司在中国获得了专利权，阿尔斯公司在中国未经仙林公司许可的销售行为构成侵权。若想继续销售，必须经仙林公司授权。因此，B 项正确。

D 项：自专利授权之日起，任何单位或者个人认为该专利权的授予不符合专利法相关规定的，可以请求国务院专利行政部门宣告该专利权无效。但基于专利的地域性特点和《保护工业产权巴黎公约》所确立的独立性原则，同一发明在其他国家的专利申请，并不必然导致专利被宣告无效。因此，D 项错误。

综上所述，本题答案为 B 项。

③ `1701044`

【简单】答案：B。

解析：AB 项：《保护文学和艺术作品伯尔尼公约》规定了双国籍国民待遇原则，"作者国籍"指公约成员国国民和在成员国有惯常居所的非成员国国民，其作品无论是否出版，均应在一切成员国中享有国民待遇；"作品国籍"针对非公约成员国国民，其作品只要首次在任何一个成员国出版，或者在一个成员国和非成员国同时出版（30 天之内），也应在一切成员国中享有国民待遇。迈克的

《希望之路》在甲国出版后 25 天内，又在乙国出版该作品，满足作品国籍，故该著作在一切成员国中享有国民待遇。因此，A 项错误，B 项正确。

C 项：非公约成员国国民又在成员国无惯常居所的人，作品首先在成员国出版时享有著作权或同时在一个成员国和非成员国出版时享有著作权，此即自动保护原则，迈克无需再履行相应手续。因此，C 项错误。

D 项：享有国民待遇的人在公约任何成员国所得到的著作权的保护，不依赖于其作品在来源国受到的保护，此即独立保护原则。因此，D 项错误。

综上所述，本题答案为 B 项。

4 1601043

【简单】答案：A。

解析：ABCD 项：独占许可协议，即在一定的地域和期限内，受让方对受让的技术享有独占的使用权，许可方和任何第三方在规定的期限内都不得在该地域使用该种技术制造和销售产品。本题中，甲公司与乙公司签订的独占许可协议适用的地域范围为亚太区，故乙公司及任何其他第三方不得在协议规定的期限内在亚太区使用该项新技术，但在亚太区以外的地区仍可以使用。因此，A 项正确，BCD 项错误。

综上所述，本题答案为 A 项。

5 1401043

【较简单】答案：C。

解析：A 项：根据《伯尔尼公约》的自动保护原则，享有及行使国民待遇所提供的有关权利时，不需要履行任何手续。因此，A 项错误。

BC 项：根据《伯尔尼公约》的版权独立性原则，享有国民待遇的人在公约任何成员国得到的著作权保护，不依赖于作品来源国受到的保护，该作者的权利保护程度及为保护作者权利而向其提供的司法救济方式等，均完全适用提供保护的成员国法律。故乙国法院能否受理案件以及乙给予柯里小说的保护水平，均由乙国国内法决定，不受作品来源国甲国的限制。因此，B 项错误，C 项正确。

D 项：国民待遇原则是指，乙国不能给予甲国国民低于乙国国民水平的保护，但不要求乙国提供

的保护水平与甲国提供的保护水平相同。因此，D 项错误。

综上所述，本题答案为 C 项。

6 1301041

【较简单】答案：A。

解析：A 项：在优先权期限内，每一个在后申请的申请日均为第一次申请的申请日。如果张某提出优先权申请，其在甲国的申请日应提前到第一次申请的申请日，即 4 月 15 日在中国第一次申请。因此，A 项正确。

B 项：张某在广交会上展示了新发明的产品，若张某提出临时性保护申请，则其在甲国及其他成员国申请专利的优先权日可以进一步提前到展品公开展出之日，即 2011 年 4 月 6 日。因此，B 项错误。

C 项：独立性原则要求外国人的专利申请或商标注册，应由各成员国依本国法决定，而不应受原属国或其他任何国家就该申请作出的决定的影响。所以甲国是否批准，需要根据自己的法律规定，独立作出决定。因此，C 项错误。

D 项：国民待遇原则存在例外，即各成员国在关于司法和行政程序、管辖以及选定送达地址或指定代理人的法律规定等方面，凡工业产权法有所要求的，可以保留。所以甲国可以要求张某必须委派甲国本地代理人代为申请专利。因此，D 项错误。

综上所述，本题答案为 A 项。

【多选】

7 2202055

【中等】答案：B, C。

解析：A 项：TRIPS 协议并未规定一国之判决效力能够自动及于所有成员国，外国法院判决必须经其他国家承认后才有效力。因此，A 项错误。

BC 项：《伯尔尼公约》确立了"作品国籍标准"，在任何一个成员国首次出版，就应在一切成员国中享有国民待遇。《云游》在乙国首次出版，乙丙都是《伯尔尼公约》的缔约国，《云游》因作品国籍在乙丙两国享有著作权保护的国民待遇。因此，BC 项正确。

D 项：最惠国待遇原则，要求乙国给予和其他缔约国之间相同水平的著作权保护，而不要求和某个国家保护水平相同。因此，D 项错误。

综上所述，本题答案为 BC 项。

8 `2102040`

【较简单】答案：A，B，C。

解析：A 项：英俄两国的做法符合公平原则要求的公平、公正、平等地一视同仁地对待，并不违反公平原则。因此，A 项错误，当选。

B 项：国民待遇原则要求各成员在知识产权保护上，对其他成员国国民提供的待遇，不得低于本国国民。题目未体现国民待遇原则。因此，B 项错误，当选。

C 项：最惠国待遇原则要求在知识产权的保护上，某一成员提供给其他成员国国民的任何利益、优惠、特权或豁免均应无条件地对全体成员国国民适用。题目未体现最惠国待遇原则。因此，C 项错误，当选。

D 项：知识产权独立性原则指关于外国人的专利申请或商标注册，应由各成员国依本国法决定，而不应受原属国或其他任何国家就该申请作出的决定的影响。英国和俄罗斯分别依据本国法，独立地对"FANG FANG"商标作出不予注册和准予注册的决定，体现了知识产权独立性原则。因此，D 项正确，不当选。

综上所述，本题为选非题，答案为 ABC 项。

9 `1501081`

【较简单】答案：B，C。

解析：AB 项：根据《与贸易有关的知识产权协议》第 22 条第 2 款规定，禁止将地理标志作为任何足以使公众对该商品来源误认的使用，即禁止误导和不公平竞争的行为。即使企业申请有关"香槟"注册申请在先，商标局也不可以为其注册。因此，A 项错误，B 项正确。

C 项：根据《与贸易有关的知识产权协议》第 22 条第 3 款规定，禁止利用商标作虚假的地理标志暗示的行为，即应拒绝商标注册或使商标无效。因此，C 项正确。

D 项：此处并不涉及国民待遇问题。因此，D 项错误。

综上所述，本题答案为 BC 项。

（二）国际投资法

【单选】

10 `1601044`

【较简单】答案：D。

解析：A 项：货币汇兑险是指货币流通的风险，包括东道国拖延汇兑或汇出的风险，而非货币贬值的风险。因此，A 项错误。

B 项：战争内乱险是指影响投资项目的反政府政治行动和暴力革命等风险，不包括罢工。因此，B 项错误。

C 项：征收和类似措施险是指由于东道国政府的责任而采取的任何立法或措施，使投资者对投资的所有权或控制权被剥夺，或剥夺了其投资产生的大量收益的风险。乙国新所得税法虽然导致 T 公司所得税的增加，但这是乙国为了管辖境内经济活动而采取的普遍适用的措施，不应被视为征收措施。因此，C 项错误。

D 项：政府违约险是指东道国政府对投资者违约，且东道国拒绝司法。乙国政府不履行合同且乙国法院拒绝受理相关诉讼，属于政府违约险的范畴。因此，D 项正确。

综上所述，本题答案为 D 项。

11 `1201043`

【较简单】答案：A。

解析：AB 项：解决国际投资争端中心行使管辖权的主观条件是争端双方书面同意将争端提交给中心管辖，仅争端一方同意中心无权行使管辖权。因此，A 项错误，当选，B 项正确，不当选。

C 项：中心行使管辖权不要求用尽当地救济。因此，C 项正确，不当选。

D 项：解决国际投资争端中心适用的法律顺序为：意思自治优先，未达成意思自治的，适用东道国的国内法或者可适用的国际法规则。因此，D 项正确，不当选。

综上所述，本题为选非题，答案为 A 项。

【多选】

12 1802079

【较难】答案：B,C,D。

解析：A 项：构成在多边投资担保机制下"政府违约"，要求同时满足东道国政府违反协议且东道国政府拒绝司法两个条件，题中仅能看出乙国政府拒绝履行合同，并没有拒绝司法的行为。所以乙国政府不构成多边投资担保机制下的政府违约行为。因此，A 项错误。

B 项：征收及类似措施险，承保由于东道国政府的责任而采取的任何立法或措施，使担保人对其投资的所有权或控制权被剥夺，或剥夺了其投资中产生的大量效益的风险。乙国增加环境保护税，并以此为由拒绝履行合同，实际剥夺了甲国某公司投资应当获得的经济效益，属于征收或类似措施行为。因此，B 项正确。

C 项：《多边投资担保公约》规定，被保险人在多边投资机构支付索赔之前，应寻求在当时条件下合适的、按东道国法律可随时利用的行政补救办法，即理赔以投资者用尽东道国救济为条件。因此，C 项正确。

D 项：多边投资担保机构一经向投保人支付或同意支付赔偿，即代位取得投保人对东道国或其他债务人所拥有的有关承保投资的各种权利或索赔权。各成员国都应承认多边投资担保机构的此项权利。因此，D 项正确。

综上所述，本题答案为 BCD 项。

【不定项】

13 1401099

【中等】答案：B,C,D。

解析：AB 项：货币汇兑险，是指东道国禁止或拖延投资方货币汇兑或汇出。导致货币汇兑风险的行为，可以是东道国采取的积极行为，如明确以法律手段禁止货币的兑换和转移，也可以是消极的限制货币兑换或汇出，如负责业务的政府机构长期拖延协助投资人兑换或汇出货币。因此，A 项错误，B 项正确。

C 项：只有向发展中会员国的跨国投资才有资格向多边投资担保机构投保，故乙国应为发展中国

家。因此，C 项正确。

D 项：多边投资担保机构一经向投保人支付或同意支付赔偿，即代位取得投保人对东道国或其他债务人所拥有的有关承保投资的各种权利或索赔权。因此，D 项正确。

综上所述，本题答案为 BCD 项。

（三）国际融资法

【单选】

14 1802121

【中等】答案：D。

解析：A 项：意愿书对担保人只有道义上的约束力，没有法律执行力。因此，A 项错误。

B 项：银团贷款是指由数家甚至数十家各国银行联合起来，组成一个银行集团，按统一的贷款条件向同一借款人提供贷款。各个贷款银行仅就各自承诺的贷款份额向借款人负责，相互之间不负连带责任。因此，B 项错误。

CD 项：银团贷款分为直接式和间接式两种。直接式银团贷款是在牵头银行的组织下，各个贷款银行分别和借款人签订贷款协议，与借款人直接发生借贷法律关系。间接式银团贷款是由牵头银行与借款人签订贷款协议，向借款人提供贷款，然后由牵头银行将参与贷款权分别转让给其他愿意提供贷款的银行。本题只说是银团贷款，没有说明具体的种类。因此，C 项错误，D 项正确。

综上所述，本题答案为 D 项。

15 1802036

【简单】答案：D。

解析：ABD 项：受益人提交的单据与独立保函条款之间、单据与单据之间表面相符，受益人有权请求开立人依据独立保函承担付款责任。即便该工程承包公司是我国政府独资的国有企业，该银行也不可以此为由拒绝付款。只要甲国发包方提交的书面文件与保函要求相符，中国某银行应承担付款责任，其不可主张保函受益人先向中国承包公司主张求偿，待其拒绝后再履行保函义务。因此，AB 项错误，D 项正确。

C 项：受益人提交的单据与独立保函条款之间、单据与单据之间表面相符，开立人就应该付款，

无需进行实质性审查。因此，C 项错误。

综上所述，本题答案为 D 项。

【多选】

16 `2202056`

【较简单】答案：A,C。

解析：A 项：独立保函中保证人承担的是连带保证责任。本题中，中国乙银行主张保函性质为《民法典》中一般保证的抗辩理由不成立，法院不予支持。因此，A 项正确。

B 项：开立人和受益人之间的纠纷的法律适用：意思自治先于开立人经常居所地法律。不一定适用 H 国法律。因此，B 项错误。

C 项：只要受益人提交的单据与独立保函条款、单据与单据之间在表面上相符，开立人就必须承担付款义务，开立人不得利用基础交易或开立申请关系对受益人行使抗辩。因此，C 项正确。

D 项：独立保函具有独立性，合同纠纷和独立保函纠纷应分别确定管辖法院。因此，D 项错误。

综上所述，本题答案为 AC 项。

17 `1902132`

【中等】答案：A,D。

解析：A 项：受益人和开立人之间因独立保函而产生的纠纷案件，由开立人住所地或被告住所地人民法院管辖，独立保函载明由其他法院管辖或提交仲裁的除外。乙公司诉中国银行可以由开立人中国银行住所地法院管辖。因此，A 项正确。

B 项：只有在独立保函中的仲裁条款才能排除法院的管辖。买卖合同属于基础交易合同，其仲裁条款不能排除法院的管辖。因此，B 项错误。

C 项：只要单函、单单表面相符，开立人就应当承担付款责任，不能以基础交易中违约为由拒绝付款。乙公司根本违反买卖合同属于在基础交易中违约，中国银行不能拒绝付款。因此，C 项错误。

D 项：受益人和开立人之间纠纷的法律适用，首先尊重当事双方的意思自治，若双方没有意思自治，则适用开立人经常居所地法律或分支机构登记地法律。仅中国银行一方主张适用中国民法典的，法院不予支持。因此，D 项正确。

综上所述，本题答案为 AD 项。

18 `1701082`

【中等】答案：C,D。

解析：A 项：《见索即付保函统一规则》作为交易示范规则，具有国际惯例的任意性特点，其内容如果与当事人保函内容里的约定冲突，应当以当事人约定优先，而不是无效。因此，A 项错误。

B 项：独立保函不属于我国民法典规定的法定担保方式，不适用我国民法典关于保证的规定。当事人主张独立保函适用民法典关于一般保证或连带保证规定的，人民法院不予支持。因此，B 项错误。

CD 项：只要单函、单单表面相符，开立人就应当承担付款责任。即使单函、单单表面上不完全一致，但并不导致相互之间产生歧义的，也应认定构成表面相符。因此，CD 项正确。

综上所述，本题答案为 CD 项。

19 `1601081`

【中等】答案：C,D。

解析：ACD：备用信用证是指开证行（担保人）应借款人的要求，向贷款人（受益人）开出备用信用证，当贷款人向开证行出示备用信用证和借款人违约证明时，担保人须按该信用证的规定支付款项，无须对违约事实进行实质性审查。备用信用证性质相当于银行作出的独立、连带保证。因此，A 项错误，CD 项正确。

B 项：商业跟单信用证主要适用《跟单信用证统一惯例》（UCP600），是国际贸易支付方式；备用信用证主要适用《国际备用证惯例》（ISP98），是国际融资担保方式。故备用信用证与商业跟单信用证并非适用相同的国际惯例。因此，B 项错误。

综上所述，本题答案为 CD 项。

20 `1101082`

【较简单】答案：C,D。

解析：ABCD 项：见索即付保函具有独立性、无条件性，其效力不受基础合同效力的影响，只要单函、单单表面相符，开立人就必须依据独立保函承担付款义务。故只需要有违约事实即可，而不需要对违约事实进行实质审查。因此，AB 项错误，CD 项正确。

综上所述，本题答案为 CD 项。

（四）国际税收法

【单选】

21 `1902123`

【较简单】答案：D。

解析：A项：共同申报准则（CRS）是根据账户持有人税收居住地而不是国籍来作为识别依据。纳税人应该在哪个国家纳税，其金融信息就会被发送到应该纳税的国家。王某不能以国籍为理由要求新加坡不向中国报送其在新加坡的金融账户信息。因此，A项错误。

B项：共同申报准则（CRS）是自动的、无须提供理由的信息交换，这种信息交换每年进行一次。因此，B项错误。

C项：共同申报准则（CRS）覆盖几乎所有的海外的金融机构、银行、信托、券商、律所、会计事务所、提供各种金融投资产品、特定的保险机构的账户都在覆盖范围内。"保险机构的账户信息"在CRS的覆盖范围之内。因此，C项错误。

D项：投资海外房产、珠宝、艺术品、贵金属等不属于金融资产的品类，不需要申报。因此，D项正确。

综上所述，本题答案为D项。

22 `1401044`

【较简单】答案：B。

解析：A项：甲国以国籍确定纳税居民，李某为甲国人，属于甲国的纳税居民，故甲国既可以对李某在甲国的房租收入行使征税权，也可以对其在乙国的收入行使征税权。因此，A项错误。

B项：由于各国在确定居民身份上采取了不同的标准，因此，当纳税人进行跨越国境的经济活动时，就可能出现两个以上的国家同时认定其为本国纳税居民的情况，该问题的协调主要是通过双边协定。因此，B项正确。

C项：国际重复征税是指两个或两个以上国家各依自己的税收管辖权按同一税种对同一纳税人的同一征税对象在同一征税期限内同时征税。国际重叠征税是指两个或两个以上国家对同一笔所得在具有某种经济联系的不同纳税人手中各征一次税的现象。因此，甲国和乙国对李某在乙国的收

入同时征税，属于国际重复征税。因此，C项错误。

D项：所得来源地税收管辖权是指一国政府针对非居民纳税人就其来源于该国境内的所得征税的权力。李某在乙国的收入并不是来自于甲国，因此，甲国对李某在乙国经营公司的收入行使的不是所得来源地税收管辖权，而是依据居民税收管辖权。因此，D项错误。

综上所述，本题答案为B项。

【多选】

23 `2102036`

【较简单】答案：B,C。

解析：A项：甲国人王小明长期与家人居住在中国，属于在中国境内有住所，是我国的居民纳税人，我国对其有税收管辖权。因此，A项错误。

BC项：存款账户、托管账户、投资机构的股权或债权权益账户等可能产生现金流的金融账户信息都需要申报，而珠宝艺术品、房产等则不需要申报。因此，BC项正确。

D项：CRS是自动的、无须提供理由的信息交换。故无需中国请求，乙国就应自动提供王小明的相关税务信息。因此，D项错误。

综上所述，本题答案为BC项。

24 `1501082`

【简单】答案：B,D。

解析：AB项：里德在中国境内无住所但居留时间超过183天（工作半年多），属于中国纳税居民，中国可依据居民税收管辖权对其获得的报酬征税。因此，A项错误，B项正确。

C项：里德为甲国人且永居甲国，甲国可依居民税收管辖权对其所得进行征税。若我国与甲国同时对里德进行征税，则形成国际重复征税，可以通过抵免法等方式予以解决，并不为国际法所禁止。因此，C项错误。

D项：纳税居民应承担无限纳税义务。因此，D项正确。

综上所述，本题答案为BD项。

（五）综合知识点

【单选】

25 `2202051`

【较简单】答案：B。

解析：A项：行使外交保护需要满足三个条件：①国家不当行为；②用尽当地救济；③国籍继续原则，甲国不可以直接行使外交保护，因此，A项错误。

B项：ICSID管辖权行使需要满足的条件包括：①主体为东道国和外国投资者或者东道国和受外资控制的东道国法人；②属于因国际投资产生的法律争端；③争端双方有书面同意ICSID管辖的文件。不需要用尽当地救济。因此，B项正确。

C项：ICSID解决投资争端适用的法律顺序：意思自治先于东道国国内法或者可适用的国际法规则。在双方均同意的情况下，中心还可以根据公平和善意原则对争端作出裁决。因此，C项错误。

D项：ICSID仲裁裁决一裁终局，不可上诉。因此，D项错误。

综上所述，本题答案为B项。

【多选】

26 `2002153`

【中等】答案：A,C,D。

解析：A项：多边投资担保机构要求合格东道国必须是发展中国家，甲国A公司在乙国的投资能在多边投资担保机构投保，就说明乙国一定是发展中国家。因此，A项正确。

B项：乙国的外汇管制若导致A公司在乙国的投资本金或利润无法或拖延汇兑或汇出，属于政治风险，属于货币汇兑险的承保范围。因此，B项错误。

C项：《保护工业产权巴黎公约》的国民待遇原则允许存在程序方面的例外，如要求外国专利申请人必须委派当地国家的代理人代理申请专利。因此，C项正确。

D项：根据《保护工业产权巴黎公约》的优先权原则，优先权以在先申请而不是在先授权为条件，在先申请被驳回不影响该申请的优先权地位。因此，D项正确。

综上所述，本题答案为ACD项。

27 `1701081`

【较简单】答案：A,B。

解析：A项：临时性保护原则的对象是缔约国主办或承认的国际展览会上的展品中包含的工业产权。惊奇公司的新产品参加在乙国举办的国际展览会，产品中可取得专利的发明应获得临时保护。因此，A项正确。

BC项：ICSID行使管辖权须同时满足三个条件：（1）争端的主体是东道国和外国投资者或者东道国和受外资控制的东道国法人；（2）争端的性质须是因直接投资而产生的法律争端；（3）当事人双方必须以书面形式同意提交中心解决。因此，B项正确，C项错误。

D项：中心的裁决具有终局性，不得进行任何上诉。因此，D项错误。

综上所述，本题答案为AB项。

28 `1902130`

【较简单】答案：B,D。

解析：ACD项：世界贸易组织的国民待遇原则要求成员对来自其他成员的产品、服务及服务提供者、知产所有者或持有者所提供的待遇，不低于本国享有的待遇。乙国无权对进口药品征收更高的国内税，否则即违反了国民待遇原则。因此，AC项错误，D项正确。

B项：来源国税收管辖权指一国政府针对非居民纳税人就其来源于该国境内的所得征税的权力。甲国A公司在乙国取得的收入，乙国可基于来源地税收管辖权征税。因此，B项正确。

综上所述，本题答案为BD项。

29 `1601082`

【较简单】答案：A,B。

解析：A项：国际服务贸易主要有以下四种形式：（1）跨境交付：服务本身跨境；（2）境外消费：消费者跨境；（3）商业存在：服务提供者跨境并设立机构；（4）自然人流动：服务提供者跨境但不设立机构。甲国保险公司在乙国设立分支机构，属于商业存在的服务方式。因此，A项正确。

B项：国家税收管辖权包括居民税收管辖权和来

源地税收管辖权。依居民税收管辖权，纳税人承担的是无限的纳税义务。依来源地税收管辖权，纳税人承担的是有限的纳税义务。马克是甲国纳税居民，对甲国应承担无限纳税义务。因此，B项正确。

C项：国际重叠征税，是指两个或两个以上的国家对不同的纳税人就同一课税对象进行征税。国际重复征税，是指两个或两个以上的国家，对同一纳税人就同一征税对象在同一期间内课征相同或类似性质的税收。本题中，两国均对马克的 35 万美元获利征税，征税对象同一，属于国际重复征税而非国际重叠征税。因此，C项错误。

D项：马克 35 万美元的获利来源于乙国，乙国可根据来源地税收管辖权对马克的所得征税。因此，D项错误。

综上所述，本题答案为 AB 项。

二、模拟题

【单选】

(30) 62107047

【较简单】答案：B。

解析：A项：受益人和开立人之间因独立保函而产生的纠纷案件，由开立人住所地或被告住所地人民法院管辖，独立保函载明由其他法院管辖或提交仲裁的除外。基础合同中约定的管辖条款不影响独立保函纠纷的管辖。因此，A项错误。

BC项：独立保函纠纷的法律适用，首先由开立人和受益人协议选择适用；未选择适用法律的，则适用开立人经常居所地法或分支机构登记地法。故甲公司与丙银行土耳其分行可以约定适用中国法；若没有约定适用的，则应当适用分支机构登记地法律，即土耳其法律，而非缅甸法律。因此，B项正确，C项错误。

D项：开立人只可在 2 种情况下拒绝支付独立保函项下款项：①单函、单单表面不符；②法院颁发止付令。甲公司提供的疫苗数量少于合同约定，属于基础合同违约，并非独立保函止付的理由。因此，D项错误。

综上所述，本题答案为 B 项。

【多选】

(31) 61907186

【较难】答案：C,D。

解析：A项：合格的投资者，既可以是东道国以外的自然人或法人，也可以是东道国自然人、在东道国注册的法人以及其多数资本为东道国国民所有的法人。因此，A项错误。

B项：多边投资担保机构向投保人支付或同意支付保险金后，有权代位向东道国或其他债务人索赔。故多边投资担保机构可以向东道国乙国政府代位求偿，而不是甲国政府。因此，B项错误。

C项：解决国际投资争端中心行使管辖权，必须要有争端双方同意中心管辖的书面文件。因此，C项正确。

D项：中心仲裁庭解决投资争端的法律适用，首先应尊重当事双方意思自治；若未选择适用法律的，则适用东道国国内法或可适用的国际法规则。因此，D项正确。

综上所述，本题答案为 CD 项。

(32) 62107040

【中等】答案：A,B,C,D。

解析：A项：《巴黎公约》的国民待遇原则规定，各成员国在程序上的规定可予以保留。故乙国可以要求张某必须委托本国专利代理人申请专利。因此，A项错误，当选。

B项：《巴黎公约》的独立性原则规定，各成员国应根据本国法律作出决定，不受来源国法律的影响。乙国应根据本国法律作出决定。因此，B项错误，当选。

C项：《伯尔尼公约》的国民待遇原则规定，非成员国国民，其作品首次在成员国出版，或者在成员国和非成员国同时出版（30 天内），其作品享有作品国籍，也可以在一切成员国中享有国民待遇。因此，C项错误，当选。

D项：《伯尔尼公约》的独立性原则规定，享有国民待遇的人在公约任何成员国所得到的著作权保护，不依赖于其作品在来源国受到的保护。甲国应适用本国法律决定是否发行该诗集。因此，D项错误，当选。

综上所述，本题为选非题，答案为 ABCD 项。

【中等】答案：B,C,D。

解析：A项：甲国证券公司跨境提供服务并且设立分支机构属于商业存在，而非跨境交付。因此，A项错误。

B项：两个国家对同一纳税人的同一笔所得在同一时期征收相同或相类似的税收，构成国际重复征税。因此，B项正确。

C项：马里奥虽是甲国的纳税居民，但其600万美元的收入来源于乙国，乙国可依据来源地税收管辖权对其所得征税。因此，C项正确。

D项：CRS规定下，需要申报并交换的只有产生现金流的资产和有现金价值的金融资产，包括存款账户、托管账户等，不产生现金流的资产，比如海外投资房产，购买珠宝、贵金属等，均不需要申报。因此，D项正确。

综上所述，本题答案为BCD项。